# 役割語研究の展開

金水 敏
Satoshi Kinsui

くろしお出版

# 目次

導　入 .......... 金水　敏　1

## 第1部　キャラクタをめぐって ── 5

### 第1章　現代日本語の役割語と発話キャラクタ　7
金水　敏

### 第2章　キャラクタは文法をどこまで変えるか？　17
定延　利之

### 第3章　役割語のエコロジー　27
──他人キャラとコンテクストの関係──
山口　治彦

## 第2部　教育と役割語 ── 49

### 第4章　韓国の教科書における役割語の役割　51
──「生きた日本語」を教えるバーチャルリアリティ──
恩塚　千代

### 第5章　役割語を主題とした日韓翻訳の実践　71
──課題遂行型の翻訳活動を通しての気づきとスキル向上──
鄭　惠先

## 第3部　外国語と役割語 ── 91

### 第6章　ウサイン・ボルトの"I"は、なぜ「オレ」と訳されるのか　93
──スポーツ放送の「役割語」──
太田　眞希恵

### 第7章　要素に注目した役割語対照研究　127
──「キャラ語尾」は通言語的なりうるか──
金田　純平

### 第8章　コミック翻訳を通じた役割語の創造　153
──ドイツ語史研究の視点から──
細川　裕史

## 第4部 さまざまな役割語 ―――――― 171

### 第9章 『風の谷のナウシカ』と役割語 173
―映像翻訳論覚書― 米井　力也

### 第10章 「沖縄人(ウチナーンチュ)」表象と役割語 181
―語尾表現「さ」(「さぁ」)から考える― 本浜　秀彦

### 第11章 役割語としての「幼児語」とその周辺 195
岡﨑　友子・南　侑里

### 第12章 役割語としての片言日本語 213
―西洋人キャラクタを中心に― 依田　恵美

### 第13章 大阪大学卒業論文より(2002～2010) 249
金水　敏・田中　さつき・小島　千佳・津田　としみ・
仲川　有香里・中野　直也・三好　敏子・東　雅人・
伊藤　怜菜(著)
岩田　美穂・藤本　真理子(要約)

## 第5部 ツンデレをめぐって ―――――― 263

### 第14章 役割語としてのツンデレ表現 265
―「常用性」の有無に着目して― 西田　隆政

### 第15章 ツンデレ属性における言語表現の特徴 279
―ツンデレ表現ケーススタディ― 冨樫　純一

**Abstracts of the Chapters** 297
**索　引** 310　／　**著者略歴** 317

# 導　入

　　　　　　　　　　　　　　　　　　　　　　　　　　　金水　敏

　本書は、2007年にくろしお出版から刊行された『役割語研究の地平』（前書とする）の続編に当たる。金水(2003)『ヴァーチャル日本語　役割語の謎』（岩波書店）が公刊されて以来、役割語の概念は研究者の間でも徐々に浸透し、2007年に10人の著者による10章の論文集として前書に結実したが、その後も役割語研究は広さと深みをましつつあるようである。本書の中核をなすのは、科学研究費補助金基盤研究(B)「役割語の理論的基盤に関する総合的研究」（課題番号：19320060、研究代表者：金水　敏、研究期間：平成19年度～平成22年度）および科学研究費補助金基盤研究(A)「人物像に応じた音声文法」（課題番号：19202013、研究代表者：定延利之、研究期間：平成19年度～平成22年度）に基づいて実施されたシンポジウム・研究発表会「役割・キャラクター・言語」（2009年3月28日・29日　於神戸大学百年記念館）でのシンポジウム及び研究発表である。その他、他誌等よりの転載論文(第1章、第6章、第9章)、本書のための書き下ろし論文(第3章)が付け加えられた。

　本書の構成を大まかに説明しておこう。第1部「キャラクタをめぐって」には、理論的・概観的な3章を含む。表題にあるように、役割語と対をなす概念「(発話)キャラクタ」をめぐる考察である。キャラクタは、第1部のみならず本書全体を覆う重要な概念となっている。第1章「現代日本語の役割語と発話キャラクタ」(金水)、第2章「キャラクタは文法をどこまで変えるか？」(定延)、第3章「役割語のエコロジー―他人キャラとコンテクストの関係―」(山口)からなる。これらの章によって、役割語とキャラクタの関係、またコンテクストとの関わりが詳しく検討される。

　第2部「教育と役割語」では、翻訳教育、日本語教育において役割語が果たす役割について論じている。第4章「韓国の教科書における役割語の役割―「生きた日本語」を教えるバーチャルリアリティ―」(恩塚)、第5章「役割語を主題とした日韓翻訳の実践―課題遂行型の翻訳活動を通しての気づきとスキル向上―」(鄭)が含まれる。役割語研究に、実用的・応用的側面が付け加えら

れたことをよく示すパートである。

　第3部「外国語と役割語」は、外国語との対照研究である。第6章「ウサイン・ボルトの"I"は、なぜ「オレ」と訳されるのか―スポーツ放送の「役割語」―」(太田)、第7章「要素に注目した役割語対照研究―「キャラ語尾」は通言語的なりうるか―」(金田)、第8章「コミック翻訳を通じた役割語の創造―ドイツ語史研究の視点から―」(細川)が含まれる。第6章は、NHK放送文化研究所の報告書からの転載で、テレビのスポーツ番組のテロップを題材としている。第7章はさまざまな言語との対照研究の素材として、文末詞が選ばれている。また第8章はドイツ語における役割語の現状を整理・分析したものである。

　第4部「さまざまな役割語」は、文字どおり、役割語のヴァリエーションについて記述・分析をし、またその歴史的な起源、発達の経緯を明らかにしようとしている。第9章「『風の谷のナウシカ』と役割語―映像翻訳論覚書―」(米井)、第10章「「沖縄人(ウチナーンチュ)」表象と役割語―語尾表現「さ」(「さぁ」)から考える―」(本浜)、第11章「役割語としての「幼児語」とその周辺」(岡崎・南)、第12章「役割語としての片言日本語―西洋人キャラクタを中心に―」(依田)、第13章「大阪大学卒業論文より(2002〜2010)」(金水他)からなる。新しい試みとして、第13章では、学部生が提出した役割語に関する卒業論文の要約(8本分)をまとめてみた。役割語研究は、学部生の業績であっても最先端の研究としての評価に堪えうることを示そうと考えたものである。

　第5部「ツンデレをめぐって」では、役割語の周辺問題の一つとして、"ツンデレ"という特異なキャラクタ造形に言語がどのように貢献しているかという問題を扱っている。第14章「役割語としてのツンデレ表現―「常用性」の有無に着目して―」(西田)、第15章「ツンデレ属性における言語表現の特徴―ツンデレ表現ケーススタディ―」(冨樫)を含む。

　すべての論文の英文要旨を巻末に付している。一部は日本語の要旨を勅使河原三保子氏(駒澤大学)が英訳された。また校閲にはJ. C. Williams氏が当たられた。

　本書に収めた論文以外にも、役割語や発話キャラクタに関する論考は続々と生産されている。また金水が勤務する大阪大学以外でも、卒業論文でしばしば役割語が題材となっている旨、複数の大学教員の方々から承っている。さほど

遠くない将来に、また新たな論文集が編まれることも十分あり得ると筆者は考えている。

　さて、一言付け加えておきたいことがある。第9章の米井力也氏論文は、遺稿である。米井力也氏は2007年、大阪外国語大学と大阪大学が統合された際、大阪外国語大学から大阪大学大学院文学研究科教授に着任された。同じ部局の同僚になって間もないころ、金水は米井氏から「こんなものを書きました」と第9章のもとの論文を手渡された。これから氏との共同研究が膨らんでいくことを大いに期待した矢先、米井氏は病魔に冒され、2008年10月、帰らぬ人となった。この論文を本書に含めることについては、ご遺族の米井好子さまにご承諾をいただいた。謹んで本書を米井力也氏の霊前に捧げます。

# 第1部

# キャラクタを
# めぐって

第1章　現代日本語の役割語と発話キャラクタ
　　　　　　　　　　金水　敏

第2章　キャラクタは文法をどこまで変えるか？
　　　　　　　　　　定延　利之

第3章　役割語のエコロジー
　　　―他人キャラとコンテクストの関係―
　　　　　　　　　　山口　治彦

# 第1章
# 現代日本語の役割語と発話キャラクタ

金水　敏

## 1　はじめに

役割語とは、次のように定義される話し方のヴァリエーションである。

> ある特定の言葉遣い(語彙・語法・言い回し・イントネーション等)を聞くと特定の人物像(年齢、性別、職業、階層、時代、容姿・風貌、性格等)を思い浮かべることができるとき、あるいはある特定の人物像を提示されると、その人物がいかにも使用しそうな言葉遣いを思い浮かべることができるとき、その言葉遣いを「役割語」と呼ぶ。　　　　　(金水 2003: 205)

ここで言う「人物像」を、定延利之氏は「発話キャラクタ」と名付けた(定延・澤田(2007);定延(2010)他)。役割語と発話キャラクタの関係は、能記(シニフィアン)と所記(シニフィエ)の関係になぞらえることができる。本稿の目的は、現代日本語に現れる役割語と発話キャラクタの中核的な部分を構造的に示すことにある。

役割語と発話キャラクタの組み合わせは、多くは現実の発話・社会的グループに起源を持つ(一方で、最初から想像的なものもある。後述)。従って、心理的に重視されやすい社会的グループによって発話キャラクタを分類・把握することはさほど的外れとはいえない。具体的には次のような着目点・尺度によるのが便利である。

(1)　a.　年齢・世代
　　　b.　性差
　　　c.　地域性(中央 vs. 地方、標準語 vs. 方言)

また、これらの分類とゆるやかに相関し、社会的地位に強く相関するであろう属性として、「品位」を考える。また、(1)の社会的グループの外側にいるキャラクタとして、〈アウトロー〉〈外国人〉を考え、すでに現代社会において失われたキャラクタを〈歴史的キャラクタ〉とし、また人間ならざるもののいくつかの類型を取り上げた。さらに、本来のキャラクタから期待されるものでない役割語を用いさせる例、臨時的に他者のキャラクタを借りる例などを取り上げる。

## 2　子供と大人のキャラクタ—言語獲得との関連—

　言語を音声言語と書記言語に分けた場合、人が成長過程でそれらを獲得する際の様相は、かなり異なる。ここでは音声言語のみ考えれば取り敢えず事足りるであろう。普遍的事実として、子供はまず音声言語から獲得する。その条件として、いわゆる臨界期までに、養育者から適切な言語刺激が与えられなければ、正常な獲得に至らない。

　最初に獲得される母語は、音韻体系、語順や屈折などの基本的文法、基本語彙であり、その後獲得される、いわば大人の言語の基礎をなす。言うまでもなく、敬語や専門用語などは含まれない、極めてシンプルな言語である（一部、大人の言語では修正されるべき、屈折の誤用や語形の誤り、また下に述べる〈幼児語〉的現象等も含まれる）。この段階を子供の言語と呼んでおく。

　大人の言語とは、子供の言語から単に語彙が増加するだけでなく、基礎語彙の言い換え形や特殊な語法などを含む変異形が付け加えられていく。変異形は、語彙・語法のみならず、「だれが使うか」「どんな時に使うか」といった使用上のルールとセットで獲得される。この場合の変異形とは、典型的には敬語、方言／共通語、性差、職業・身分である。変異形には話し手自身が（通常）使う使用言語（ここで「言語」は「言語の変異形」という意味で使っている）と使わない理解言語が含まれる。変異形は、現実の日常生活で用いられるリアルなものだけでなく、マスメディア等を通じて知られるヴァーチャルなものもあり得る。たとえば「わしは〜じゃ」のような〈老人語〉はヴァーチャルな変異形すなわち役割語である（同じ「わしは〜じゃ」でも方言は使用のルールが異なるので別物）。

　敬語などのリアルな変異形を学んで使い分けの能力を得るということは、い

わば話し手が社会化されていく、ということであり、それが子供の言語と異なる大人の言語の本質である。つまり、談話の素材、話し相手との社会的上下関係、距離関係、文脈に応じて適切なスタイルを使い分けることを期待されるのが〈大人キャラ〉あるいは〈いい人キャラ〉（参考ウェブサイト「日本語社会のぞきキャラくり」［以下、キャラくり］No.55）である。

　逆に言うと、子供はそういったルールが未習得であるので、敬語を適切に使えなくても許される場合がある。また期待される以上に敬語形が過剰であったり、性差が強調されていたりといった"おしゃま"な子供も、社会のいわば外側にいるということで許容される。定延の言う〈ごまめキャラ〉がこれである（キャラくりNo.87）。

　ところで、幼児は発声器官や記憶容量等の未発達のために、「あちょぶ（＝遊ぶ）」のような音訛、「ぶーぶー」「わんわん」等の幼児語、「とうもころし」等の音転倒が見られる。また、「亜紀ちゃん（＝話し手）が持つ」のように自分の呼称を自称詞として用いる等の現象も見られる（欧米語でも幼児が自分のことを 3 人称で表現する例があるらしい）。これら、リアルな現象の内から特徴的なものを選択・再構成して、役割語としての〈幼児語〉が作られている（cf. 岡﨑・南（2010）；本書 11 章）。

## 3　性差と世代
### 3.1　女ことば

　日本語の性差は、前節で述べたように、子供の言語が社会化される過程で獲得・使用されるようになると期待される。「ぼく」「おれ」「ぜ」等のいわゆる男性専用形を除き、女ことばの特徴の方が有標であり、従って趨勢としては性差が時代とともに弱まっていくとともに、傾向として男女の音声言語の総体は"男性化"していく（ex. 若い女性が「やっぱりDHCだね」というなど）。また、典型的な女ことばの使い手は、年齢が高い印象を与えたり、またいわゆる"ニューハーフ""おかま""女装家"など、トランスセクシュアルなキャラクタの特徴付けに用いられる傾向が強まっている。

　なお、女ことばの特徴は女を男の下におくことに動機づけられていると分析されることがあるが、社会的序列の尺度のみで説明するのは難しい面がある。たとえば女王さまのように、社会的序列において最高の地位を持つ女性の言葉

遣いにも、「首をはねて<u>おしまい</u>！」（cf.「首をはねてしまえ！」）のように女ことばの一種が用いられることが説明しにくい。女ことばの特徴は、距離の尺度、あるいは"間接性"から説明するのがいいように思われる。表現を加工・装飾することによって、直接的な言及から距離を置いているのである。方言よりも標準語の方がより女性にふさわしいことも、生活に密着した方言から距離を置くことと理解できる。笑い声や驚きの声、オノマトペ、食事や排泄物などを直接表す言葉などの生々しい表現が一般に女性性の表現では控えられたりヴァリエーションが少なかったりする傾向にあるのも同じ現象である。これは、"品位"の問題として6節で細説する（cf. 本書第9章）。

## 3.2　男ことば

　近代日本の男ことばの変遷については、金水（2010a）で述べたのでご参照いただきたいが、かつての書生言葉であった「ぼく」が近年弱まり、状況によって女性が用いることも多くなっていることは注目に値する。その分、「おれ」が標準化しているわけであるが、丁寧な表現として「ぼく」に変わって、かつての軍隊用語（衣畑・楊 2007）であった「自分」が用いられる傾向にあることも興味深い（荻野 2007）。

　男ことばの特徴は、女ことばと逆に直接的である点が指摘できる。方言・俗語の使用がより男性的イメージを与えやすいことのほか、女ことばにある制約を外していくと男性性を感じさせやすい。

　「～かね」「～たまえ」のような、〈上司語〉（金水 2003）は〈書生語〉に起源を持ち、社会的地位の高い年配男性の記号となっている。また「～ですな・ますな」のような〈おじさん語〉（尾崎 1999; 2009）、「～ですぞ・ますぞ」のような〈じい語〉なども、起源は必ずしも明らかでないが、年配の男ことばのヴァリエーションとなっている。

　また近年の若年層の男ことばとしては「～です」に由来する丁寧語「～っす」がある（ex.「おれ、行くっす」など）。

## 3.3　若者言葉

　性差に関わらない若者ことばとしては、「そっか（＜そうか）」「分かんない」「やばい」等の語彙が挙げられる。「分かんねえ」「やべえ」のような音訛形に

なると、男性に偏る傾向はある。音訛形は品位の低下と結びつきやすく、男性性と相関している。

## 3.4 老人語

「わし」「おる」「〜とる」「〜ん」(否定)「じゃ」(断定)「〜のう」(終助詞)等の語彙によって表される〈老人語〉(またその変種の〈博士語〉)の起源については、金水(2003)に提示した。それによれば、江戸時代後期の江戸の町における、上方系方言と江戸語との対立にまで遡ることが推測されるということであった。これは主に男性の老人を主とした分析であったが、三好(2009)では〈おばあさん語〉の分析が試みられ、おばあさんの場合は「わしは〜じゃよ」系と「あたしは(あたしゃ)〜だよ」系の2つが典型的に取り出せることが示された。前者は男性の老人と共通しているが、後者は江戸語〜東京下町言葉に起源が求められそうである(cf. 本書第13章)。

## 4 方言

東関東・東北方言が方言代表格のように言われるが、各地の方言を混ぜ合わせたいわば"標準方言"的な描写は古く江戸・東京落語にも見られる。特定の地域の方言を意識して使用する場合もあるが、リアルすぎると伝わりにくい(特に表記にすると読みにくい)ので、標準語の所々に方言アイテムを貼り付ける程度のいわば"なんちゃって方言"で処理されることも多い。方言のアクセサリー化、おもちゃ化と呼ばれる現象によって、首都圏周縁の「〜べ」などがかえって若者言葉に流入する例も見られる(田中 2010)。

方言の中では関西弁・大阪弁は特殊な地位にある。お手軽な疑似関西弁も多いが、本格的な関西弁のみで構成される作品も多数あり、質量両面において他の方言を圧倒している。

一般に標準語に対して方言話者のキャラクタは、「素朴」「粗野」「愚鈍」「のんびり」等の印象を与えることが多いが、それぞれの地方に特有のイメージもある。東北なら「我慢強い」、京都なら「上品」「いじわる」、大阪なら「明るい」「あけすけ」「けち」「おしゃべり」(金水 2003)、九州なら「豪快」「男気」、沖縄なら「ハッピー」「男はぐうたら、女はしっかり」(本浜 2010)等。

翻訳の際に方言的役割語が適用されることについては、金水(2003)六章、

ガウバッツ(2007)、仲川(2008; 本書第13章)等参照。黒人奴隷の言葉に田舎言葉が使われることなどがその典型である。

## 5　品位

話し方が上品かどうか、という尺度である。音訛形・方言形は一般的に標準形より品位が低いと見なされる(ex.「やっちまう」vs.「やってしまう」)。また「めし」「食う」「くそ」「しょんべん(をたれる)」「屁(をこく)」等、生々しい生理的語彙を直接口にすることは品位が低い。「ばか」「まぬけ」「くそったれ」「くたばる」「～やがる」等の卑罵語は品位が低い。笑い声の描写にも、比較的品位が高く感じられるものと低く感じられるものがある(ex.「ほほほ」vs.「へっへっへっ」「ぐひひひ」等)。

上品な話し方をするかどうかということは、社会的地位・教育程度、地域、性差、年齢・世代とは一応独立の尺度であるが、それぞれの因子に対する相関はある。まず社会的地位が低く、また教育程度が低いほど、話し方の品位も期待度が低い。周縁地域に育った人は中央・都会に育った人にくらべて品位の期待度が低い。同じ共同体・社会的地位でも、女性は男性より高い品位が期待される。若い世代のほうが老人より品位の期待度が低い。

## 6　アウトロー

現代の暴力団、暴走族、不良少年等と、古い時代の博徒、任侠等では言葉遣いがかなり異なるが、一般に脅しや抗争の場面では品位が低く乱暴な言葉遣いが用いられる。一方で強いタテ社会なので、下から上への言葉遣いは独特の敬語表現が用いられる(ex. 子分の「～やす」、股旅ものの「あっし」「～ござんす」など。cf. 東2009; 本書第13章)。女博徒、スケバンなど女性のアウトローの言葉遣いは、男性と共通する部分を多く持つ一方で、異なる面ももつ(ex.「あたい」)。

## 7　外国人の表現・ピジン

幕末の開国時の横浜において、西洋人・中国人とのコミュニケーションの必要上から日本語ベースのピジンが発生し、外国人の描写に用いられるところとなった。さらに横浜で発生したピジンの一部は軍人、移住民等によって中国大

陸に伝えられ、新たなピジンとして再生した。これが中国人等を表現する役割語〈アルヨことば〉のもととなった(金水 2007; 2008)。また、西洋人を表す時に用いられる「おお、ロメオよ」のように翻訳から生じた役割語もある(依田 2007)。英語なまりの「ソレ、チガイマース」のようなアクセントを強調した表現は、現実に欧米人との接触が増加するとともに定着していっただろう(依田 2010; 本書第7章; 第12章)。

"アメリカインディアン"(アメリカ原住民)を表すのに用いる「白人、みんな嘘つき。インディアン、嘘つかない」といった表現も疑似的なピジンである。西部劇の吹き替えによって生じたものと考えられる。

## 8　歴史的キャラクタ

歴史的なキャラクタの代表は〈武士〉であろう。〈武士ことば〉は「拙者」「ござる」「まいる」「いたす」「もうす」等の語彙からなる。現実には江戸時代初期に成立し、主に儀式等公的な場で用いられた(小松 1985)。現実の江戸時代の武士ことばはある程度資料もあって状況が知られるが、鎌倉・室町時代については資料が乏しく詳細は不明である。戦国時代物の時代劇などでは、江戸時代の武士ことばをアレンジしたかなり想像的な言葉遣いが用いられていると考えてよい。

平安貴族の「まろは～でおじゃる」もたびたび目(耳)にするが、「おじゃる」は室町時代末～江戸時代初期の京都近辺の庶民の言葉で、平安時代の言葉ではない。

江戸時代の江戸っ子(ex.「てやんでぇ、べらぼうめ」)や花魁(遊女)(ex.「わちきは～でありんす」)等も歴史的キャラクタと言えよう。

## 9　人ならざるもの

神様、幽霊等の台詞は、しばしば古語混じりの厳かで重々しいものとして表現されるが、これは時間・空間を超越した存在を表すために、時空に対する超越性を備えた書き言葉が援用されたということであろう(cf. 金水・乾・渋谷 2008: 第1章)。

動物あるいは動物に似た妖精、宇宙人等の表現には、動物の鳴き声や種名等の語呂合わせを利用した台詞(ex. 犬の台詞「知らないワン」)、またキャラ助

詞（定延 2007）が用いられることがある（ex.「びっくりしたぷー」）。

ロボットや宇宙人の表現に、合成音声的な音声によるたどたどしい台詞が用いられることがある（ex.「ワレワレハ　ウチュウジンダ　オマエタチヲ　ミハッテイル」）。終助詞、感動詞等をほとんど含まず、語用論的な含みを持たない台詞が特徴である（cf. 金水 2010b）。

## 10　ずらし、臨時的キャラクタ

フィクションで、キャラクタを特徴付けるために、予測される役割語と異なる表現をわざと用いさせることがときどきある。たとえば青年男子に老人語を用いさせるなど（ex.『ワンピース』第 34 巻の「カク」）。ライトノベルと呼ばれる若い読者向けの娯楽小説にはこのような役割語のずらしが手法として活用される傾向がある。

発話者の本来のキャラクタとは異なったキャラクタを、発話を通じて臨時的に表現する場合がある。たとえば、お酢の CM で夫が「これおいしい。何かかけた？」と聞いた時、妻が「優しい妻の愛情がかかって<u>おる</u>」と答えるなど。これは、老人語を用いることで権威あるキャラクタを臨時に召喚したと考えることができるだろう。

現実の話者は、たとえば一人の女性が〈母〉〈妻〉〈大学教師〉〈近所の奥さん〉〈高校の同級生〉のようにいくつものキャラクタを切り換えていることが通例であるが、これらは本来の自我から関連したキャラクタであり、ごく自然な切り替えと言える。しかし上に見た例はやや突飛なキャラクタを持ち出しており、遊び・おどけの気分が濃厚である（cf.「借り物スタイル」メイナード 2005: 147-150）。10 節に見たキャラ助詞の添加をメールやネットの書き込みに用いる場合なども、この遊び的な臨時的キャラクタの適用と見られる（定延 2007）。

## 11　さいごに

本稿では、現代日本語の役割語・発話キャラクタが、世代・年齢、性差、地域性を中核として、他の要素・因子を絡めながら、あるいはその外部のキャラクタとして構築されている可能性を示した。今後は、より具体的な例によって検証を重ねるとともに、外国語の例と対照することによって日本語の個別言語

的な特徴を明らかにしていきたい。

**付　記**

　本稿は『日東学研究』（韓国・江原大学校・日本学研究センター）Vol.2、99-110 頁に収録された論文に加筆・修正したものである。

**参考文献**

東雅人（2009）「〈ヤクザことば〉について」平成 20 年度大阪大学文学部卒業論文.

新井潤（2010）「女性語と役割語の日本語教育」金水敏（編）『役割・キャラクター・言語――シンポジウム・研究発表会報告――』科学研究費補助金基盤研究（B）「役割語の理論的基盤に関する総合的研究」研究報告書, pp.123-131.

岡﨑友子・南侑里（2010）「役割語としての「幼児語」とその周辺」金水敏（編）『役割・キャラクター・言語――シンポジウム・研究発表会報告――』科学研究費補助金基盤研究（B）「役割語の理論的基盤に関する総合的研究」研究報告書, pp.25-36.

荻野綱男（2007）「ノート――最近の東京近辺の学生の自称詞の傾向――」『計量国語学』25-8, pp.371-374, 計量国語学会.

尾崎善光（1999）「すきなんですなぁ、おじさん言葉」『第 12 回　すっきゃねん若者ことばの会』(http://ha8.seikyou.ne.jp/home/wexford/12MrOzaki.htm)

尾崎善光（2009）「「おじさん言葉」および「親言葉」」尾崎善光（編）『加齢による社会活動の変化にともなう言語使用の変化に関する研究』平成 18 年度（2006 年度）～20 年度（2008 年度）科学研究費補助金（萌芽研究）研究成果報告書（課題番号：18652045, 研究代表者：尾崎善光), pp.35-54.

ガウバッツ、トーマス・マーチン（2007）「小説における米語方言の日本語訳について」金水敏（編）『役割語研究の地平』pp.125-158, 東京：くろしお出版.

衣畑智秀・楊　昌洙（2007）「役割としての「軍隊語」の成立」金水敏（編）『役割語研究の地平』pp.179-192, 東京：くろしお出版.

金水敏（2003）『ヴァーチャル日本語　役割語の謎』東京：岩波書店.

金水敏（2007）「役割語としてのピジン日本語の歴史素描」金水敏（編）『役割語研究の地平』pp.193-210, 東京：くろしお出版.

金水敏（2008）「日本マンガにおける異人ことば」伊藤公雄（編）『マンガのなかの〈他者〉』pp.14-59, 京都：臨川書店.

金水敏（2010a）「「男ことば」の歴史――「おれ」「ぼく」を中心に――」中村桃子（編）『ジェンダーで学ぶ言語学』pp.179-192, 京都：世界思想社.

金水敏（2010b）「「ええ、まぁ」の言語学」大阪大学コミュニケーションデザイン・センター（編）『ロボット演劇』pp.66-71, 大阪：大阪大学出版会.

金水敏（編）(2007)『役割語研究の地平』東京：くろしお出版.
金水敏（編）(2010)『役割・キャラクター・言語―シンポジウム・研究発表会報告―』科学研究費補助金基盤研究(B)「役割語の理論的基盤に関する総合的研究」研究報告書（課題番号：19320060, 研究代表者：金水敏）
金水敏・乾善彦・渋谷勝己（共編著）(2008)『シリーズ日本語史4　日本語史のインタフェース』東京：岩波書店.
小松寿雄(1985)『国語学叢書7　江戸時代の国語 江戸語』東京：東京堂出版.
定延利之(2007)「キャラ助詞が現れる環境」金水敏（編）『役割語研究の地平』pp.27-48, 東京：くろしお出版.
定延利之(2010)「キャラクタは文法をどこまで変えるか？」金水敏（編）『役割・キャラクター・言語―シンポジウム・研究発表会報告―』科学研究費補助金基盤研究(B)「役割語の理論的基盤に関する総合的研究」研究報告書, pp.82-88.
定延利之・澤田浩子(2007)「発話キャラクタに応じたことばづかいの研究とその必要性」『2007年度日本語教育学会秋季大会予稿集』pp.83-88, 日本語教育学会.
田中ゆかり(2010)『首都圏における言語動態の研究』東京：笠間書院.
仲川有香里(2008)「黒人登場人物の〈田舎ことば〉」平成19年度大阪大学卒業論文.
本浜秀彦(2010)「「沖縄人(ウチナーンチュ)」の表象と役割語―語尾表現「さ」から考える―」金水敏（編）『役割・キャラクター・言語―シンポジウム・研究発表会報告―』科学研究費補助金基盤研究(B)「役割語の理論的基盤に関する総合的研究」研究報告書, pp.113-122.
三好敏子(2009)「「おばあさん」の役割語」平成20年度大阪大学文学部卒業論文.
メイナード, 泉子・K(2005)『談話表現ハンドブック―日本語教育の現場で使える―』東京：くろしお出版.
依田恵美(2007)「〈西洋人語〉「おお、ロミオ！」の文型―その確立と普及―」金水敏（編）『役割語研究の地平』pp.159-178, 東京：くろしお出版.
依田恵美(2010)「役割語としての片言日本語―西洋人キャラクタを中心に―」金水敏（編）『役割・キャラクター・言語―シンポジウム・研究発表会報告―』科学研究費補助金基盤研究(B)「役割語の理論的基盤に関する総合的研究」研究報告書, pp.8-24.

## 参照ウェブサイト

金水敏 2006-2010「SK の役割語研究所」　http://skinsui.cocolog-nifty.com/sklab/
定延利之 2008-2010「日本語社会　のぞきキャラくり」（三省堂 Word-Wise Web）
http://dictionary.sanseido-publ.co.jp/wp/author/sadanobu/　（日本語版）
http://dictionary.sanseido-publ.co.jp/wp/author/sadanobu-e/　（英語版）
http://dictionary.sanseido-publ.co.jp/wp/author/sadanobu-c/　（中国語版）

# 第2章
# キャラクタは文法をどこまで変えるか？

定延　利之

## 1　はじめに

　伝統的には「文法」は、さまざまなジャンルやスタイル、レジスターなどを通して変わらない、安定的・硬直的なものと考えられてきた。だが近年、これらの言語環境の違いに応じて姿を変える、動的な文法観が提案されている。Iwasaki(2005)の多重文法仮説(Multiple Grammar Hypothesis)によれば、文法は環境に応じて、その下位システムのうち一部だけを活性化させる。この活性化のパターンは小文法(component grammar)と呼ばれる。たとえば「1塁におくる。俊足赤星1塁セーフ。ここで赤星の足」のような、一般の人々が言いそうもないスポーツアナの発言を生み出す『スポーツアナ文法』は、小文法の一つである。

　『スポーツアナ』が『スポーツアナ』らしくしゃべるのと同様、『上品な奥様』は『上品な奥様』らしく、『やさぐれ者』は『やさぐれ者』らしく、『達観した老人』は『達観した老人』らしくしゃべる。こうした、キャラクタごとの「らしい」しゃべり方、つまり役割語(金水 2003)を調べるという最近の試みも、いま述べた動的な文法観に近いものと言える。

　たとえば日本語学習者にとっては、「自分は何者として日本語社会に参加できるのか？」「そもそも日本語社会にはどんなキャラクタがあるのか？」「それぞれのキャラクタとして、何をどのようにしゃべればいいのか？」といったことは、切実な問題だろう。だが、これらの問題に対する解答は、まだほとんど準備されていない。

　こうした状況を多少とも改善すべく、筆者らはキャラクタとしゃべり方の結びつきを調べている(たとえば定延 2005、定延 2008-2010、定延・中川編 2007 を参照)。これは、日本語の文法が話し手のキャラクタに応じてどこまで変化するのか見極めるという作業でもある。調査はいまだ進行中だが、これま

でに得られた観察結果からすると、想像以上に大きく変化する部分もある。以下、それを具体的に紹介する。

## 2　語彙

　キャラクタによって、発する語彙が違うということは、日本語のさまざまな局面に観察される。

　たとえば応答のことばを取り上げてみよう。目の前で大人が「ほぅ」と呟けば、何かに感心していることは子供にもわかる。だが、子供自身は何かに感心しても、「ふぅん」「へぇ」とは言うが「ほぅ」とは言わない。「ふぅん」「へぇ」と比べて「ほぅ」の発音が特にむずかしいというわけではない。自分は「ほぅ」と言うキャラクタでないと知っているからである。但し、ままごとで大人のまねをすることになれば、「ほぅ」が出てきてもおかしくない。つまり、これは生身の子供ではなく、あくまで『子供』キャラの話である。応答のことばには、このように話し手のキャラクタによる違いがある（定延・澤田 2007）。

　応答と同様、言いよどみのことばもキャラクタによって異なる。中国語社会やドイツ語社会では、言いよどみのことばは、余裕のあるすぐれた『大人』のふるまいとして、肯定的にとらえられることもあるらしい。日本語でも、たとえば漫画『サザエさん』のタラちゃんのような『子供』キャラが発する言いよどみのことばは限られている。「このー」「そのー」「こー」「まー」「何というか」、さらに「田中さんだったか、電話があったよ」における「だったか」などは、『子供』キャラの物言いとしては不自然である。

　さらに、ことばを発していてつっかえてしまうという、一見、失敗としか思えないものにも、やはりキャラクタによる違いが見られる。たとえば「アンモナイトの、おー化石が……」のように、いったん文節末で声をとぎれさせた後（「アンモナイトの、」）、文節末尾（「の」）の母音を伸ばす（「おー」）という、複雑なつっかえ方（とぎれ延伸型つっかえ、定延 2005）は、『大人』それも科学者や政治家のような『専門家』の技であって、『子供』のしゃべり方ではない。

　以上で示したように、『子供』には応答、言いよどみ、つっかえのしゃべり方に関して、『大人』にはない制限がある。「子供は思慮に欠け、しゃべりも未熟で非流ちょうなところがある。だから、『子供』らしいしゃべり方もそのことを反映して、反射的な応答のことばや、言いよどみやつっかえのことばが豊

富にあるだろう」といった予想は、『子供』の制限を説明できず、単純すぎると言わざるを得ない。

　もっと「文法的」なことばにもキャラクタによる違いが見られる。次の(1)は井伏鱒二の小説『駅前旅館』(1956-1957)の一節で、生野という番頭が高沢という別の番頭の奇癖について述べているくだりで、この「銭があった」を寺村(1984)は「発見の「た」」の例として挙げている。

　　(1)　　この男は、他にもまだ妙な癖がある。自分の持ってる銭を、人の知らない間に石崖の穴かどこかに隠しておいて、「おや、ここに銭があった。こいつで一ぱい飲もう」と云って人に御馳走する癖がある。［『井伏鱒二全集第十八巻』筑摩書房。仮名遣いは現代風に改めた。下線は定延による(以下も同様)。］

　だが、寺村(1984)が挙げるこの例は、実は「話し手が年寄りじみている(したがって心内の様子をいちいちことばでダダ漏らしするのも自然なことである)」「芝居の場面である(したがってわざとらしくても仕方ない)」「奇癖の紹介である(したがって内容が妙でも仕方ない)」という事情が運良く重なった結果、誰にとっても容認度が高くなったものである。

　そうした事情に恵まれない発見の「た」、たとえば(2)のような例は、筆者の調査では、これを自然と認める話者も多い一方で、抵抗を感じる話者もかなりいる。

　　(2)　　［知人と山中をハイキングしていたところ、目の前の崖の上に、思いがけずサルを発見した。サルに気づかない友人に、崖の上のサルを指さしながら］
　　　　　ほら見て、あんなところにサルがいたよ。

　ところが、(2)の例は、皆でこのハイキングに行くことを決めた『(お節介で強引な)おばちゃん』キャラの、次の(3)のような物言いに変えれば、容認度が非常に高くなる。

(3) うわー、すっごい紅葉じゃないですかーやっぱり来てみてよかったでしょー、どうです田中さん。ねー。騒音もないし、空気も綺麗だし、わ、見て見て、ほら、<u>あんなとこにサルもいましたよ</u>どうですこれー。

このように、発見の「た」の自然さにも、話し手のキャラクタが関わる部分がある（詳しくは定延2007cを参照）。

最後に付け加えておけば、キャラクタによる語彙の違い、そしてそれを利用した遊びは、けっして新奇なものではなく、伝統的な文学作品にも観察される。たとえば、太宰治の短編（戯曲）には次の(4)のように、若い男女（菊代と野中）が突然「～じゃからのう」と、ふだんしゃべらないことばをしゃべりだす場面がある。

(4) （菊代） いいえ、兄さんに逢（あ）いに来たんじゃないんです。（たわむれに、わざと取り澄ました態度で）本日は、野中弥一先生にお目にかかりたくてまいりました。
（野中） なあんだ、うちで毎日、お目にかかってるじゃないか。
（菊代） ええ、でも、同じうちにいても、なかなか二人きりで話す機会は無いものだわ。あら、ごめん。誘惑するんじゃないわよ。
（野中） かまいませんよ。いや、よそう。兄さんに怒られる。あなたの兄さんは、<u>まじめじゃからのう</u>。
（菊代） あなたの奥さんだって、<u>まじめじゃからのう</u>。
［太宰治(1946)「春の枯葉」『グッド・バイ』。ルビは括弧書きに改めた（以下も同様）。］

下線部のように2人が「～じゃからのう」と、突然、『老人』キャラを発動させたのは、もちろんふざけた遊びだが、理由のないことではない。2人がここでやりたかったことは「『人間、あまりまじめでなくてもよいのだが』と思いつつ、他人のまじめさに感心してみせる」ということである。だからこそ、それを得意技としていそうな『（達観した）老人』キャラが発動されたのだろう。

## 3　統語法

　語彙だけでなく、統語法もキャラクタによって異なることがある。いわゆる断定の助動詞「です」に相当する、『幼児』キャラの「でちゅ」「でしゅ」を取り上げてみよう。これらは「です」とは統語的性質が少し違っており、動詞にも抵抗なく付く。たとえば「食べるでちゅ」「わかったでしゅ」が自然であるように、「でちゅ」「でしゅ」は動詞(「食べる」「わかった」)に付く。

　これは実は『幼児』の「でちゅ」「でしゅ」にかぎったことではない。「食べるでおじゃる」「食べるでござる」「食べるざます」「食べるっす」「食べるであります」などが(いくぶん誇張・戯画化された言い方ではあるが)それなりに自然であるように、『平安貴族』の「でおじゃる」、『侍』の「でござる」、『上流婦人』の「ざます」、『後輩』の「っす」、『兵隊・軍人』の「であります」なども動詞に付く。

　これに対して「です」は、原則として動詞には付かない。といっても、前川(2007)、定延(2007a)でその一端が取り上げられたように例外はあり、ここにも話し手のキャラクタが関わっている。以下(5)(6)(7)のような、余裕のないキャラクタの発言においては、「動詞＋です」はそうめずらしくはない。

(5)　「わざわざご足労願って恐縮です」
　　　石山は丁重に犒(ねぎら)ったが、大館は不安そうに、しきりと前髪をかきあげている。何を尋ねても「ぼくにはよくわかりませんが」とことばを濁した。
　　　「とにかく夕方六時にショールームがクローズすると、彼女はたいてい一人ですぐ帰って行きましたね。そのあとのことは<u>わかりませんですねぇ</u>……」
　　　［夏樹静子(1994)「黒髪の焦点」日本推理作家協会(編)『死導者がいっぱい』講談社。］

(6)　食べないのを文句言ったり、誘われるの待ったりしてないで、自分から誘えばいいじゃんって？
　　　まぁな。
　　　ある日、勇気をふるって<u>お誘いしたですよ</u>、若い社員を。
　　　　　　　　　［さとなお(2005)『人生ピロピロ』角川文庫。］

(7) こんなシーンを覚えています。ある夜、ビデオワーク同士の相原君と北川君と一緒に三人でABCの裏の出口を出たときのことです。先輩の相原君が、
「お前のネタは、何とかが何とかじゃ！」
と言って、後輩の北川君を殴ったのです。すごいなと思いました。そしたら北川君は、
「殴らんでもわかります！」
と言って殴り返し、ほんまに殴り合いになってしまったんです。それもまたすごいなと思いましたけどね。物を作るということは、こういうことなんかなぁ、と思ったんですけど。
そのあと相原君、北川君のふたりは一緒に飲みに行ったと思います。ぼくは帰ったですけど。
［松本修（2005）『探偵！ナイトスクープ アホの遺伝子』ポプラ社（桑原尚志氏の手記の部分）。］

以上の「動詞＋です」を、最近になって生じたことばの乱れとして片付けてよいかどうかは、慎重な検討を要する。というのは、「動詞＋です」は、実はかなり昔から見られるからである。

たとえば夏目漱石の『坑夫』では、東京の裕福な家を飛び出してきた世間知らずの若者が(8)のように「働くです」「やるです」などと言っている。

(8) a.「僕はそんなに儲けなくっても、いいです。然し働く事は働くです。神聖な労働なら何でもやるです」
    b.「―そりゃ知ってるです、僕だって知ってるです……」

［夏目漱石（1908）『坑夫』。］

このうち(8a)は、周旋屋にそそのかされて銅山の坑夫になろうとする際に、「坑夫になれば儲かる」と周旋屋があまりに強調するもので、儲かるということがなんだか恐ろしくなって、青臭い理屈を言う場面の発言である。また、(8b)は、周旋屋に連れられてきた銅山で、「金は儲からないし、あなたには無理だ」と忠告してくれる飯場の頭に向かって、だまされてきたのではなく承知

の上での坑夫志願だと虚勢を張る場面での発言である。

　また、北杜夫の『楡家の人びと』(1964)でも、佐久間熊五郎という楡家の書生が楡家の子供たちに「欧州さんは相当の人物であるデスぞ」「この八八艦隊を作ろうとして、われわれがどんな苦労をしたですか」、さらに宴席で酒に酔って「ぼくは生まれながらに楡病院にいる気がするですぞ」「ところで諸君、今日から僕は楡姓になるですぞ」「なかなかやるですぞ、敵さんも」などと言っている。

　これらの「動詞＋です」が、上述(5)(6)(7)のような最近の「動詞＋です」とつながっているのか、それとも断絶しており別物なのかを、本稿で論じる余裕はない。ここでは、「いわゆる断定の助動詞は動詞に付くか」というごく基本的な問題の答が、『幼児』キャラをはじめとする話し手のさまざまなキャラクタによって異なるということを確認するにとどめておきたい。

## 4　新しい品詞の創出

　話し手のキャラクタはさらに、これまでなかった新しい品詞をも生んでいる。例としてインターネット上の文章(9)(10)を挙げておく。

(9)　12月1日夕方6時から6時半まで、岐阜放送(ローカルでいいでしょう)で放送されます。私自身も見ないと思います(うそだよ<u>ぴょーん</u>)ので見てください。
　　　[2005年9月28日、http://bbs1.parks.jp/12/hima/bbs.cgi?Action=Res&Mode=Tree&Base=3508&Fx=0]

(10)　おおっ、今日は誰かね<u>ぷーん</u>。
　　　[2005年9月28日、http://www.world2.to/maya2/maya.cgi/yoshiyukicl/act/respage/no/196/vine/65/]

　いずれも軽いノリのキャラクタの書き込みだが、ここには、これまでの文法では説明できない(したがってこれまでの文法を大きく進展させるきっかけとなり得る)ものが含まれている。

　これまでの文法では「日本語の文の最終末に現れ得るのは終助詞である。終助詞の後に終助詞以外のことばが付くことはない」と考えられている。「雨だ

の後には終助詞「よ」が付いて「雨だよ」となる。その後には終助詞「な」「ね」が付いて「雨だよな」「雨だよね」となるがもうそれ以上は何も付かない。「雨だ」に終助詞「わ」が付いて「雨だわ」、さらに終助詞「ね」が付いて「雨だわね」となるがそれで終わり、という具合である。

　ところが、例(9)「ウソだよぴょーん」の「ぴょーん」や、例(10)「誰かねぷーん」の「ぷーん」などのことばは、これまでの文法が想定していなかった場所、つまり終助詞(「よ」「ね」)の後に現れ、他の位置には現れない。いかにも「乱れた言葉遣い」に溢れていそうな、ネットというカジュアルなメディアを中心に発せられるキャラ助詞は、意外にも「文」の最後尾という文法的な環境に息づいている。

　これまで想定されていなかった環境(終助詞のさらに後ろ)に現れる一群のことば(「ぴょーん」「ぷーん」など)があるということは、これまで想定されていなかった品詞(キャラ助詞)が実はあったということである。それは文の構造についてこれまでの考えを検討し直してみる必要があるということでもある。それはまた、発話というものについて考え直すことにもつながる。軽薄な表面的印象とは裏腹に、キャラ助詞は文法に対する理解を深める手がかりを与えてくれると言ってよいかもしれない。

　なお、日本語のキャラ助詞に類似することばは、これまでのところ、韓国語・中国語にも観察されている(定延 2007b; 定延・張 2007)。

## 5　おわりに

　ここでは、キャラクタの違いが日本語の語彙だけでなく、統語法や品詞にまで及び得るということ、そして、文の構造や発話の再検討にもつながり得るということをごく簡単に観察した。

　今日、日本語学習者が日本語社会に参加しようとする動機やその参加形態は多様である。たとえば、日本のマンガを日本語で理解したいと思っている日本語学習者にとっては、本稿で取り上げた「でちゅ」や「ぴょーん」といった、マンガに出てきそうな数々のキャラクタのしゃべり方は、そのまま重要な学習内容となるかもしれない。

　だが、本稿で述べたことの意義は、それに尽きるものではない。より一般的な日本語学習にとっての意義を、ごく身近なエピソードを交えて、最後に確認

しておきたい。

　筆者の知人に、日本語学習者とは思えないような高度な日本語能力を身につけた大学関係者がいる。或る時、知人は学生の研修旅行に付き添った。学生たちとしばらく生活をともにする中で、これまでよりも少し親しい、友達のようなしゃべり方で学生に接してみようとしたところ、たちまち「先生、日本語がヘタになりましたね」と学生に言われたという。

　日本語能力が母語話者とまったく遜色なかったはずのこの知人にして、実は『友達』としての日本語能力はそれほどではないということだが、逆に言えば、「自分が日本語社会に参加するのは、(「聞く」「読む」はともかく、少なくとも「話す」「書く」については) 主に『教員』あるいは『研究者』として参加するのだ」という焦点を絞った日本語学習が、知人の『教員』あるいは『研究者』としての日本語能力をそこまで高めたということにもなる。

　このような、日本語社会への参加の形に応じた、焦点を絞った日本語の学習や教育を、より容易にするには、キャラクタに応じたしゃべり方をさらに調べる必要がある。というのは本稿で観察したように、キャラクタに応じたしゃべり方は、私たちが想像する以上に深く、広範囲に及んでいるからである。本稿で「でちゅ」「ぴょーん」のような極端なしゃべり方を取り上げたのは、この深さと広さをわかりやすく示すために他ならない。(なお、外国人力士の『お相撲さん』キャラ習得に関しては林 2007 を参照)。

　キャラクタについて本稿で述べきれていない点は多い。インターネット上の連載である定延(2008-2010)、さらにそれを改訂した定延(2011)をご覧いただければ読者の理解の助けになると思う。

**付記**

　本稿は、日本語教育学会 2008 年度春季大会シンポジウム「「多」分野からの目・日本語教育からの目・これからの目」における発題「日本語教育から見た言語と研究—キャラクタは言語をどこまで変えるか？—」(2008 年 5 月 24 日、於首都大学東京)を改訂したものである。発題に対して多くの方から有益なコメントを頂き、改訂のヒントとさせていただいた。記して謝意を表したい。

**参考文献**

林良子(2007)「外国語発話音声に見られるキャラクタの習得―外国人力士のインタビュー分析を通して―」定延利之・中川正之(編)『音声文法の対照』pp.169-182, 東京：くろしお出版.

Iwasaki, Shoichi(2005) Mutiple-grammar hypothesis; A case study of Japanese passive constructions. *Phylogeny and Ontogeny of Written Language,* Kyoto University, August 17, 2005.

金水敏(2003)『ヴァーチャル日本語　役割語の謎』東京：岩波書店.

前川喜久雄(2007)「大規模均衡コーパスが開く可能性」日本言語学会第134回大会公開シンポジウム「大規模コーパス研究の方法―言語研究の新しいスタンダードの構築に向けて―」講演(2007年6月17日, 於麗澤大学).

定延利之(2005)『ささやく恋人、りきむレポーター―口の中の文化―』東京：岩波書店.

定延利之(2007a)「コメント」日本言語学会第134回大会公開シンポジウム「大規模コーパス研究の方法―言語研究の新しいスタンダードの構築に向けて―」(2007年6月17日, 於麗澤大学).

定延利之(2007b)「キャラ助詞が現れる環境」金水敏(編)『役割語研究の地平』pp.27-48, 東京：くろしお出版.

定延利之(2007c)「発見の「た」と発話キャラクタ」『言語』36-12, pp.40-47, 東京：大修館書店.

定延利之(2008-2010)「日本語社会 のぞきキャラくり」三省堂ワードワイズ・ウェブ (http://dictionary.sanseido-publ.co.jp/wp/author/sadanobu/)

定延利之(2011)『日本語社会 のぞきキャラくり―顔つき・カラダつき・ことばつき―』東京：三省堂.

定延利之・澤田浩子(2007)「発話キャラクタに応じたことばづかいの研究とその必要性」『2007年度日本語教育学会秋季大会予稿集』pp.83-88, 日本語教育学会.

定延利之・張麗娜(2007)「日本語・中国語におけるキャラ語尾の観察」彭飛(編)『日中対照言語学研究論文集―中国語からみた日本語の特徴、日本語からみた中国語の特徴―』pp.99-119, 京都：和泉書院.

定延利之・中川正之(編)(2007)『音声文法の対照』東京：くろしお出版.

寺村秀夫(1984)『日本語のシンタクスと意味Ⅱ』東京：くろしお出版.

# 第3章
# 役割語のエコロジー
―他人キャラとコンテクストの関係―

山口　治彦

## 1　はじめに

　金水(2003)や山口(2007)は、役割語を大衆的フィクションの語り(narrative)で用いられるヴァーチャルなことばとしてとらえた。これに対して、定延の一連の研究(定延 2006, 2007, 2010; 定延・張 2007)は、発話キャラクタという概念を導入して、会話やネット上などフィクション以外における役割語の使用も視野に収める。一言でいえば、金水や山口の役割語の概念は狭く、定延のそれはもっと広い。

　では、定延の見方と金水・山口のそれは両立しえるものなのだろうか。金水や山口のように役割語をフィクションの語りに結び付けて規定した場合、会話やネットにおける役割語はそれとどう関係づけられるだろうか。この章はそのような疑問に答える。口頭の語り、会話、そしてインターネットといったフィクションの語り以外での役割語に目を向け、役割語のふるまいと生起する環境との関係、つまりは役割語のエコロジーを明らかにしたい。もう少し具体的に言うと、役割語の使用がもっとも自然に行われているフィクションの語りを役割語が生起するコンテクストの典型ととらえ、ほかのコンテクストがフィクションの語りの特徴のどのような点を欠いているのか、そして、そのことが役割語の使用にどのような影響をもたらすのかについて調べる。

　以下では、まず、金水(2003)と山口(2007)の考え方を示し(2.1 節)、定延の特徴づけをこれと対置させる(2.2 節)。そのうえで、口頭の語りで役割語が無理なく導入される環境(3 節)、一般の会話で役割語が一時的に導入される環境(4 節)、そしてネット上などで役割語が継続的に導入される環境(5 節)を対照させて、一連の役割語の使用にどのような共通点と相違点があるのかを確かめる。

## 2 役割語は物語の記号なのか？
### 2.1 フィクションの記号としての役割語

　現実ではそのように話す人がほとんどいないにもかかわらず、大衆的なフィクションの世界では、特定の役柄を与えられた登場人物は、その役柄を想起させるとても特徴的なことば、すなわち、役割語を話す。たとえば、子供向けのアニメや小説に登場する博士は、たいてい「わしの考えはこうじゃ」と独特の「博士語」を話す。この役割語のヴァーチャルな性格をとらえて、金水は次のように述べた。

(1)　〈博士語〉を含めた〈老人語〉の話し手は、現実の中で出会う人物を直接指し示すのではなく、物語の構造の中で特定の役割を与えられた人物であったのだ。　　　　　　　　　　　　　　（金水 2003: 46）

　このようなとらえ方をさらに進めて、私は役割語を「物語の記号」であると特徴づけた（山口 2007: 23）。フィクションの世界では、登場人物同士が行う作品内の微視的なコミュニケーションだけでなく、作者から読者（観客）へと作品外で情報を伝達する巨視的コミュニケーションも考慮せねばならない。とくに大衆的なフィクションの世界では、読者に対して分かりやすい伝達を行うために、もしくは作品内のお約束事を守るために、登場人物のせりふや行動の自然さに目をつぶることがしばしばある。たとえば、アニメの『セーラームーン』や『プリキュア』のシリーズでは、ヒロインたちは美少女戦士に変身をしているあいだ敵役に攻撃されることはない。主人公の変身を待ち望んでいる年少の観客にとって、敵役がそのあいだに経験するはずの手持無沙汰は想定の範囲外である。だから、変身に時間がかかり過ぎるかどうかなんて気にしない。同様に、役割語もフィクション世界のお約束事に支えられている。山口(2007)では次のように説明した。

(2)　役割語を話す登場人物は筆を割かずともどのようなキャラクターなのかステレオタイプ的に把握することができる。その分、作者も読者もストーリー展開に集中できる。つまり、通り一遍のステレオタイプ的把握になろうとも、役割語は物語を効率よく提示するという

巨視的伝達の要請に裏付けられているのだ。［中略］役割語はフィクションの世界に息づき、フィクションの機構に支えられたことばなのである。　　　　　　　　　　　　　　　　　　　　（山口 2007: 23）

　たとえば、ある登場人物が博士語でせりふを発したら、その登場人物は主人公の活躍を（自分の発明品や知恵を提供するなどして）陰ながら支える賢人・隠者の役割を担うものと観客は了解する。つまり、役割語はその発話者が物語ではたす機能までステレオタイプ的に提示するのだ。
　巨視的コミュニケーションと微視的コミュニケーションについて、もう少しだけ説明しておこう。フィクションにおけるこのふたつのコミュニケーションを図示すると図1のようになる（さらに、山口 1998; 2005 を参照）。

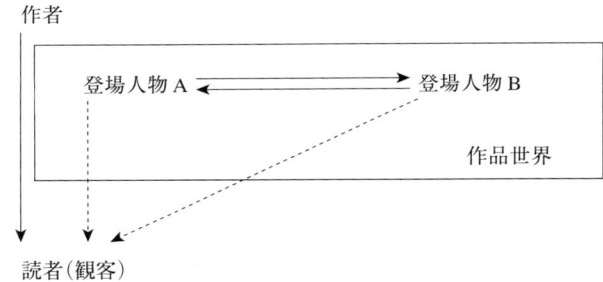

図1：フィクションの語りにおけるふたつのコミュニケーション

　作品世界内の登場人物同士のやり取りは、作品という小世界内での伝達なので微視的コミュニケーション（microcosmic communication）と名付けた。これに対し、作者から読者（観客）への伝達は、作品の小世界の枠を超えるものであるので巨視的コミュニケーション（macrocosmic communication）とした。図1では横方向の矢印が微視的コミュニケーションを表し、縦方向の矢印は巨視的コミュニケーションを表す。留意すべきは縦方向の破線の矢印である。登場人物のせりふは対話者に向けられると同時に、それを傍で聞いている格好の観客にも向けられている。つまり、登場人物のせりふは観客が無理なく理解できるように発せられねばならない。
　このような制約があるおかげで、フィクションにおけるせりふは程度の差はあるものの、現実の会話と同等の自然さを保持することがむずかしい。とくにB級作品と呼ばれる大衆的なフィクションにおいてはその度合いが強い。そこ

ではせりふの自然さよりも観客への分かりやすさのほうが優先する。たとえば、先に挙げた博士語は、現実の尺度に照らし合わせると、明らかに不自然なことば遣いである。あのような文体で語る博士は現実にはまず存在しない。しかし、あのようなことばを用いることで当該の登場人物と主人公の関係をわざわざ筆を割かずとも読者に伝えることができる。本来なら不自然なことば遣いも、B級フィクションという器のなかでは自然で、効率的でありうるのだ。実際には話している人がいないのに用いられるという、役割語のヴァーチャルな性格を山口（2007）はこのようなフィクションの機構に求めた。

## 2.2 フィクションの語り以外での他人キャラの創出

ところが、役割語はフィクションの世界だけで用いられるわけではない。日常の会話でも使われることはあるし、また、インターネット上では日常会話よりも高い頻度で用いられている。

(3) a. A：ねー、お昼なんにしゅる〜？
B：んー、わかんないでしゅ〜　　　　　　　（定延 2008）
b. あれーっ、○○ちゃんはおねむでちゅかー
c. お久しぶりです、くりでございますぷう。　（定延 2006: 124）
d. 拙者ドライブに行ってきたでござる。　　　（定延 2007: 29）

(3a)は定延（2008）による作例で、恋人同士が甘えて話すという設定である。(3b)は「○○」のところに乳児やペットの名を入れて発するという想定で作文したもので、とくに呼びかけられた者以外に聞き手がいない環境では、あってもおかしくない発話ではないだろう。他方、(3c)と(3d)はインターネット上で観察されたもので、前者は「ぷう」というキャラ語尾を付加することで「非戦闘的ななごみ系のキャラクタ」（定延 2006: 124）を創出し、後者はよく知られた侍の人物像を現出する。

いずれの例も役割語が見出せるが、これらはすべてフィクションの語りから採られたものではない。定延は「（発話）キャラクタ」という概念を導入して、役割語のこういった使用例も視野に収める。彼は「キャラクタ」について次のように説明する。

(4) 実際には私たちが場面や相手に応じて多かれ少なかれ変えているにもかかわらず、「場面や相手によって変わらず、ちょうど身体のように安定していて、一人に一つしかない」と見なされているもの。［中略］これを態度やスタイル、人格や身体と区別して、仮に「キャラクタ」、適宜略して「キャラ」と呼んでおこう。

(定延 2006: 118)

そして、この章では、(3)におけるような話者本来の自分から離れたキャラクタを「他人キャラ」と呼ぶことにする。

(4)には、「キャラクタ」のほかに、「態度・スタイル」、「人格」、「身体」という用語が見られる。これらはすべて話し手が聞き手との交渉にあたってどのような姿で立ち現われるかにかかわる。身体が安定した存在であるのに対し、人格、キャラクタ、そして、態度・スタイルの順で次第に移ろいやすいものとなる。敬語の使用・不使用に見られるように、発話の際の態度やスタイルはしばしば変更される。身体、人格、キャラクタ、態度・スタイルの4項目を変わりやすさをもとに並べると、図2のようになる。

① ② ③ ④
← →
変わりやすい　　　　　　　　　　　　　　　変わりにくい

①：態度・スタイル
②：キャラクタ
③：人格
④：身体

図2：キャラクタと類似概念のとらえ方(定延 2006: 118 を参考)

キャラクタの概念を用いて説明すれば、(3)の用例は話し手が甘え合う恋人キャラや侍のキャラなどを導入して、本来の自分のキャラクタから離れてことばを発したことになる。さらに、定延はキャラクタについて次のように述べる。

(9) キャラクタは私たちが日常もっと［人格に比べて］頻繁に変えているものだが「変わらないはず」という通念があり、この通念が裏切られると気まずさが生じる。

(定延 2006: 118, ［　］は筆者補筆)

だから、もし(3a)のように「わかんないでしゅ～」とべたべたやっているのを他人に聞かれたら、とっても気まずい事態が発生することは予想に難くない。

このような概念設定を行ったうえで、定延はキャラクタが文法にどのようにかかわっているのかを明らかにした。たとえば、キャラ助詞のふるまいが終助詞よりも的確に文末の概念を示すこと（定延 2006, 2007）や、キャラクタが変われば文法的な振舞いが変わる可能性を指摘した（定延 2010）。定延のこうした貢献は役割語研究において非常に重要である。

さて、(3)におけるように、役割語はフィクション以外のコンテクストでも用いられる。とすれば、山口（2007）における「役割語は物語の記号である」という特徴付けには問題があるのだろうか。典型的な役割語の使用をフィクションにおけるものとしてとらえる金水（2003）や山口（2007）の主張は、修正されるべきなのだろうか。以降の節では、フィクションの語りにおける役割語の使用とそれ以外のコンテクストにおける役割語の使用との関係を明らかにしたい。まず、口頭の語りでは、フィクションの語りほどではないにせよ、他人キャラを違和感なく導入できることを次節で確認しておこう。

## 3　口頭の語りにおける他人キャラの導入

口頭の語りでは、直接引用のかたちをとって他人キャラが導入されることがよくある。もちろん、体験談などの口頭の語りでは、フィクションの語りとは違い、博士語や侍ことばのようなフィクション性の高いヴァーチャルなことばが提示されることは少ない。しかし、話者の平素のキャラクタ以外のことばを自由に取り込める点では、フィクションの語りと同様である。以下の例では、「何年か前」と状況設定が行われてから、過去の出来事（漫画家水木しげるの写真が雑誌に載ったことの顛末）が京極によって語られる。つまりは、典型的な語りのシークエンスが見られる。

　　　(10)　京極　そうそう。何年か前水木さんが大泉（実成）さんと海外に行ったときに、水木さんが全裸で川に入って水浴びしてるところの写真が「週刊 SPA！」に載ったでしょう。あれを見たあるファンの男性が見惚れちゃって、それで電話してきたんだっ

　　　　て。「先生の肉体が素敵だ……」とか言われたんだって、水
　　　　木先生すごく不愉快そうに言ってましたけれどね。
　　村上　「褌が似合いそう」とか。
　　京極　「(水木先生の声色で)もう驚いたですよ、いろんな奴がいる
　　　　もんですよ」とか言ってた。
　　村上　そういえば、[以下略]　　　　　　　(京極夏彦ほか『妖怪馬鹿』)

　下線部では、漫画家水木しげるのせりふが声色をまねるかたちで再現されている。しかし、べたべたと甘えあう恋人同士((3a)を参照)がその発話をほかの人に聞かれたときのようなばつの悪さはここにない。語りのコンテクストでは、登場人物のことばは語り手のものではない他人のことばとして直接引用で提示されることが多く[1]、また聞き手もそのように受け取る。つまり、語りというコンテクストが、他人キャラのことばを他人のことばとして取り込むことを容易にしているのだ。

　加えて、語りにおける他人キャラの導入は、当面のコミュニケーション上の要請にも動機づけられている。ここで漫画家水木しげるのことばを聞き手に伝えることは、語りの筋書きのうえで必要である。しかも、水木のことばを直接引用のかたちで演じることで聞き手に水木の発話を追体験させたり、水木のことばに対する評価——声色やイントネーションなどによって尊敬・皮肉・滑稽感など話者の判断や態度が伝えられる——を聞き手に伝えたりすることも可能だ(なお、(自由)直接引用における引用者の態度表明については、Mathis & Yule 1994 や Holt 2007 および山口 2000, 2009a を参照)。登場人物のことばとして他人キャラを導入することは、語りのコンテクストにおいて動機づけられており、不自然さを伴わない。

　このように、口頭の語りでは、フィクションの語りと同様、他人キャラの導入は登場人物のことばの引用というかたちで容易に行える。もちろん、フィク

---

[1] 直接引用は、語りのように引用される元発話(original utterance)から時間的に遠隔化された(displaced; Chafe(1994))コンテクストにおいて無標の引用方法となる。英語では、聞き手や話し手自身の直前のことばを引用するような近接的な(immediate)な状況では、特段の理由がないかぎり、間接引用が用いられるのがふつうである(山口 2009a: 2章4.7節および5.2節を参照)。

ションの語りと異なる点もある。フィクションの語りは書きことばを用い、作者は読者と対面しない。読者（聞き手）の視線を気にしなくてもよいフィクションの語りでは、登場人物のことばというかたちをとらなくても、他人キャラの継続的な導入が可能である。たとえば、方言話者など独特のスタイルをもった１人称の語り手を設定することによって、語り全般において作者の日常のキャラクタとは異なる他人キャラを導入できる。しかし、聞き手と対面する口頭の語り手にとって、他人キャラで語るのは、恋人とのベタベタした会話を人に聞かれるのと同じくらいに、気恥ずかしい。

　さらに、体験談は虚構性の高さにおいてもフィクションの語りと異なる。体験談は、現実の経験について語るので、博士語のようなヴァーチャルな他人キャラが導入される機会は少ない。実際、口頭の語りで導入される他人キャラは、たいていそのモデルが実在する。

## 4　対話における他人キャラの導入

　次に、対話的な状況において他人キャラが導入される状況について確認しておこう。以下の会話では、改名が裁判官によって認められる場合と、そうでない場合があることが話題になっている。歴史上の人物と同じ名前であったり、夫が子どもにこっそり愛人の名前を付けていた場合には改名が認められたのに、子どもが便所に落ちて縁起が悪いから改名しようとした場合には認められなかったことが、その前段で述べられている。

　　(11)　京極　まあ、これが家康ではなくて、その町の有名人と同じ名前だった場合はどうなのか
　　　　　青木　大工の源さんとか。
　　　　　京極　米屋の留三とかね。それ、町内ですごく厭なんだけど町外では平気でしょ。そういう場合は改名認められたのか。厭なのは一緒のはずなんだけどね。まあ「夫の愛人の名前」を呼ぶことに対する精神的苦痛は認められても「将来不幸になるかもしれない」言い伝えを無視しなければならない精神的苦痛は認められなかったわけだし。改名が認められる基準を検討してみると、判断を下す裁判官の気まぐれという気もしない

　　　　でもない。
　　青木　「ってゆーかうちらはこう思うし。それが常識じゃん」とい
　　　　うのに近いですね。
　　多田　青木さん、どうしてコギャルことばになるんですか？
　　青木　きっと、皆さんと京都へ行くんで浮かれてるんだと思うんで
　　　　す。ごめんなさい。　　　　　　（京極夏彦ほか『妖怪馬鹿』）

　ここで青木は、コギャルのことばを導入するが、多田からそのことをとがめられる。それを受けて青木が謝るところをみると、他人キャラの導入がうまくいかなかった例と見ることができる[2]。では、何がいけなかったのだろうか。
　青木は、気まぐれ系非論理派の代表としてコギャルのキャラクタを持ち出した。彼女たちの意見は非論理的で、「それが常識じゃん」とあるように議論を受け付けない、といった想定（偏見）がここでの他人キャラ導入の背景にある。裁判官の判断が、同様に恣意的で独断的であることを、ユーモラスに示そうとしたものと考えられる。とすると、青木がコギャルことばを用いることにはそれなりの理由があったことになる。しかも、青木は、「「ってゆーかうちらはこう思うし。それが常識じゃん」というのに近いですね」と、引用であることも明示してコギャルのことばを引いている。
　このように考えると、青木の他人キャラ導入は成功しなかったものの、それなりの動機づけが存在し、提示方法にも一定の配慮があったことが分かる。にもかかわらず、多田にとっては青木の行為は理解しがたいものと映った。なぜか。
　まず、導入に問題のなかった語り(10)と比較してみよう。登場人物のことばとして他人のことばが導入されることは、語りでは構造的に認められている。つまり、たいていの語りでは、語り手でも聞き手でもない、第3者的存在と

---

[2] 青木は大手出版社の編集者で、この会談のなかではいささか自虐的な太鼓持ち的役割を担う。したがって、ほかの参加者が青木のギャグを故意に沈めて遊ぶ場面も見られる。(11)でも、青木の遊びを多田が故意につぶしたとすることが、不可能というわけではない。「ノリ」のいい人なら、青木のコギャル的発言をさらにふざけて受け返すこともあるだろう。ただし、そのような場合であっても、青木による他人キャラの導入がスムーズにおこなわれたというよりは、「ノリ」のいい参加者の献身的な貢献によって会話の糸が切れることなく紡がれた、と考えるべきだと思う。

しての登場人物が存在する。だから、他人キャラが導入される可能性が常に存在する。(10)では「何年か前水木さんが」というように、水木はエピソードの登場人物として冒頭で提示され、彼にまつわる状況が語られる。このようなコンテクストにおいて、「「もう驚いたですよ、いろんな奴がいるもんですよ」とか言ってた」と、京極が水木のキャラを演じることに何ら不自然さはない。事実、村上はその直後に「そういえば」とこともなげに話の穂を継いでいる。

　しかし、(11)には(10)で見られた構造はない。京極は改名に関する自分の意見を開陳しているのであって、一定の構造性を持った過去の出来事について語っているのではない。そこでは、(10)の水木のような登場人物は提示されていない。(11)のコギャルことばは何の前触れもなく提示され、演じられるのである。現実の会話から離れて、架空のコギャルという存在が導入される契機がそこにはない。つまり、語りでは他人キャラが登場人物というかたちで導入されることが自然であったのに対し、対話的状況はそのような構造性を欠くだけに、他人キャラが導入されるだけの準備がその前段に必要なのである。

　このことは、(11)と次の例を比べてみると明らかになると思う。(12)は(11)と同じ座談集から取った例だが、こちらは一転して他人キャラがうまく受け入れられている。どのようなやり取りを経て、他人キャラが導入されているのか、少しくわしく見てみよう。

(12)　京極　まずは、青木さん、なんでこういう企画を思いついたんですか？って、のっけからパネラーが進行してどうする。
　　　青木　しかも司会役の私に質問してるし。それはですね、多田さんと京極さんの会話がすごく面白いという話を小耳にはさみまして。
　　　京極　小耳ってどの辺？（と、青木の耳を覗く）
　　　青木　私の小耳は心の綺麗な人にしか見えないんですけども。
　　　京極　（急にべらんめぇ口調になり）じゃあ、俺にゃあ全然見えねぇや。見えなくてもいいゃィ。見たくもねえぞ。
　　　青木　見せませんよう（と耳を隠す）。それはさておき、どうして企画したかと言えば、業界のさる筋から聞いたとしか

（京極夏彦ほか『妖怪馬鹿』）

まず、「なんでこういう企画を思いついたんですか？」という京極の質問に対して、青木は「多田さんと京極さんの会話がすごく面白いという話を小耳にはさみまして」とまじめに答える。しかし、その答えに対して京極は、「小耳ってどの辺？」というように、「小耳にはさむ」という慣用句をわざと文字通りに解釈して、冗談で受けた。この時点で、現実的でまじめな会話の流れから離れて、冗談のモードが起動する。小耳という身体部位が存在する架空の設定がなされたわけである。次の青木の「私の小耳は心の綺麗な人にしか見えないんですけども」は、京極の冗談に冗談で受けたもので、京極の冗談を理解したことを示す返答であると同時に、新たな冗談を提示する。しかも、「心の綺麗な人にしか見えない」という設定は、当初の京極の冗談よりも現実離れした架空の度合いを強めている。

　このように、(12)は、京極の冗談が契機となって、京極と青木のあいだで冗談の応酬が連鎖的に繰り広げられる。現実の世界からは遊離した架空の笑いの世界がそこにできる。そのような流れのなかで問題の他人キャラの発話「じゃあ、俺にゃあ全然見えねぇや。見えなくてもいいヤィ。見たくもねえぞ」は提示された。京極がここでべらんめぇ調の江戸っ子キャラを発動させたのは、「心の綺麗な人にしか見えない」という青木の現実離れした冗談に対するためである。つまり、架空の設定にもとづく冗談を受け返すために、京極は現実の自分とは異なる架空のキャラを導入するという方法をとった。そして、「見せませんよう」と耳を隠す青木も、そのことを了解している。この冗談連鎖のシークエンスは、現実的でまともな会話から切り離されて、他人キャラ導入の呼び水となっている。つまり、江戸っ子キャラを演じる京極の行為は、この一連の流れのなかでは理にかなっている。他人キャラを導入するという、話者の現実から一時的に離れる言語行為の素地が、会話のやり取りのなかで聞き手との共通理解として出来上がっているのだ[3]。

---

[3] この冗談の連鎖が会話の本筋から遊離したものであることは、青木の「それはさておき」以降の発話からもうかがえる。まず「それはさておき」で冗談の終了が宣言される。続く「どうして企画したかと言えば」は、京極の冒頭の質問「なんでこういう企画を思いついたんですか？」をパラフレーズしつつ引用し、会話をいったん京極の質問の時点まで逆もどりさせる意図を明かす。そのうえで、「業界のさる筋から聞いたとしか」と、もう一度、その質問にまじめに答えている。つまり、冗談連鎖の一節は、先の質問に戻った時点でなかったものと見なされ、その発言内容はキャンセルされている。

しかも、べらんめぇ調の江戸っ子キャラは、「心の綺麗な人にしか見えない」小耳が自分には見えないことに対して文句を述べるという、当面の主題に対してもふさわしい。負け惜しみを言いながらも引きさがらない好戦的なキャラクタ設定には、べらんめぇ調がよく似合う。

　本来、他人キャラは話し手とは異質な要素であるので、そこにはどうしても違和感が付きまとう。ことに対面的なコミュニケーションでは、むやみに他人キャラを導入すれば対話者の視線が痛い。しかし、(12)では発言内容にふさわしいキャラクタが選択され、しかも、その導入に当たっては会話のシークエンスのなかで架空の他人キャラが登場する下地が整えられている。そのような理由で、他人キャラがスムーズに導入できたのだろう。他人キャラへの移行がうまくいかなかった(11)とこの例を比べると、対話的なコンテクストでは他人キャラ導入に関する必然性(動機づけ)が、話し手と聞き手とのあいだで了解されていないといけないことが分かる。対話的状況では他人キャラ導入の制限が強いのだ。

　他人キャラ導入の制限の強さを物語るさらなる証拠として、対話的状況では他人キャラが導入されたとしてもそれは持続することなく、たいてい一時的であることが挙げられる。(12)でのべらんめぇ調も発話順番(turn)ひとつ分しか続かない。相手を故意に誤解させておいて「うそぴょーん」とひょうきんにキャンセルするような場合もそうである。次にあげるネット上での用法では継続的な導入が可能であるが、やはり対面的コミュニケーションでは、それはむずかしいようだ。

## 5　ネットにおける他人キャラの導入

　インターネット上では、対話よりももっと自由に他人キャラが使われる。対話的コンテクストに見られたキャラ導入に対する制限は、ここでは無用である。話者の実名ではないハンドルネームや話者が自分で選んだ画像を写真代りにアバターとして用いることができるネット上では、対面的コミュニケーションの制約から離れて、他人のふりをすることが簡単だ。現実のモデルが存在しないヴァーチャルなキャラも多数見受けられる。ここではネット上で見られた役割語の特徴的な用法に焦点を当ててみよう。

　以下の例は、あるホームページのゲストブックから採ったものである。そこ

に書き込む人は、(3c)で定延(2006)が挙げたような非戦闘系なごみキャラを現出して、たいてい「ぷうぷう」やっていた。

(13) a. ぷう作 - 01/09/16 17:54:03
2ch らーのみなさまこんにちぷう。
b. 2ch らー@名無しさん - 01/09/16 19:13:48
ぷう作、来てやったぞ！毎日更新せーよ！（藁）
c. ぷう作 - 01/09/16 20:44:10
2時間で見つかってしまったぷう。
夜逃げするでぷうかね。
ぷう作自演ではないぷうよ。
d. にちゃんねぷう - 01/09/16 23:59:42
さっそく来たぷう。土日はどこの店に逝ったぷう？
（http://www.geocities.co.jp/Foodpia/2707/geobook.html; 07/12/20 採集）

定延(2007)が示すように、「ぷう」は本来キャラ助詞である。キャラ助詞は、終助詞の後にも位置することができ、もっとも文末らしい環境に生起する。しかし、このホームページの「ぷう」は、ときにキャラコピュラとしても機能する。

(14) a. いつも楽しみにしてまぷう。
b. 夜逃げするでぷうかね。　　　　　　　　（出典は(13)に同じ）

キャラ助詞なら、「いつも楽しみにしてますぷう」というように、コピュラである「ます」の後に生起するべきなのだが、ここでは「ます」と「ぷう」が合体して「まぷう」という形態をとる。この「まぷう」「でぷう」という言い方は、「これは鉛筆でぷう」というように、コピュラとしてふるまう。キャラ助詞とキャラコピュラの中立化が起こっていると言ってよい。このような現象が見られることには、複数の要因が考えられる。

まず、「でぷう」は「ですぷう」よりも舌っ足らずの印象が強い。この舌足

らずさは「ぷう」という(可愛い?)キャラ語尾を使う動機とも重なる。しかも、一種の語呂合わせのようにも受け取れるのでユーモラスな語感も生じる。こういった印象は「ぷう」をキャラ語尾として使う人たちには都合がよいのだろう。

　さらに、「ぷう」をキャラコピュラとして使えると、「ぷう」によるキャラクタ化を前提としつつも、終助詞が表す伝達的意図を前面に出すことが可能になる。「ぷう」でマークすることが常態化すると、常に文末を「ぷう」で終えるかたちにするよりも、確認や疑問などの伝達の意図を明示しようとする配慮がはたらくこともあるだろう。(14b)はまさにそのような例で、「ぷう」をコピュラの位置にすべり込ませて「でぷう」とし、いったん導入したキャラを維持させつつも、「かね」で文末をくくって、自問し、相手に対し同意を求める。

　このような用法から見て取れることは、あらゆる機会でキャラクタをマークしようとする態度である。「かね」のような終助詞の持つ意義を重視したいなら、キャラ助詞「ぷう」を使わずに、そういった終助詞を文末に置くほうがいい。しかし、それではキャラが立たない。だから、キャラコピュラとして「(で)ぷう」を使ったうえで、文末は終助詞で止める。過剰なまでのコストを払って「ぷう」が創出するやわらかな仮想空間を維持する。(13)に見られるのはそのような態度だ。

　これに対し、フィクションにおける役割語は、主人公のわきを固める登場人物の物語における役割について筆を割かずとも伝えることができる。つまり、物語の円滑な展開に貢献しているのだ。そして、そのことが大衆的フィクションにおけるステレオタイプ的な役割語導入の動機づけとなる。

　ところが、上に見るようなネットにおける役割語の使用は、伝達の効率よりも仮想コンテクストの維持を第一目的としている。コンテクストに見合ったことばを選ぶというよりは、それなりのコンテクストがほしいから特徴的な役割語を重ねて用いる。そうすることで自分たちが心地よく遊べる仮想空間を作る。これは仲間同士で隠語を使うようなものだ。一定の役割語をともに用いることが、同じ世界観を共有していることを確認するすべとなる。つまり、役割語を導入する動機づけがフィクションの語りとは明らかに異なるのだ。

　ネットにおいて役割語が多用される状況でのコミュニケーションのあり方を図1にならって図示すると、図3のようになる。役割語を用いることによって特定の世界観を共有することが示されている。

第 3 章　役割語のエコロジー

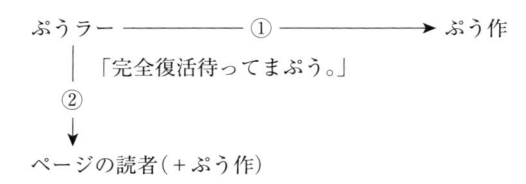

```
ぷうラー ────────── ① ──────────→ ぷう作
                │
                「完全復活待ってまぷう。」
                ②
                ↓
          ページの読者（＋ぷう作）
```

①：私はぷう作の完全復活を待っている。
②：私は「ぷう」の世界観を共有している。

図３：「ぷう」的なネットで行われていること

　役割語による世界観の表明は、世界観を共有しない乱入者のことばと並べるとより明らかになる。以下の例は、上と同じホームページの書きこみだが、丁寧なことばを使いながらも、ほかの「住人」とはまったく異質のセールス・トークをしている。

(15)　yosi - 01/09/20 00:09:00
　　　ホームページアドレス：http://www.$ei$¥un21.¢om/
　　　いいホームページですね（＾＾
　　　このHPを独自のオリジナルドメインに載せ変えてみてはいかがですか？
　　　業界最安値で、内容豊富な所をご紹介します（・ε・）
　　　サーバーレンタル料　＋　独自のドメイン取得　＋　メールアドレス20個　⇒　月々1500円
　　　あまりの安さに、私自身も申し込んでしまいました（＾-＾）v
　　　詳しくは　http://www.$ei$¥un21.¢om/domein.htm
　　　よかったら、また"イイ"Myホームページを作って下さいネ♪
　　　（http://www.geocities.co.jp/Foodpia/2707/geobook.html; 07/12/20に採集；テクスト中に表示されたアドレスは改変してある）

　「いいホームページですね」というリップ・サービスにはじまり、顔文字をちりばめながら、丁寧でフレンドリーな雰囲気を出そうと心掛けている。しかし、このホームページの読者には、無礼な乱入者として受け取られたはずだ。彼らがもっとも重要視しているはずの「ぷうぷう言うことがもたらす世界観」

41

を明らかに共有していないだけでなく、その世界観に対し何の敬意も払っていないからである。

　先に挙げた(13b)の話者も、「ぷう」というキャラ語を用いない点では、(15)の書き手と同様である。しかし、彼は乱入者ではなく善意の来訪者と受け取られる(と思う)。


　(13)　b．ぷう作、来てやったぞ！毎日更新せーよ！(藁)


というのも、「ぷう作」とキャラの明示された名前を呼び掛け、「来てやったぞ！」と自分がこの世界に来訪したことを伝えているからである。自分は「ぷう」とは言わないものの、この「ぷう的な」世界の存在を認めている。また、「(藁)」というチャットや掲示板でよく用いられる記号――「(笑)」との語呂合わせ[4]――も、親近感をもたらすだろう。
　このように、ネットとフィクションの語りとでは、役割語を用いる動機づけが異なる。語りのコンテクストでは、語り手でも聞き手(読者)でもない第3者としての登場人物に特定の性格を持たせるために役割語が用いられた。ところが、上に見たネット上のことばには基本的に語りの要素はない。話者自身が第3者のペルソナをまとうために役割語を用いる。つまり、話者は役割語を用いることで自分のディスコースをフィクション化しているのである。そしてその架空のペルソナに対し敬意を払うものがコミュニケーションの正当な受け手として認められるのである。
　インターネットは基本的に書記言語を媒体とするコミュニケーション・コンテクストである。そこでは、対話者の視線は気にならない。だから、他人キャラを継続的に使用することが可能になる。そして、役割語によって構築された非日常的(フィクション的)空間で、他人の仮面をかぶったまま同様の仮面をかぶった相手とやり取りを交わすことが可能になる。


## 6　コンテクストと役割語の関係

　これまでフィクションの語りを念頭に置きながら、対話、体験談(口頭の語

---

[4] (13d)の「土日はどこの店に逝ったぷう？」も同様に、語呂合わせによる「行く」のバリエーションである。

り)、そしてインターネットにおいて役割語(他人キャラ)がどのように用いられているかについて観察してきた。各コンテクスト(ジャンル)の特徴と役割語使用の実態を表にまとめると、表1のようになる。

表1：コンテクストと役割語のふるまい

|  | 対話 | 体験談 | ネット | 大衆小説 |
|---|---|---|---|---|
| 非対面性 | − | − | ＋ | ＋ |
| 遠隔化 | − | ＋ | ＋ | ＋ |
| 登場人物 | − | ＋ | − | ＋ |
| 書記言語 | − | − | ＋ | ＋ |
| 役割語の使用実態 | ・一時的導入<br>・動機づけ必要<br>・導入のための準備が必要 | ・導入容易<br>・登場人物(他人)のことばとして提示<br>・ヴァーチャルなものは少ない | ・持続的導入可<br>・ヴァーチャルなものも導入可<br>・導入による虚構化<br>・高コスト<br>・話者自身が他人化 | ・導入がもっとも容易<br>・持続的導入可<br>・種類も豊富<br>・巨視的伝達に貢献<br>・低コスト<br>・登場人物のことば |

　表1は、対話、体験談(口頭の語り)、ネット、そして大衆小説(フィクションの語り)の4つのジャンルにおいて、コンテクストがどのように異なるかを、非対面性、遠隔化、登場人物の存在、そして書記言語の使用の4点にわたって比較したものだ。非対面性とは、聞き手と面と向かった相互交渉ではないことを表す。遠隔化(displacement)とは、ウォレス・チェイフの用語で、コミュニケーションの現場から時間的・空間的に隔たった事物を想起し、それを表現することを指す。たとえば、語りは過去の出来事を問題にするので遠隔化されたコンテクストである。対話は、遠隔化された事象も話題にできるが、発話の「いま・ここ」に言及できる点が語りと大きく異なる。その意味において近接的(immediate)なコンテクストと言える。さらに、登場人物は、語りの枠組みが導入された時点で、その存在が前提となる。他方、通常の対話的な状況では登場人物の関与はない。最後に、書記言語の導入はネットおよび大衆小説と、対話・体験談とを隔てる文脈特徴である。

　非対面性・遠隔化・登場人物の存在・書記言語の使用、これら4つの要素は対話に最初から備わるものではない。対話がコミュニケーションのもっとも

基本的なコンテクストであると考えると、その基本的なコンテクストを特殊化させる要因である。対話から体験談へ、そしてネット上からさらには大衆小説へと、表1の横軸を右へ移行するにしたがって、これら4要素は次第に加算され、コンテクストの特殊性は高まる。右端に位置するフィクションの語りはこの4つの要素をあわせもつ。そして、このコンテクストの特殊化の度合いに応じて他人キャラの導入は容易になる。逆に、左端の対話のコンテクストでは他人キャラは明らかに有標の(marked)あつかいを受ける。対話的状況において自分以外のキャラクタを表示してしまう役割語は、用いるための動機づけが聞き手とのやり取りのなかで行われていないと導入しづらい。ならば、他人キャラの導入がもっとも容易なフィクションの語りを役割語の典型的な「生息環境」とし、それ以外のコンテクストにおける用法をこの典型的生息環境とのかかわりにおいてとらえることは、不合理なことではあるまい。

　実際、どのようなコンテクストで用いられようとも、他人キャラは導入された時点で当該のディスコースを多少なりともフィクション化してしまう。たとえば、「うそぴょーん」という表現は、日常会話においてある程度定着した慣習的な表現となっているが、直前のことばを冗談としてキャンセルしてしまうことをおもな機能としている。日常のディスコースをフィクション化し、それまでの言動を架空の存在に至らしめるわけだ。つまり、他人キャラを導入すると、役割語が典型的に用いられるフィクションの特徴を当該ディスコースにいくぶんなりとも移しこんでしまうのだ。このような理由から、私は役割語をまずフィクションの語りに結び付けて特徴づけるのがよいと考える。

　これまで私は、コンテクストが特殊化するにつれ、ことば遣いも特殊化されることを論じてきた（山口1998, 2000, 2005, 2009a）。ところが役割語は、フィクションの語りというきわめて特殊化されたコンテクストこそが、典型的な生起環境となる。これは、一見したところ、不思議なことに思えるかもしれないが、むしろ当然のことである。役割語は話者本来のことばではない。役割語は他者性の記号である。だから、フィクションの語りという特殊化された架空のコンテクストがもっとも肌になじむのだ。

　役割語を役割語として認識した時点で、聞き手（読者）は、話し手のキャラクタに関する一定の情報を手にする。役割語のこの特性は不変である。しかし、伝達のコンテクストが変わると役割語に込められた動機づけも変わる。そして、

役割語のふるまいもそれに応じて変化する。フィクションの語りでは、他者としての登場人物の声を導入するという語り全般に共通する動機づけに加えて、物語における登場人物の役割把握を簡便化するという巨視的伝達の要請にも応えている。ネット上では、参加者が求めるフィクション的な仮想空間を現出するという目的を背負っていた。そして、対話的コンテクストでは、話し手が主張する論旨や言及する主題に関連がないと他人キャラは導入しづらい。この章では、役割語の出現環境とそのふるまいのインタラクションをいくらかでも明らかにできたのではないかと思う。

　では、冒頭に掲げた問題はどのように解決すべきなのだろうか。つまり、金水(2003; 2007)と山口(2007)は役割語をフィクションの語りと関係づけて説明するのに対し、定延の一連のアプローチはジャンルに限定されない。両者の関係はいかに、というのが冒頭の問題であった。

　これまでの議論で明らかになったことと思うが、役割語に関する金水(2003)や私のおもな関心は、ユニークな特徴を持った役割語が特定のジャンルにおいてどのようなふるまいをするか、というところにある。役割語に対して文体論的な、もしくは談話分析・語用論的なアプローチである。そこでは常に、ことばがどのような状況でだれに用いられるか、ということが問題になる。ことに私の枠組みでは、コンテクストの特殊化スケールという、各ジャンル相互の文脈上の関係が大きな要因となる。

　ところが、定延の一連の研究にはコンテクストという変数はない。これは、定延がコンテクストをまったく考慮に入れない、ということを意味するのではない。定延は文法の観点から役割語に迫る[5]。彼の第一の関心は、役割語という言語素材と文法の関係にある。だから、発話キャラクタの性格が表れた素材をまずすべて視野に収める。そして、そういった素材が当該言語の文法を構築するうえでどのようにかかわるのかを見極めようとする。その際、当該の言語素材がどのような言語ジャンルで用いられたかということは、考慮の範囲外にひとまず置かれている。

　つまりは、同じものを眺めていても、その視座が異なるためにとらえ方に違いが生じたのだ。スタイルや言語態に関心の強い金水・山口は役割語をその出

---

[5] 定延のアプローチ方法については私見を述べる機会がほかにあった。山口(2009b)を参照されたい。

現環境と結び付けながら狭くとらえ、特定のキャラクタが文法(記述)にもたらす影響を見極めたい定延は役割語を特徴的な言語素材として広くとらえたのである。両者の違いは、どちらかのみが正しいというかたちで、単純に収められるものではない。役割語はこのように複数の見方を許す多面性を備えている。

## 付記

　この章の内容に関しては、対照研究セミナーで話す機会があった。当日参加されたメンバーの方々(下地早智子、福島教隆、福田嘉一郎、本多啓、益岡隆志、米田信子の皆さん)から貴重なコメントをいただいた。あらためてお礼申し上げたい。

## 参考文献

金水敏(2003)『ヴァーチャル日本語―役割語の謎―』東京：岩波書店.
金水敏(2007)「近代日本マンガの言語」金水敏(編)『役割語研究の地平』pp.97-107, 東京：くろしお出版.
定延利之(2006)「ことばと発話キャラクタ」『文学』7-6, pp.117-129.
定延利之(2007)「キャラ助詞が表れる環境」金水敏(編)『役割語研究の地平』pp.27-48, 東京：くろしお出版.
定延利之(2008)「日本語社会のぞきキャラくり第4回―「あの人がねぇ」―」, 三省堂ワードワイズ・ウェブ(http://dictionary.sanseido-publ.co.jp/wp/)
定延利之(2010)「キャラクタは文法をどこまで変えるか？」金水敏(編)『役割・キャラクター・言語―シンポジウム・研究発表会報告―』pp.82-88, 大阪大学大学院文学研究科.
定延利之・張麗娜(2007)「日本語・中国語におけるキャラ語尾の観察」彭飛(編)『日中対照言語学研究論文集―中国語からみた日本語の特徴、日本語からみた中国語の特徴―』pp.99-119, 京都：和泉書院.
山口治彦(1998)『語りのレトリック』東京：海鳴社.
山口治彦(2000)「話法とコンテクスト―自由直接話法をめぐって―」*JELS*17(日本英語学会第17回大会研究発表論文集), pp.261-270.
山口治彦(2005)「語りで味わう―味ことばの謎とフィクションの構造―」瀬戸賢一ほか『味ことばの世界』pp.162-205, 東京：海鳴社.
山口治彦(2007)「役割語の個別性と普遍性―日英の対照を通して―」金水敏(編)『役割語研究の地平』pp.9-25, 東京：くろしお出版.
山口治彦(2009a)『明晰な引用、しなやかな引用―話法の日英対照研究―』東京：くろしお出版.

山口治彦（2009b）「恋人について少しりきむ—定延利之『ささやく恋人、りきむレポーター—口の中の文化—』」『関西英文学研究』3, pp.201-210, 日本英文学会関西支部.
Holt, Elizabeth (2007) 'I'm eyeing your chop up mind': Reporting and enacting. In Elizabeth Holt and Rebecca Clift (eds.) *Reporting Talk: Reported Speech in Interaction*, pp.47-80. Cambridge: Cambridge University Press.
Mathis, Terrie and George Yule (1994) Zero quotatives. *Discourse Processes* 18, 63-76.
Yamaguchi, Haruhiko (2009) Re-contextualizing reported speech: Some remarks on literary pragmatics. In Ken Turner and Bruce Fraser (eds.) *Language in Life, and a Life in Language: Jacob Mey – A Festschrift,* pp.441-447. Bingley, UK: Emerald Group Publishing.

第**2**部

# 教育と役割語

第4章 **韓国の教科書における役割語の役割**
―「生きた日本語」を教えるバーチャルリアリティ―
恩塚　千代

◎

第5章 **役割語を主題とした日韓翻訳の実践**
―課題遂行型の翻訳活動を通しての気づきとスキル向上―
鄭　　惠先

第**4**章
# 韓国の教科書における役割語の役割
―「生きた日本語」を教えるバーチャルリアリティ―

恩塚　千代

## 1　はじめに

　韓国では本国の日本に劣らぬ勢い[1]で、毎年多種多様な日本語の教科書が刊行されている。2009年現在韓国で出版されている日本語の教科書は670点で、そのうち、各種能力試験対策用、語彙・漢字に特化されたもの280点程を除けば、総合及び会話用の教科書は390点程度にもなる[2]。また、各大学が独自の学科編集でオリジナル教科書を出すことも多く、それぞれの大学出版部刊行の教科書がこれにプラスされることになる。

　本稿は日本語教育における教科書の中での「役割語」、その下位概念である男女キャラ語尾等の必要性について述べるものであり、さらに、バーチャルリアリティ[3]としての教科書の役割と真の「生きた日本語」教育について提案してみたいと思う。

## 2　役割語とは

　本稿で述べる「役割語」とは金水(2003: 205)の以下の定義によるものである。

---

[1] 2006年1月から2008年12月までの3年間に日本で刊行された日本語の教材は291点であった(吉岡2009: 4-11)。
[2] 本稿で主題となる「役割語」が使われる会話部分を含むために、観光・ビジネス用教材は会話の教科書に含めた。また、最大手の時事日本語社の場合、毎年300冊余の新刊教科書が出版されるが、そのうち9割はライセンスものである。
[3] 「virtual」という語は慣例的に日本語では「仮想的な」という訳語を当てることが多いので、「想像上のもの、事実ではないもの」と誤解されがちだが、本来は「事実上の、実質上の」という意味で、現実とは別に実在しているものをさす。したがって、ここで述べているバーチャルリアリティとは、「これまで現実と呼ばれてきたものとは異なっているが、事実上の現実」ということである。

ある特定の言葉づかい(語彙・語法・言い回し・イントネーション等)を聞くと特定の人物像(年齢、性別、職業、階層、時代、容姿・風貌、性格等)を思い浮かべることができるとき、あるいはある特定の人物像を提示されると、その人物がいかにも使用しそうな言葉づかいを思い浮かべることができるとき、その言葉づかいを「役割語」と呼ぶ。

真田・ロング(1992: 73)によると、言語には単に相手に情報を伝えるだけの「情報機能」のほかに「象徴的機能」[4]があることが指摘されている。中でも、特に日本語は「博士語」や「お嬢様語」といった役割語的要素が強く表れる言葉づかいが広く浸透しており、その象徴的機能が小説やシナリオ、マンガに至るまで、読者の人物像認識に大いに活用されている。

定延(2007)では金水の言う「キャラ語尾」を「キャラコピュラ」と「キャラ助詞」の二つに下位分類し、分析した結果、韓国語にも「キャラコピュラ」と「キャラ助詞」[5]の双方があるだけでなく、「キャラコピュラ」と「キャラ助詞」の中間的な存在[6]も観察されると報告している。日本語・韓国語が共に膠着語、主要部後置型の言語であるという共通要件を満たしているほかに、電子メールやチャットなどのサブカルチャー的なコミュニケーションにおいて、そのインフラが整備されているという条件があり、日本・韓国両言語ともに、発話キャラクターで遊ぶ文化の成熟が見られるからだと述べられている。

---

[4] 象徴的機能とは、同じ内容の話であっても違う表現を使うことによって伝わる「裏」のメッセージのことである。たとえば、「ウチ、行ケヘンネン」と「オレ、行カネーンダ」との2つの発話では、「行かない」という情報以外にも、それぞれの話者は近畿の女性と東日本の男性であるというメッセージが伝わってくる。

[5] 「キャラコピュラ」とは「なんでちゅか」や「そうざますね」の「でちゅ」「ざます」に当たるもので、終助詞の前に位置し、文中や分節末にも使える。一方「キャラ助詞」は終助詞のさらに後の、「うそだよピョン」の「ピョン」に当たるもので、文中の分節末には現れない。

[6] 韓国語のコピュラとしては、その代表に「요」が挙げられるが、キャラコピュラには「여(全羅道方言、田舎者のイメージとして用いられる)」、キャラ助詞としては「지롱(子供っぽく自慢するキャラを表現)」が見られる。また、コピュラと似ているがモデルが顕在していない「용(可愛い、幼い子供のキャラ)」や逆に、コピュラに似ていないがモデルが顕在している「는겨(全羅道の年配男性、おじさん)」「느뇨(古代の高貴な人を具現するキャラ、モデルは顕在しているが、現実社会にはいないという意味で、日本語の「～でござる」に近い)」等は中間的な存在としてふるまう(定延 2007: 38-42)。

しかし、鄭(2007: 77)では対訳作品の分析結果から、同じ内容の発話でも、役割語的な形式が異なることによって「日本語は性別が、韓国語は年齢が強調される」と述べている。

それでは、韓国で出版されている日本語の教科書に現れる役割語としては、どのようなものが見られるのであろうか。

## 3　教科書における登場人物の無性別化とその問題点

本稿では基礎(教養科目用)から、初級、中級、上級[7]に至るまでの教科書のうち、以下のような教材を比較分析してみた。

表1：調査対象教科書リスト

| 対象レベル | 教科書名 | 出版社 |
|---|---|---|
| 基礎 | 곤니찌와日本語 1 | 시사일본어사 |
| (教養科目) | NEW 다락원 일본어 1 | 다락원 |
|  | NEW 다락원 일본어 2 | 다락원 |
|  | NEW 뱅크 이본어 STEP 1 | 동양문고 |
|  | NEW 뱅크 이본어 STEP 2 | 동양문고 |
|  | 일본어뱅크 다이스키 1 | 동양문고 |
|  | 일본어뱅크 다이스키 2 | 동양문고 |
|  | 日本語(KUJAP シリーズ) | 高麗大学出版 |
| 初級 | NEW 다락원 일본어 3 | 다락원 |
|  | 민나노日本語 1 | 시사일본어사 |
|  | 민나노日本語 2 | 시사일본어사 |
|  | SHIN Bunka Japanese 1 | 시사일본어사 |
|  | SHIN Bunka Japanese 2 | 시사일본어사 |
|  | 곤니찌와日本語 2 | 시사일본어사 |
|  | 우키우키 일본어 上 | 넥서스 |
|  | 話そう日本語 初級 | 보고사 |
|  | 실용 일본어회화 STEP 1 | 다락원 |
|  | 실용 일본어회화 STEP 2 | 다락원 |
|  | NEW 뱅크 이본어 초급 1 | 동양문고 |
|  | NEW 뱅크 이본어 초급 2 | 동양문고 |

---

[7] 教科書のレベル設定は各出版社の設定区分によるものである。初級から上級への会話における文体の流れを見るために、主に同じ著者によるシリーズ物を対象とした。

|  |  |  |
|---|---|---|
|  | 일본어뱅크 다이스키 3 | 동양문고 |
|  | 일본어뱅크 다이스키 4 | 동양문고 |
|  | 커뮤니케이션 일본어 1 | 사람 in |
| 中級 | NEW 다락원 일본어 4 | 다락원 |
|  | 민나노日本語 中級 1 | 시사일본어사 |
|  | High Bunka Japanese 1 | 시사일본어사 |
|  | High Bunka Japanese 2 | 시사일본어사 |
|  | 우키우키 일본어 下 | 넥서스 |
|  | 話そう日本語 중급 | 보고사 |
|  | NEW 뱅크 이본어 중급 1 | 동양문고 |
|  | NEW 뱅크 이본어 중급 2 | 동양문고 |
|  | 일본어뱅크 다이스키 5 | 동양문고 |
|  | 일본어뱅크 다이스키 6 | 동양문고 |
|  | 일본어다운 일본어 회화 1 | 사람 in |
|  | 일본어다운 일본어 회화 2 | 사람 in |
|  | 커뮤니케이션 일본어 2 | 사람 in |
| 上級 | 미니드라마 일본어회화 | 시사일본어사 |
|  | 일본어, 드라마를 만나다 | 다락원 |
|  | NEW 다락원 일본어 5 | 다락원 |
|  | NEW 다락원 일본어 6 | 다락원 |
|  | 일본어뱅크 다이스키 7 | 동양문고 |
|  | 일본어뱅크 다이스키 8 | 동양문고 |
|  | 커뮤니케이션일본어 - 고급점프 | 사람 in |

　これらの教科書のうち、『민나노日本語』シリーズ、『SHIN Bunka Japanese』シリーズ、『High Bunka Japanese』シリーズは参考のために比較したが、これらは日本で刊行された教科書のライセンスものなので、以下、実際の会話例は主に韓国でオリジナルに執筆された教科書から見てみることにする。

　まず、教養科目用の教科書を例に見てみよう。全30課のこの教科書中、普通体が導入された後に、登場人物である大学生がスキー旅行に行く相談や、風邪をひいた友人を気づかって電話をかけるシーンが普通体での会話として描かれている。この学生二人の会話から、登場人物である山田と太田の性別が特定できるだろうか。

【会話例1】　第25課　スキー旅行の申し込み

山田：北海道か…。
イー：どうしたの？
山田：実は私、飛行機に乗るのが嫌いな<u>ん</u>だ。
太田：そうか…。あ、でも見て。寝台車で行くんだって。
イー：寝台車って？
太田：夜、車内で寝られる電車のこと<u>だ</u>よ。札幌に着くのは朝だって。
イー：へえ、面白そう。私、スキーをするのは初めてなんだけど、大丈夫かな。
太田：大丈夫<u>だ</u>よ。私が教えてあげるよ。
イー：じゃあ、申し込んでみよう。
山田：そう<u>だね</u>。他の人も誘ってみよう。

（『KUJAP日本語』p.216、原文総ルビ付き。下線は筆者による）

【会話例2】　第13課　お見舞いの電話

太田：もしもし、山田さん。田中さんから風邪を引いたって聞いたけど、<u>大丈夫φ</u>？
山田：あー、太田さん。電話ありがとう。昨日ずっと寝てたからもう大丈夫。でも、まだ頭が少し痛くて…。
太田：そっか。(そう<u>な</u>の。)[8]
山田：昨日はどうだった？　けっこう大勢集まったから、楽しかった<u>でしょう</u>？
太田：うん。久しぶりだったから<u>ね</u>。また集まるって言ってたから、今度はいっしょに行こう<u>ね</u>。
山田：うん。(<u>ええ</u>。)
太田：じゃ、早く元気になっ<u>てね</u>。お大事に。
山田：ありがとう。また<u>ね</u>。

（同上 p.120、下線は筆者による）

---

[8] かっこ内は筆者による元原稿で、20代の女性教員との合議の上に修正される前の表現。互いに修正を重ねた結果、それぞれの担当責任において非担当者のほうが妥協した部分も多いが、この箇所は担当者が譲歩した部分である。

この教科書の登場人物は第13課でも第25課でも、同一人物の太田由美と山田陽子であり、ともに女性として設定されている。実は、この教科書の1〜15課は筆者(当時40代後半)が、16〜30課は別の日本人女性教員(当時20代後半)が担当したものである。この例のように、共同作業をしたにもかかわらず、最終的には書き手の20歳の年齢差からくる言語感覚によって、下線部分で表される登場人物のキャラクターが明らかに変わってしまっている[9]。しかし、この会話をCD録音する際に、山田に当てられた声優はこの原稿を見る限り、この人物を男性っぽく演じなければならないのだと思ったと言う。実際に社会で男性言葉を話す女性を自然だと感じ、その言葉が現実の現代日本語における「生きた日本語」だと主張する人々も、この例に見られるように、文字情報だけでは女性としての印象を与えにくいことが理解できるであろう。

　現実にそうだからという理由だけで、教科書に登場する女性にことさらに中性化(実際には男性化)した言葉を話させ、男女差をなくせばどうなるか。このような基礎・初級段階では、日本のアニメやドラマに慣れた最近の学生であるからこそ、よけいに登場人物のキャラクター設定に混乱することになる。

　例えば、初級前半の丁寧体の段階では、あまり男女差が現れない日本語も、初級後半で普通体を導入するあたりから、ある問題が生じてくる。次の例を見ていただきたい。

(1)　ここが南大門です。
(2)　ここが南大門ですか。
(3)　ここが南大門か。
(4)　ここが南大門φ。(上昇イントネーション)

　例文(1)のようなコピュラ文を普通体の疑問文に変えようとすると、文法規則では(3)のような文になる。しかし「ここが南大門か」という疑問文発話はアニメでヒーローを演じる男勝りの女性勇者キャラでもない限り、普通の女性は使わないことを学生たちも知っている。したがって、初級や中級前半の教科

---

[9] 著者の書き分けによる課ごとの二重人格性は、『話そう日本語　中級』の相原美香の発話「電車で行くの。楽しいと思うわ。」(同: 48)「じゃあ、表を作るわね。」(同: 50)と「バスのほうが早く行けるよ。」「じゃあ、地下鉄で行こう。」(同: 94)にも現れる。

書に出てくる会話例でも、女性の発話としては例文(4)のように助詞が落ちた形か、疑問を表す終助詞「(な)の」を付加した形が提示されている。
　次の教科書での韓悠美や李春子たち女性登場人物の発話がそうである。

【会話例3】　01　なんだか恋人同士みたい
小泉：ああ、いい天気(てんき)だね。
韓　：あ、そうだ。ねえ、どこか行かないφ？
小泉：どこに？
韓　：どこでもいいの。
　　　　―後略―
　　　　　　　　　（『NEW 다락원일본어 STEP3』p.10、ルビ原文まま。下線は筆者）

【会話例4】　17課　露天風呂
木下：李さんは、日本の温泉は初めてなの？
李　：風呂屋は行ってみたけど露天風呂は初めてよ。
　　　露天風呂ってどういう意味φ？
木下：屋根のない風呂ってわけよ。屋根がないから露天って言うのね。
　　　　―後略―
　　　　　　　　　（『일본어다운 일본어 회화2』p.12、下線は筆者）

　この会話例や先の例文(4)のように、いくら最近の若者ことばに性差がないといっても、否めない男女差(あるいは年齢差)は顕在していて、このように、学生達にその差を教えなければならない場面がでてくる。
　一方、男性は男性キャラコピュラとして、やはり「～(ん)だ」、疑問形式には「～かな」を用いている例が多い。

【会話例5】　05　その人にきいてみるわ
小泉：夏休(なつやす)みに友(とも)だちと韓国(かんこく)に旅行(りょこう)に行(い)くんだ。
　　　安く行く方法ないかな。
韓　：まかしといて。知(し)り合(あ)いに旅行会社(りょこうがいしゃ)に勤(つと)めている人がいるの。その人にきいてみるわ。

小泉：ありがとう。助(たす)かるよ。
韓　：パスポートとかは、もう用意(ようい)してあるの？
　　　　―後略―

（『NEW 다락원일본어 STEP3』p.42、ルビ原文まま。下線は筆者）

【会話例6】　19課　サッカーの試合
おっと：あしたも雨がふったら、サッカーの試合、中止<u>かな</u>？
つま　：雨だったら中止じゃない<u>かしら</u>？
おっと：でも、ワールドカップでは、雨がふっても、試合、してたよ。
つま　：ワールドカップと子どもたちの試合は、ちがうと思うんだけど。
おっと：そうか。あした、お昼になったら、天気がよくなると<u>いいね</u>。
つま　：そう<u>ね</u>。子どもたち、がんばってれんしゅうしたから、試合、あると<u>いいわね</u>。
おっと：そう<u>だね</u>。
　　　　―後略―

（『곤니찌와日本語 2』p.208、下線は筆者、漢字変換は原文まま）

　そして、この会話例5、会話例6に見られるように、現在、出版されているほとんどの教科書[10]では女性特有の終助詞「わ」や「の」、男性のキャラ助詞となる「だ」を使用したり、「かな」と「かしら」、「いいね」と「いいわね」や「そうだな」と「そうね」等の男女キャラの言葉の使い分け[11]を導入している。会話例5の小泉一郎（男性）の「旅行に行く<u>んだ</u>」の発話同様、会話例1で「（飛行機が）嫌いな<u>んだ</u>」と発話した山田陽子を担当した声優が、こうした

---

[10] 本文に挙げた例以外にも『SHIN Bunka Japanese 2』25課で提示される会話、『곤니찌와日本語 2』p.182 等々の多くの教科書の普通体会話例に見られる。また、『커뮤니케이션 일본어 1』『커뮤니케이션 일본어 2』はフォーマルな会話と同時にインフォーマルな会話（いわゆる「タメ口」）を練習することをコンセプトにしているが、練習問題では、A「教科書は読んである？」B「うん、読んでおいた。」（同 2: 106）や A「週末はどうだった？」B「ゆっくり休んだよ。」（同 2: 117）のように発話者の男女別を明示していないにもかかわらず、イラストがある会話ページでは、やはり登場人物に合わせて男女キャラ語尾が明確に提示されている。
[11] 鄭(2007)の主張通り、それらの教科書でも「いいね」「いいわね」や「そうだな」「そうね」の部分の韓国語対訳は、単に「좋아」「그렇지」となっており、男女差の訳し分けはなされていない。

文字情報だけではその発話者が男性だと思ったのも無理ないことである。今回の調査対象とした教科書の中で、会話例1のように男性っぽい口の利き方をする女性が登場するのは他にもう一冊。以下の例だけである。

【会話例7】　UNIT 07　学校生活(がっこうせいかつ)
ムン：もしもし、ムンだけど。元気(げんき)？
今井：久しぶりだね。学校生活(がっこうせいかつ)はどう？
ムン：勉強(べんきょう)が大変(たいへん)だよ。
　　　毎日(まいにち)、宿題(しゅくだい)もしなくちゃならないし、
　　　漢字(かんじ)も覚(おぼ)えなければならないし。
今井：日本語(にほんご)を勉強(べんきょう)しに日本(にほん)に来(き)たんだから頑張(がんば)らなくちゃ。
ムン：昨日(きのう)は寝(ね)ないで、レポートを書(か)いたんだよ。
今井：へえ～、君(きみ)が寝ないで勉強するなんて。
　　　　　　　　　(『일본어뱅크 다이스키 4』p.71、ルビ原文まま。下線は筆者)

　これは、公務員(28歳)の今井春香が上から目線で年下の留学生(24歳)ムン・サンジュンに向かって話す場面である。ムンも対等なタメ口ではあるが、ここでは、あえて今井のお姉さんキャラを強調したかったようだ。その証拠に、この教科書のもう一カ所の普通体の会話[12]では以下のように、星野嬢はみごとに女性キャラ語尾を用いて、女の子を演じている。これを見る限り、この教科書の著者たちが、いくら若者向けの自然な日本語をコンセプトとしたシリーズであっても、今時の男言葉を話す女性を教科書のモデルとは考えていないように思われる。

---

[12] この教科書は基礎から上級レベルまで全8冊のシリーズで出版されているが、普通体の会話が登場するのは、シリーズを通して、この4巻目の7課と10課だけである。1巻から4巻までの副タイトルが「わたしたちは日本語がチョーダイスキ」であり、5巻から8巻の副タイトルが「わたしたちは日本語がダイスキです」となっていることからもわかるように、初級後半までは若者が使う自然な日本語を、中・上級では応用編のあらたまった場面での日本語をコンセプトとしている。

【会話例8】 UNIT 10　紹介
星野：ムンさん、今日は気合いが入っているわね。
ムン：そうかな。でも、緊張して何も話せないかも知れないよ。
星野：大丈夫よ。ほら、あそこに座っている人よ。
ムン：あの白いブラウスを着ている人？
星野：違う違う。
　　　その隣の黄色いワンピースを着ている人。
ムン：何だか恥ずかしいなあ。
星野：頑張ってね。ねえ、後でどうなったか電話してよね。

(『일본어뱅크 다이스키 4』p.101、ルビ原文まま。下線は筆者)

　結局、男女のキャラクターを登場させる限りは、いくら現実社会にありそうな場面設定であっても、会話までが現実そのものであってはいけないということである。すなわち、日本語では、活字の中に登場する人物のキャラクターを理解させるためには、初級段階から「役割語」が必要なのである。

## 4　テキストとしての教科書、その役割

　学習者のすべてが必ずしも、学習対象言語を現地での社会言語生活を通じて習得できるわけではなく、たいていは教科書を通して学ぶことになる。その時、書かれたテキストとしての教科書の役割は、いかに学習負担を少なくして、なおかつ後々に応用の利く対象言語の基本枠を提示するかということである。

　本来、教科書というものは単に現実社会で使われている言葉遣いをそのまま書写したものではなく、ただの現実社会をそのまま映し出したものでもない。むしろ、基礎・初級段階では現実に顕在しない発話[13]を扱う場合も多い。すなわち、ある文法事項・文型を導入するための別の言語社会、バーチャルな世界と考えるべきである。つまり、それは学習者が後々に目標言語を習得するための基礎となり、応用発展させていくためのバーチャルリアリティであり、現実

---

[13] ペンを指さして "Is this a pencil?" "No, it isn't. It's a pen." と質疑応答するような会話や、よっぽど特殊な状況ではない限り「これは何ですか。」「それはボールペンです。」というような会話は現実には存在しない。これらは英語の「be」動詞の使い方や日本語の指示詞を導入するための典型例であり、バーチャルな会話である。

社会の若い女性達が女性語を話さなくなったからといって、そのバーチャルな世界で登場人物がキャラクター設定された性別を演じられないのでは、テキストとしての役割は果たせない。

　では、次に中級から上級用の教科書を見てみよう。まず、中級用の教科書では、先の男女を表すキャラ終助詞だけではなく、「あら」という女性特有の感嘆詞や、「僕」という若い男性(子供)を示す自称詞も登場する。さらに、上級用教科書では「俺」、「おまえ」というような登場人物の人間関係を表す人称詞や男性のぞんざいな終助詞「ぞ」等が出てくるようになり、ますます登場人物のキャラクタが表出されるようになる。

【会話例9】
母：あら、ここに置いてあったケーキがないわ。伸、食べたんじゃない？
伸：僕が食べるわけがないよ。甘い物は大嫌いなんだから。

　　　　　　　　　　　　　（『High Bunka Japanese1』p.21、下線は筆者)

【会話例10】　05　美容整形「会話2　大野健二と大野早苗(父と娘)」
健二：整形したいってどういうことだ。おまえは十分かわいいじゃないか。
早苗：何言ってんの？お父さん！このコンプレックスだらけの顔が鏡に映るたびに、私、死にたくなるんだよ。
健二：いいか、人間、大切なのは外見じゃないぞ。内側からにじみ出る美しさだ。
早苗：そんなのきれいごとじゃん。私、アナウンサーになりたくて、20社以上説明会回ったんだよ。なのに顔のせいで全部落とされてんだから！
健二：そんなはずないだろう。だいたいな、顔のことなんか気にする暇があったら、もっと勉強して才能や感性を磨くんだな。
　　　—後略—
　　　（『NEW 다락원 일본어 STEP6』p.45、ルビは原文のまま。下線は筆者)

　この会話でも確かに女性である登場人物に「だよ」という文末形式を使わせているが、ここでは、この「だよ」を使うことによって、父親と対抗する現代っ子の若い娘をうまく演出している。つまり、内面を磨けという父親に対して、外見を気にする娘が抵抗する姿を描くために、わざと現実の日本語に則して、

女性に男性語を使わせ、大野早苗というキャラクターを作り出しているのである。このように、上級用の教科書に至ると、提示される会話文はただ基本文型を導入するための初級用教科書の会話文とは目的が違ってくる。ただの男女差ではなく、このように登場人物の個性的なキャラクターを演じるための「キャラ語尾」も必要となってくる。つまり、この段階になると、学習者も自分の演じたいキャラクターを、日本語で表出することができると考えられるからである。

　さらに、次の「共働き」というテーマに沿って、男女差が顕著なキャラ語尾が使われている例はどうだろうか。「俺」という自称詞を使う、時代遅れで横暴な夫と自立を主張する妻の立場を明確にするように、多少古くさい程の男女の「役割語」が強調されている。また、「ている」「ておく」ではなく「てる」「とく」等の短縮表現なども頻繁に用いられるようになる。

【会話例11】　37　共働き「会話　木下圭介と木下恵(夫婦)」
恵　：ただいま。遅くなってごめんなさい。会議だった<u>の</u>。
圭介：もう、お腹すい<u>ちゃった</u>よ。
恵　：すぐ作るから、待っ<u>てて</u>。
圭介：<u>おい</u>、ビール切れてる<u>ぞ</u>。
恵　：<u>あら</u>、本当。ねえ、酒屋さんにお使い頼ま<u>れてくれる</u>。
　　　みりんも買ってきてほしいし。
圭介：そんなの、<u>おまえ</u>の仕事<u>だろう</u>。
恵　：しょうがないじゃ<u>ない</u>φ。私だって仕事があるんだから。
圭介：家事はおろそかにしないって約束だった<u>じゃないか</u>。
恵　：<u>あなた</u>だって、手伝うって約束だった<u>わよ</u>。
圭介：まったく。<u>俺</u>の給料だけで十分やっていけるのに。
恵　：お金の問題じゃない<u>でしょ</u>。
圭介：子供できたら、仕事やめる<u>んだろうな</u>。
恵　：冗談じゃない<u>わよ</u>。仕事は、私の人生の一部なんだから。
　　　　（『NEW 다락원 일본어 STEP5』p.154、ルビは原文まま。下線は筆者）

　この会話例10、会話例11などに見られる会話は上級用のシミュレーション

教科書に現れたものであり、会話例1のように教養科目として一般的な日本語を学ぶ学生を対象とはしていない。すなわち、教養科目としての「日本語」を教えるための教科書は、ごく標準的・基礎的なものであり、フリートーキング用教材になると討論やディベートの素材として、このように会話内での世代差・男女差、立場の差を明確に押し出してくるようになる。

そして、次の会話例12に見られるような、内容がドラマ仕立てのロールプレイ用教材となっていくと、上記のような性差だけではなく、まさに金水の述べる登場人物の性格付けを特定するような役割語(＋キャラ語尾)の登場、すなわち、お姫様であったりキザな男や老人であったりする、発話者が特定できるような語がふんだんに使われている。この段階の教科書では表出言語としてだけではなく、理解言語としての会話例を提示することになるからである。

【会話例12】　第3課　孫悟空のプロポーズ大作戦
　　　　―前略―
乙姫：もう、悟空さんはじれったい<u>んだから</u>。
　　　私から言いましょうか。
　　　あのね、<u>お父様</u>。悟空さんはお父様に大事なお話があるそう<u>なのよ</u>。
龍王：大事な話。
悟空：はい。あの、龍王様、お願いです。お嬢様との結婚をお許しください。
龍王：なんだって、結婚？
乙姫：そうよ。私、悟空さんと結婚することにした<u>の</u>。
龍王：私のかわいい娘が、石猿と結婚だって。
悟空：あのう、たばこに火をおつけしましょうか。
龍王：うるさい。
乙姫：もう。<u>お父様って悟空さんより石頭なんだから</u>。
　　　　　　　　　(『미니드라마 일본어회화』p.37、下線は筆者)

また、同じく上級用の日本事情・討論用の教科書では、次の会話例13に見られるように、まさに、会話中でのキャラクターの役割を際だたせるために、文法から逸脱した表現や音韻変化した文末語尾までもが登場するようになる。これは討論のテーマとなる日本社会、日本事情にまで言及する必要が生じるか

らである。

【会話例13】　第18課　いじめと学級崩壊
　　　　　―前略―
学生A：なんだと？俺たちとの約束、今日は守るって言ったじゃねぇか。
学生B：でも…、やっぱり、そんな大金、親の財布から盗めないよ。
学生C：おいおい、俺たちは盗めなんて一言も言ってねぇぞ。
　　　　ちょっと借りてくるってことだったよな。
学生B：…。でもやっぱり、できないよ。もし親にばれたら…。
学生C：だから、ばれないようにやればいいじゃんか。
教師　：ちょっと、あなたたち。そこで何してるの。
学生A：あっ、いいえ。何もしてませんよ。おい、行くぞ。
学生C：お前、まさかこのこと、誰かにチクったりしてねぇだろな？
　　　　―中略―
学生A：ちぇ、あの先公、今度痛めつけてやる。

　　　　　　　　　　　（『NEW 다락원 일본어 STEP6』p.146、下線は筆者）

## 5　目的別教科書の必要性―真の「生きた日本語」とは―

　最初にも述べたように、現在、日本語教育の世界では、実にさまざまな教科書が発行・出版されている。学習者本人はもちろん、教師にとってもどの教科書を選択して使用すればいいのかは大きな問題である。

　しかし、まったくのゼロ初級者用に、ドラマ仕立てのロールプレイ教材を選ぶ教師はいない。また、反対に日本語学習歴が300時間以上でこれから日本に留学しようとする学習者に、ひらがなの書き方から説明したような教科書は必要がない。教科書はそれぞれの学習の場で、学習者のニーズと目的、学習レベルに合わせて選ばれているはずである。何度も述べるように、教科書というものは目標言語習得のために作られたバーチャルリアリティである。

　まず、ゼロ初級から中級に至るまでの主となる教科書としては、もっともシンプルで学習者に負担が少なく、のちに応用が利く文法事項の習得が重要であり、表出言語の習得までは没個性的に文法事項を提示していく構造シラバスの教科書が選ばれることが望ましい。もちろん、学習者のニーズ[14]によっては、

文字の習得以前に機能シラバスや場面シラバスの教科書を用いる場合も考えられるが、大学の専攻課程の授業としては一般的ではない。

　それなら、このような教科書には登場人物のキャラクター(男女別)を表現する言語形式はまったく必要ないかと言えば、そうではない。連体修飾節や引用形式を学ぶためには「普通体」の導入が不可避で、先にも述べたように、この普通体を用いた会話には、文字情報の中で発話者の性別を明らかにするために、当然、男性キャラ終助詞と女性キャラ終助詞が必要となってくる。

　さらに次の段階では、現実世界に即して、より複雑な場面を設定した教科書が選ばれることになり、そこには、必ずしも表出できることだけを目的としない理解言語としての日本語までが含まれてくる。そして、それらの人物設定や背景設定には日本語母語話者が普通に接するキャラコピュラや役割語が用いられることになる。そのためにも、初級の普通体を習った段階で、その準備となる男性キャラ終助詞と女性キャラ終助詞は導入しておく必要があると思われる。

　そして、この段階以降には、筆者はもっと細分化された目的別教科書[15]が必要だと考える。「時事日本語」はもちろんのこと、例えば「大阪弁入門」といった方言を理解するための教科書や、アニメやドラマなどのポップカルチャーを理解するための「映像日本語」用教科書の副教材として、「若者ことば・流行語」を解説するものなどである。その具体例としては、日本文化や社会現象をテーマにした会話教材で、インターネットでのチャットに用いられる用語を提示している教科書[16]、あるいは映画やドラマの台詞を原語で理解することをコンセプトとしており、「おいしい話あんだけどー」「だいじょぶだって」「俺たちゃ客なんだぜ」「肌もピチピチだし〜」といった目次タイトルそのものが若者ことばになっていたり、「干物女」「腐女子」「婚活」「アラサー」などの新語を提示している教科書[17]などがある。さらに、筆者は超上級者用にはロールプ

---

[14] 短期間旅行のための旅行会話や出張用のビジネス日本語の習得を望む場合などが想定される。

[15] 日本では30年前から目的別・対象別の教育内容に関する研究も盛んに行われ、カリキュラムや教材も開発されている(金田2009: 8-9)。

[16] 『커뮤니케이션일본어 - 고급점프』(日本語訳『コミュニケーション日本語・上級ジャンプ』)p.43

[17] 『일본어, 드라마를 만나다』(日本語訳『日本語、ドラマに出会う』)では、そのまえがきに「本書は、本文自体が一つのドラマのようになっているだけでなく、普通の口語体、若者言葉、老人語、などに一つ一つ解説を加え、論理的に整理しているのが特徴です。」と明記さ

レイング・ゲームのように、学習者一人一人がそれぞれの課に登場するキャラクターを演じながら、討論したり、問題の解決に当たったりする、マルチエンディング・スタイルの教科書[18]があってもよいと考えている。

　しかし、最近は、コミュニカティブな日本語教育が叫ばれる中、学習者も教師も安易に「実際に使われている日本語＝生きた日本語」と考え、そのような言葉を習いたい、教えるべきだという風潮がある。「生きた日本語」とは何か。教師は学習者のニーズだからといって、例えばすぐに「若者ことば」に迎合するのではなく、「若者ことば」が持つ「没TPO・没待遇・没性別」の危険性を把握しておかなければならない。というのも、日本語母語話者である日本人の若者自身は決して「没TPO」ではなく、実際は相手や状況によって「若者ことば」ではない形式も使える。ところが、外国語としてこれを習得した日本語母語話者以外の学習者はそのTPOに合わせて、コードスイッチングができないと考えておくべきだからである。

　例を示そう。最近の「若者ことば」として「やばい」が、否定的な意味から肯定的な意味に用いられるようになった経緯は秋月（2005: 55-69）に詳しいが、では、おいしいものを食べた日本人の若者の「これ、やばいよ」という発話を使って、「やばい＝おいしい」という意味があると教えたとき、学習者はその言葉の意味使用限界をいかにして知るのだろうか。

　また、最近は日本語母語話者へのアンケート調査の結果から、「日本人同士でも使われていない、あまりにも改まった敬語や慣習的社交辞令用の言葉を、学習者にことさら教える必要はない」といった結論にいたる研究発表も見られる。しかし、問題は日本語学習者が日本語を学ぶ目的は何なのか、日本語を使う相手は誰なのかということである。すなわち、学習者が家族や親しい友人と日常のお喋りをするために日本語を使用する機会はほとんどないと考えられ、その使用場面の多くが、ビジネスや外交等の公的な場面であることを考えれば、

---

れている。また、『러브스토리 일본어』（日本語訳『ラブストーリー日本語』）はそのタイトル通り恋愛小説の形式をとりながら、最近の若い日本女性の周辺で用いられる表現に特化した教科書である。ただし、これは会話教材というよりは日本事情と購読教材に近い。

[18] ドラマ型の教科書はすでに何種類かあるが、多少のアドリブは必要なものの、多くは基本的に定められたシナリオにしたがって、登場キャラクターを演じるものである。RPG型教科書とは、設定されたキャラクターを演じながら、他の登場人物たちと共に各課ごとのタスクをこなすものである。筆者はこのような教科書を近々刊行すべく、現在準備中である。

安易に「今の若い日本人が使う日本語だけ」を教えていいのかということである。

このように、外国で日本語を習得しようとする学習者に対して、ただただ現在の日本社会で「使われている日本語」をそのまま教えればよいというのは、あまりにも無責任であり、その言葉遣いで対応できない場面においては、生きた日本語どころか発言することさえできなくなる可能性もある。学習者に必要なのは、研究対象としての日本語のように文法的な逸脱や流行言葉を含む「実際に使われていることば」[19]ではない。最初に例示した「無性別」化した会話例も同様である。「実際に使われている」という理由で、年齢や立場も考慮せず、女性学習者が男性キャラ終助詞を用いれば、受け手である日本語ネイティブが拒否感を示す場面があるかも知れない。

また、私達が大学や大学院などの高等教育機関で教授対象としている学習者は、単に日本人が話している日本語がそのまま話せて、意思疎通ができればいいというのではない。確かに最近の日本語学習者の学習動機やニーズは以前とは異なってきている[20]。しかし、後々、文学作品や脚本などを理解しなければならない状況に接するかも知れない学習者には、日本語教師はその発話の「象徴的機能」も理解できる日本語を教えるプロとしての自覚を持たなければならない。さらに、日本語を活かして職業を得ようとする学習者がビジネス文書や公文書の作成に関わる機会を考えれば、学習者にとっての真の「生きた日本語」とは、学習者が日本語を用いる場面や相手、何よりもその目的、ひいては学習者の人生までもが考慮されたものでなければならない。

## 6　まとめ

教科書とは学習者のレベルやその目的に合ったそれぞれのバーチャルな世界を提示して、目標言語の習得に導くものである。主となる言語情報(文法・語

---

[19] 野田(2009: 20-21)は日本語学の立場から、これからは言語の構造を研究するための「例文のための例文」ではなく、実際に使われていることばを研究の対象にする「生きたことばの重視」を提唱している。

[20] 最近の大学生の日本語学習動機はアニメやゲームなどの日本のポップカルチャーによるものが多く、バブル期にあった経済的理由はほとんどみられなくなった。また、授業以外での自主学習では62％の学生が日本語放送、ドラマ、アニメの視聴を挙げている(2010年、江原大学日本学科での調査による)。

彙・意味・表記・音声学的要素等)に加えて、学習者のレベルやニーズに合わせたテキストに現れる役割語[21]を通じて、学習者はバーチャルな日本語を学ぶ。

バーチャルではあるが、それは「簡約日本語」[22]のような、決して現実社会で「ありえない日本語」ではない。むしろ、基本的で普遍的な役割語的要素が、学習者を「TPOに合わせた日本語＝真の生きた日本語」が使えるようにしていくのである。

本稿では韓国で出版された教科書に現れる、具体的な役割語を計量的には示すことができなかった[23]が、今後は筆者の主張にしたがって、どの段階の教科書に、どのような役割語(キャラ語尾、キャラコピュラを含む)がどのような頻度で現れているのかを詳しく調査していきたいと考えている。

また、現在出版されているすべての教科書の内容がコーパスとして網羅されてあれば、各教科書の特徴や弱点が一見してわかる。そうすれば、曹(2010: 178-179)の主張通り、多くの教科書を客観的に比較し、どの教科書の学習項目・内容と学習者のニーズが合っているかなども迅速に分析することができる。また、新しい教材の開発にもたいへん有効である。今後は日本語教育の分野でも、次々と新しい教科書を出版するだけではなく、役割語の有効活用のために、既存の教科書を統一的にデータ化する作業も望まれる。

**参考文献**

秋月高太郎(2005)『ありえない日本語』東京：筑摩書房.

恩塚千代(2008)「教科書に現れる役割語の役割—教科書におけるバーチャルリアリティ

---

[21]「大阪弁」「若者ことば」というのも、金水の定義に則れば、当然役割語の一つであると考えられる。

[22] 1988年に国立国語研究所所長(当時)の野元菊雄が提唱した「簡約日本語」は動詞を「ます形」に限定し、形容詞は「あり」を介して「ます」に続けて、用言の活用を「ます」と「です」だけで使うものである。日本語の国際性を高め、通用度の高い日本語をめざすために、日本語学習者にとって負担を少なくした人工的な中間言語を構築しようと試みたものだが、実際は日本語母語話者が使用する日本語とは大きくかけ離れ、日本社会の中で外国人学習者を隔離する結果になると批判された。

[23] 윤(2009: 190-192)では、韓国で出版されている初・中級用会話教材における、人称詞、間投詞、助詞、相づちに出現する性差のある語を表にしている。そして、初級レベルからこうした性差のある表現が多く使用されているにもかかわらず、その説明がほとんどないことを指摘し、日本語ネイティブとの円滑なコミュニケーション実現のためには、日本語の性差に関する指導が必要であると述べている。

のすすめ—」『日本語教育研究』第 14 輯, pp.37-48, 韓国日語教育学会.
恩塚千代(2009)「韓国の教科書に現れる役割語—教養科目から上級会話へ—」『日本言語研究』第 15 輯, pp.109-125, 韓国日本言語文化学会.
金田智子(2009)「「目的別」「対象別」学習内容から「人生」を意識した学習内容へ」『日本語学』28-11, pp.4-11, 日本語学会.
金水敏(2003)『ヴァーチャル日本語 役割語の謎』東京：岩波書店.
金水敏(2007)「近代日本マンガの言語」金水敏(編)『役割語研究の地平』pp.97-107, 東京：くろしお出版.
小谷野哲夫(2007)「若者ことばと日本語教育」『日本語教育』134 号, pp.38-47, 日本語教育学会.
定延利之(2007)「キャラ助詞が現れる環境」金水敏(編)『役割語研究の地平』pp.27-48, 東京：くろしお出版.
真田信治・ダニエル・ロング(1992)「方言とアイデンティティ」『月刊言語』21-10, pp.72-79, 東京：大修館書店.
鈴木睦(2007)「言葉の男女差と日本語教育」『日本語教育』134 号, pp.48-57, 日本語教育学会.
曹大峰(2010)「教科書コーパスと日本語教育」『日本語学研究』第 27 輯, pp.171-180, 韓国日本語学会.
鄭惠先(2007)「日韓対照役割語研究—その可能性を探る—」金水敏(編)『役割語研究の地平』pp.71-93, 東京：くろしお出版.
野田尚史(2009)「「日本語学」発展への展望」『月刊言語』38-12, pp.20-25, 東京：大修館書店.
吉岡英幸(2009)「最近の日本語教材の動向」『日本語学』28-10, pp.4-11, 日本語学会.
윤호숙(2009)「한국인 일본어학습자의 일본어 性差 교육에 관한 실태와 문제점—일본어 회화 교재를 중심으로—」『日本語教育研究』第 17 輯, pp.183-198, 韓国日語教育学会.

**引用資料**

恩塚千代・他(2005)『KUJAP 日本語』高麗大学出版部.
恩塚千代・他(2005)『話そう日本語 中級』보고사.
오쿠무라 유지・임단비(2009)『러브스토리 일본어』사람 in.
小澤康則・他(2002)『NEW 다락원 일본어 STEP3』다락원.
小澤康則・津崎浩一(2000)『미니드라마 일본어회화』시사일본어사.
後藤信之・他(2007)『곤니찌와日本語 2』시사일본어사.
나카야마 다츠나리・他(2009)『일본어뱅크 다이스키 4』동양문고.

朴舜愛・奈呉真理(2004)『커뮤니케이션 일본어 2』사람 in.
二日市壮・他(2007)『NEW 다락원 일본어 STEP5』다락원.
二日市壮・他(2007)『NEW 다락원 일본어 STEP6』다락원.
야노 타카요시(2007)『일본어다운 일본어 회화 2』사람 in.
山本真紀代・他作成委員会(1995)『High Bunka Japanese1』시사일본어사.
吉本一・他(2005)『일본어, 드라마를 만나다』다락원.

## 第5章
# 役割語を主題とした日韓翻訳の実践
―課題遂行型の翻訳活動を通しての気づきとスキル向上―

鄭　惠先

## 1　はじめに

　日本のサブカルチャーの広がりと、日韓の大衆文化交流の活発化により、アニメやドラマなどを通して日本語に接する韓国人日本語学習者が増えている。ひいては、マンガや映画などを日本語学習ツールとして応用する動きも近年盛んになってきているが、教育する側の関心は依然として、「聞く」「話す」といったコミュニケーション能力の向上に向けられることが多い。しかしながら、サブカルチャーの中の日本語は、いわゆる「役割語」といわれる表現形式が中心と言っても過言ではなく、実際、日本語学習者がそれらを使用言語としてうまく活用しているかという面では疑問が残る。

　そこで、本研究の目的は、「役割語習得を通しての日韓翻訳の質の向上」とする。それには、「翻訳者の役割語に対する正しい知識と理解が、翻訳物の質を高める」という前提がある。鄭（2005）で行った日韓両言語母語話者に対する役割語知識の調査結果によると、上級レベルの韓国人日本語学習者であっても日本語役割語に対する知識は、日本語母語話者に比べて著しく欠如していることがわかる。これは、母語を問わず日本語学習者全般に見られる傾向ではあるが、韓国人日本語学習者の場合、母語の韓国語に役割語的な要素が日本語ほど豊富でないことも二次的な要因になると考えられる。

　このような現状の中、これまでに役割語習得が日本語教育の中で注目されることはほとんどなかった。役割語が日本語学習者の使用語彙になりにくいということが第一の理由であろう。しかし、メイナード（2005）では、役割語のような「借り物スタイル」の教育の必要性について、以下のような記述が見られる。

> 上級の日本語教育では、教科書に出てこないスタイルの日本語を取り入れることで、バリエーションに富んだ日本語のすがたを示すことができる。方言を含む日本語の種類と、その使用状況を話し合う機会を持つことも有益である。　　　　　　　　　　　　　　　　　　　　　　　　（同: 21）
> 借り物スタイルを利用するためには、自分が通常使わないスタイルや、現在一般的に使われていない表現を習得する必要がある。　　　（同: 150）

　前述した「日韓翻訳の質の向上」という本研究の目的からして、役割語に対する知識と理解は、将来翻訳の現場で働くことになる現在の上級日本語学習者にとって、必要な学習項目といってもいい。
　以上の観点にもとづき、本研究では、上級レベルの韓国人日本語学習者を対象とした「日韓翻訳演習」という授業の中で、役割語を主題とした翻訳の実践を行った。本稿では、その概要について述べるとともに、実践の中で学生が具体的にどのようなものを書き、どのような議論を行ったのか、その中身を分析する。それにより、本実践が韓国人日本語学習者に対して日本語習得のための有効な気づきを与え、翻訳スキルの向上にも役立ったことを明らかにしたい。

## 2　実践の概要

　本実践は、2008年度に日本のN大学に在学し、4年次配当科目の「日韓翻訳演習Ⅰ・Ⅱ」を受講した韓国人留学生7名を対象として、2008年7月と10月にかけて行われた。受講生は全員日本語能力試験1級以上の上級レベル学習者だが、日本滞在期間は1年～3年でバラツキがあった。「日韓翻訳演習」という科目は、日本語と韓国語の相互翻訳のトレーニングを本来の授業目的とする。今回は、全15コマの授業計画のうち、計3コマ分[1]を本実践に当てた。具体的な実践の方法は、以下の4段階である。
(1)　予備教育1(導入)
　この段階では、まず学習者の日本語役割語に対する知識を確かめるために「役割語当てクイズ」を行った。人物像と言葉づかいをつなげる選択問題だったが、採点の結果、平均正解率は56.5％であった。日本語母語話者を対象と

---

[1] 90分授業の一部を本実践に当てていたため、正確には計5回(45分×4回、90分×1回、全5週)の実践であった。

したサンプル調査で、15名全員の正解率が100％であったことに比べると、その差は明らかである。

　つぎに、役割語が具体的にどのようなものなのか認識してもらうために事前配布していた文献の内容を一緒に確認し、役割語という用語の定義を簡単に説明した[2]。つづいて、教員が作成したレジュメをもとに、日本語のバリエーション（性別・世代・時代・地域など）と、バリエーションを表すマーカー（人称代名詞・文末・フィラー・キャラ助詞・音声変化・敬語・方言など）について、さらに具体的な講義を行った。

(2)　予備教育2（考察）

　この段階では、どちらかの言語による原作漫画を、対訳版と実際照らし合わせながら討論を行った。翻訳の過程で役割語的要素が軽視された例から、心理的なギャップ、情報伝達の不足などの問題点が生じることを確認し、共通認識とすることができた。一方、役割語翻訳上の問題を解消するために母方言や敬語、心的類似表現などを応用した例も考察し、役割語翻訳の難しさと重要さを再認識する機会とした。

(3)　実践1（確認）

　この段階では、日本の小説から抜粋した会話中心の文章を課題として与え、実際に日本語から韓国語への翻訳作業を体験させたあと、互いの翻訳文をもとに学習者同士の意見交換を行った。この活動により、予備教育での役割語学習が各学習者の翻訳作業にどれだけ活用できたか、その成果を検証することができた。また、討論の際には、韓国ですでに出版済みである本課題作品の韓国語版を参考資料として配布し、自分たちの翻訳との比較を行うことでさらに学習者の気づきを促すこともできた。

　学習者に課題として提示した小説の選択基準は、おおむね3つあげることができる。1つ目は、フィードバックのために両言語による原作と対訳版が存在すること、2つ目は、登場人物の属性、人物像が明確であること、3つ目は、多様な役割語的要素が盛り込まれていることである。このような基準をもとに選んだのは、『蛍・納屋を焼く・その他の短編』（以下、『蛍』とする）、『キッ

---

[2] 事前配布した文献は、第19回社会言語科学会研究大会（2007）のシンポジウム資料である、「『役割語』研究と社会言語学の接点」（金水敏）と「言語行動と『属性』」（熊谷智子）の2点である。

チン』、『鉄道員』、『カシコギ』、『電車男』の5作品である[3]。この実践1の結果については、3で詳しく述べる。

(4) 実践2(応用)

この段階では、役割語をキーワードにしてみずから創作した会話文、あるいは媒体を問わず既存の作品からどれかを自由に選択してその一部を自主翻訳したものをレポートとして提出させ、これらをもとに討論を行った。討論の中では、自分の作品において重要な役割語的要素が何なのか、それを生かすためにどのようなストラテジーを駆使したかを中心に話を進め、本実践が学習者の役割語習得に与えた成果を検証する機会とした。この実践2の結果については、4で詳しく述べる。

## 3　実践1：課題翻訳に対する分析

本実践の方法について詳しく述べる。まず、前述した5作品の計20ページほどの日本語文を全員に配布し、その中から各々異なる部分の翻訳を課題とした。各自の翻訳した内容はメールでほかの学習者に送付するように指示し、次回の討論までに互いの翻訳文にすべて目を通しておくことを義務づけた。参考までに、学習者別の翻訳担当内容を表1のようにまとめる。

表1：学習者別の翻訳担当箇所と内容

| 学習者別 | 翻訳担当箇所 | 中心の内容 |
| --- | --- | --- |
| A | 『蛍』<br>pp.13-16 | 大学1年の男子学生とルームメートとの会話 |
| B | 『蛍』<br>pp.16-19 | 同上 |
| C | 『キッチン』<br>pp.10-12 | 大学休学中の女子と、隣人である同じ年頃の男子学生との会話 |
| D | 『鉄道員』<br>pp.9-11 | 定年間近の駅長の男性と若い男性機関士との会話 |
| E | 『カシコギ』<br>pp.6-7 | 一人称小説で、小学校3年生の男の子の独白 |
| F | 『電車男』<br>pp.288-289 | 2チャンネル掲示板の完全転載で、複数の素性不明者間のチャットによるやりとり |

---

[3] 各作品の中から役割語的要素が豊富だと思われる部分を1〜2ページ程度抜粋した。詳細は、文末の「課題として使用した作品」を参照されたい。

| G | 『電車男』<br>pp.288-289 | 同上 |

　学習者同士の討論では、翻訳を担当した学習者が先に、翻訳に悩んだ部分や自己翻訳文のポイントなどについて話し、その問題提起をもとにほかの学習者が意見をいうなどしながら、より良い表現を一緒に探っていくようにした。その際、すでに出版されている韓国語版を資料として配付し、自己翻訳文との比較も行った。討論の後は、話し合われた内容をもとにもう一度自己翻訳文を読み直し、あらためて「自己分析シート」を書いて提出するように指示した。

　以下、討論での発言と「自己分析シート」の内容を手がかりに、各学習者の役割語習得がどのような過程を経てどう変化していったか、3つの観点から具体的に考察していく。

### 3.1　どこに気をつけて訳したか―翻訳上の注意点

　ここでは、役割語に特化した分析ではないが、学習者の翻訳文に見られた問題点を含めて、討論での報告からわかる「学習者がどこに気をつけて翻訳作業を行ったか」を中心に述べる。

　まず問題点について触れておくと、ほとんどの学習者に多かれ少なかれ見られたのは、語彙レベルの誤訳から来る意味の履き違いの問題であった。まだ日本語習得の途上段階にある彼らにとって、小説を主とした課題の中には初出の語彙も多く、さまざまな勘違いによる誤訳が見られた。たとえば、以下のようなものである。

(1) 　a.　「<u>やりはじめると</u>、む、無意識に全部やっちゃうんだ」　　（蛍）
　　b.　"처음부터 다시 시작하면 무, 무의식중에 전부 해버린단
　　　　（最初から再び始めると）
　　　　말이야."
(2) 　a.　「おまえだって<u>幌舞の生れなら</u>、昔の賑わいは覚えてるべや」
　　　　　　　　　　　　　　　　　　　　　　　　　　　（鉄道員）
　　b.　"너도 <u>호로마이선의 탄생</u>이라면 옛날의 성황을 기억하고
　　　　（幌舞線の誕生なら）
　　　　있을 거 아냐."

つぎに、ほとんどの学習者が翻訳に際してもっとも気を配ったと思われるのは、「どうやったら翻訳くささを極力排除し、韓国語として自然な文章にするか」ということである。これは、役割語習得を目的とした本実践のみならず、1年を通して「日韓翻訳演習Ⅰ・Ⅱ」の授業の中で常に強調してきた翻訳ポイントの一つであり、学習者の間でもその意識が強く根づいてきたことを証明する。これに関連して、学習者の「自己分析シート」の文章を以下に抜粋して示す[4]。

　　(Cさん) 一回目の翻訳は直訳になるから、翻訳くささをなくすために、時間をおいて何回か書き直しをする。何人かの韓国人の友達に読ませてもらい、不自然なところ、翻訳くさいところなどなどコメントをもらい、書き直すとき、参考する。
　　(Bさん) 日本式文章をそのまま翻訳すると韓国人が読みやすい文章にはならない。それは読解と呼ぶしかない。それで韓国式の自然な形の文章として翻訳することが大事。
　　(Dさん) 翻訳をするときの自分の一番大きい問題は、翻訳くささだと思う。原文に引きずられる翻訳はいい翻訳とは言えない。だから、自然な韓国語に変えることができるように練習したい。

　また、学習者同士の討論の中でもう一つ確認できたのは、課題遂行の際に学習者は、「場面に対する理解」と「登場人物のキャラクター分析」という2点にかかわる情報収集に力を注いでいたことである。本実践での課題が小説の中の2、3ページ程度の短い文章だったため、それだけでは状況把握が難しかったという学習者が多かった。よって、みずからネットなどを通してあらすじを読んでおいたり、原作を手に入れて場面前後の内容を合わせて確認したりして、場面に対する理解を高める努力をしたという。あと、登場人物については、性別、年齢、出身などの属性的な部分に加えて、地の文から感じ取れる性格などにも注目して、その理解と判断を言葉づかいの選択に反映させたという学生が

---

[4] 学習者の文章を転載する際、明らかに誤字脱字と判断される部分以外は、原則、提出された文章を加工せずにそのまま載せた。日本語として不自然な部分もあるが、本稿が役割語習得過程の考察を目的としていることから、この方法が望ましいと考える。

多かった。後者の学習者の意識は、つぎの 3.2 での考察につながる。

### 3.2　役割語教育がどう生かされたか―学習者のストラテジー

　ここでは、予備教育の中で学習した役割語的な要素と特徴を、翻訳課題の遂行の際に各学習者がどれだけ認知して実際どのように応用したか、学習者の翻訳例を取りあげながら具体的に分析していく。

　作品『蛍』は、連続した場面を学習者 A と学習者 B が分担して翻訳したが、両学習者の人物像に対する理解とそこから引き出されたストラテジーの間には違いが見られた。両者の「自己分析シート」には以下のような記述が見られる。

（A さん）主人公には素っ気無い言い方になるようにはっきりした言い方を持ちいりました。そしてルームメートには優しくてあやふやな言い方を入れました。
（B さん）一人は複雑なこととか面倒くさいことに縺れることを嫌がる性格―＞文章に弱い感じがするような語彙使用。あまり固くて強い語彙は使わない。あと一人はくそまじめで怖いほどのきれい好き、そして話をするときによくどもるが自分の意見とか決断を伝える時は言葉づかいにきっぱりとした感覚がある。

　＿＿＿部が主人公、～～～部がルームメートの人物像に対する理解だが、両学習者の間にかなりのギャップがあることがわかる。与えられた課題が短かったため、担当した場面によってそこから思い起こす人物像にも若干の違いが出てきたのだと予想される。よって、上記の理解のもとに行われた学習者 A と学習者 B の韓国語訳にも違いが見られた。たとえば、主人公の発話に対して、学習者 A は(3b)、学習者 B は(4b)のような韓国語訳をつけている。

(3)　a.　「違うよ、芝居はやらない。戯曲を読んで研究するだけさ」（蛍）
　　　b.　"아니, 연기는 안해. 희곡을 읽고 연구만 할 뿐이지."
(4)　a.　「じゃあ、中庭でやれば」「じゃ、ぜんぶやらなきゃいい」（蛍）
　　　b.　"그럼 마당에서 하면…" "그럼 전부 안하면 되잖아."

日本語文では(3a)より(4a)のほうがより冷たく感じられるのだが[5]、韓国語訳では、「안해(しない)」「〜뿐이지(〜だけだよ)」などの断定形を主に用いている学習者Aの訳(3b)が、言いさし表現「하면...(したら…)」や「잖아(じゃない)」形を使った学習者Bの訳(4b)に比べてより冷たくて堅い感じがする。実際、討論の中でも学習者Bは、(4b)での記号「...」の使用が、気の弱い主人公の性格を表すためのストラテジーの一つだったと言っていた。

　以上の考察から、同じ人物に対する人物像の理解が異なっていたとしても、翻訳課題を行うにあたって、両学習者とも自分なりに把握した人物像をできるだけ言葉づかいに反映させようと努めていたことがわかる。なお、上記例の下線部の形式を「はっきりした言い方」あるいは「弱い感じがするような語彙」として用いたことに対しては、学習者同士の討論の中でも支持されており、両学習者の翻訳上のストラテジーが、韓国語で役割語的な要素を表出するのに、ある程度生かされていたと判断できる。

## 3.3　討論を通して何に気づいたか―学習者の自己修正―

　ここでは、各自の翻訳文を材料に学習者同士で行われた討論の結果、学習者は何に気づき、どのような改善方法を見つけたかについて、学習者の翻訳例を取りあげながら具体的に分析していく。

　まず、学習者Dが翻訳を担当した『鉄道員』の韓国語訳の問題点について述べる。前述したように、今回『鉄道員』の中で課題とした部分は、定年間近の駅長と若い機関士の北海道方言による会話が中心である。つまり、年齢と地域という二つの役割語的要素をどう翻訳上で表現できるかがもっとも重要なポイントである。しかし、学習者Dの翻訳からはこの役割語的要素がまったく生かされておらず、以下のような韓国語訳になっていた。

(5)　a.　「したら<u>さ</u>、なして廃線に<u>すんの</u>」　　　　　　　　　　（鉄道員）
　　　b.　"그러면 <u>있잖아</u>, 왜 폐선<u>하는거야</u>?"
(6)　a.　「<u>お前</u>まで助役と同じこと<u>言うんでない</u>。札幌がそったらことまで気を回して<u>くれるもんかい</u>」　　　（鉄道員）

---

[5] 実際、(4a)の発話のすぐ後には「そういう言い方はよくないよ。人に命令したりするのはさ」というルームメートの反論が続くのである。

　　　　b. "너마저 부시장이랑 같은 소리를 <u>하냐</u>, 삿뽀로가 그런 데까지 신경 써<u>주겠냐</u>."

　(5)は若い機関士の発話、(6)は年配の駅長の発話である。(5b)の「있잖아(あのさ)」「～하는거야(～するのか)」などは確かに若い人の口調ではあるが、日本語文のような方言の要素はまったく表されていない。さらに、主に同年配に対して用いられるタメ口をそのまま取り入れた韓国語訳は、文化的背景からしても望ましい翻訳とは言い難く、討論の際にもほかの学習者から「非常に違和感がある」との指摘を受けた。また、(6b)の「너(あなた)」「～하냐(～するのか)」「～주겠냐(～くれるか)」といった表現も、その役割語的な特徴を考慮するなら「자네」「～하나」「～주겠는가」という語彙と文末表現に置き換えたほうが、中年男性の発話であることを有効に示すことができるとの指摘があった。

　鄭(2005)では、日本語の役割語には性差が表れやすく、韓国語の役割語には世代差が表れやすいと述べられているが、上記例は韓国語でもっとも表れやすい世代差が軽視された翻訳であり、討論の場での上のような反論は当を得ていたと考えられる。

　以下は、討論が行われた後に、学習者Dから提出された「自己分析シート」の一部である。

　(Dさん)仙次と若い機関士は結構の年の差がある。翻訳をする際は年と状況を考慮して、人物の話しぶりを決めなければならない。たとえば、「へえ。美寄中央駅の駅長さんのお言葉とは思えんねえ」‐"헤에. 비요로 중앙역장님의 말씀이라고는 생각지도 못하겠네."(×)→「～하지도 못하겠네」は<u>タメ口なので、年の差がよく伝わってこない。敬語を使うほうがいい</u>。「そりゃおまえ、輸送密度とかよ、採算とか、そういう問題やべ」‐"그건 뭐, 수송밀도나 채산이나, 그런 문제야."(×)→<u>話しぶり自体が若者の話しぶりなので、駅長の役割を生かせない。話しぶりを変える。</u>

　具体的な修正表現は示されていないものの、ほかの学習者との話し合いを通して、自分の翻訳文での問題が役割語的要素の軽視にあると気づいたことがわ

かる。ちなみに、方言の翻訳については、討論での意見交換を参考に、以下のような自分なりの基準を提示していた。

　　（Dさん）地方の方言を使うのが小説の味を生かせるが、下手に使う場合、むしろマイナス影響ができるかも知れないので、その場合には標準語を使うほうがいい。

　つぎに、学習者Cが翻訳を担当した『キッチン』の韓国語訳について述べる。この翻訳課題のポイントは、性差である。討論の際にも、ほとんどの話し合いが日本語の役割語に豊富な性差を表す要素を韓国語に上手に訳すためにはどのような方法があるかの議論に集中した。その討論の結果を受けて、学習者Cから提出された「自己分析シート」には以下のような文章があった。

　　（Cさん）男性の言葉「おれ」「ぼく」「あいつ」などなどが出てないので、翻訳するとき、私は男女キャラクター語を使う必要性を感じなかった。でも、私が翻訳した男女の会話文を読んでみると、<u>「〜요」が多くて二人の女性がしゃべっているような感じがすることが指摘された</u>。

　上のような反省をもとに、学習者Cは韓国語によるシナリオやチャットのやりとりなどを調べて、韓国語における男性語・女性語の特徴を自分なりにまとめた。以下がその内容である。

　　（Cさん）男性語―文章が短い。"〜냐""〜다고""〜다"などの完了語をたくさん使用している。"〜입니다""〜습니다"をよく使う。女性語―文章が男性語より長い。語尾を濁す。"응?"などは女性だけ使う。<u>男女がそんなに親しくなくて尊敬語を使う場合、女性は"〜요"を、男性は"〜입니다""〜습니다"をよく使っていることがわかる</u>。

　以上の分析をもとに、学習者Cは、(7a)(8a)の男子の言葉づかいを、最初の翻訳文の(7b)(8b)から新たに(7c)(8c)に修正している。下線部の文末語尾が略体丁寧形の「〜요」から上称の「〜습니다」に置き換えられている。

(7) a. 「いえ。今、出かける途中で急ぎですから。」 （キッチン）
　　b. "괜찮아요. 서둘러 가 봐야 <u>해요</u>."
　　c. "괜찮습니다. 서둘러 가 봐야 <u>합니다</u>."
(8) a. 「じゃ、よろしく」 （キッチン）
　　b. "그럼 꼭 <u>오세요</u>."
　　c. "그럼 꼭 <u>오십시오</u>."

　性差に関連して、『蛍』を翻訳した学習者Bの「自己分析シート」にも以下のような記述が見られた。

　（Bさん）「<u>ほら</u>、これだよ」→"<u>봐</u>, 이거말이야."（×）→"<u>자</u>, 이거말이야."
　授業の時、ほかの人たちから「봐」ではなく「이봐」「자」などの意見が出た。私が表現した「봐」よりは<u>「이봐」とか「자」のほうが男だということを表現するには適当だと思う</u>[6]。

　このような記述から、日本語のみならず、韓国語の中でも性差が言葉づかいに大きく影響するということを、学習者もより強く意識するようになったと考えられる。

## 4　実践2：創作・自主翻訳に対する分析

　前述したように、この段階では、予備教育で得られた役割語知識と、実践1で蓄積された役割語翻訳のストラテジーをもとに、みずから簡単な両言語会話文を創作するか、既存の映画やアニメ、漫画などから作品を自由選択して自分独自の翻訳版を作るかの活動を行った。なお、実践1と同じく、自分の作品をほかの学習者に事前に送付し、互いの作品に必ず目を通しておくように指示した。これらをもとに、次回の授業で意見交換および議論を行った。各学習者が取り組んだ作品を一覧にすると、以下の表2のとおりである。

---

[6] 「봐」「이봐」「자」は、日本語に訳すなら3形式とも「ほら(見て)」になるだろうが、討論の様子をみると、韓国語母語話者の中には相対的な性差を感じる人もかなりいるようだ。

表２：学習者別の創作・自主翻訳作品

| 学習者別 | 原作 | 主な役割語的要素 |
|---|---|---|
| A | 漫画『NARUTO』 | ①性差に注目した翻訳（日→韓） |
| | 漫画『하이힐을 신은 소녀』 | ②若者ことばに注目した翻訳（韓→日） |
| B | 創作 | 世代差に注目した会話文<br>①約70才のお祖父さんと高校生の孫娘の会話（日本語）<br>②上と同じ会話の韓国語訳 |
| C | 創作 | 方言に注目した会話文<br>①大阪方言話者と長崎方言話者の会話<br>②上と同じ会話の韓国語訳 |
| D | 不明 | 家族関係に注目した会話文<br>①父親、母親、娘の３人の会話（日本語）<br>②上と同じ会話の韓国語訳 |
| E | アニメ『AIR』 | ①性差に注目した翻訳（日→韓） |
| | 漫画『흑신』 | ②性差に注目した翻訳（韓→日） |
| F | アニメ『銀魂』 | ①外国人キャラに注目した翻訳（日→韓） |
| | ドラマ『온에어』 | ②上下関係・性差に注目した翻訳（韓→日） |
| G | 映画『武士の一分』 | ①方言に注目した翻訳（日→韓） |
| | ドラマ『반올림』 | ②若者ことばに注目した翻訳（韓→日） |

表２でわかるように、課題は、日本語版と韓国語版の両方を提出させた。創作の場合は同じ内容の会話文を両言語版で書くこと、自主翻訳の場合は原作が日本語の作品と原作が韓国語の作品の二つを選ぶことを義務づけた。実践１が日本語を韓国語に訳すという片方向の作業だったのに対して、実践２を双方向の作業にしたのは、日本語役割語を理解語彙だけにとどめるのではなく、擬似的ではあるが使用語彙としても練習していくためである。

## 4.1　地域差に注目した作品例

　ここでは、一つは方言に注目した学習者Ｃと学習者Ｇの作品を、二つは登場人物に外国人キャラが登場する学習者Ｆの作品を分析する。
　まず、大阪方言話者と長崎方言話者の20代女性の会話という設定で、学習者Ｃが創作した会話文の一部を紹介する。学習者Ｃはこの文を韓国語に訳す

第 5 章　役割語を主題とした日韓翻訳の実践

際に、全羅方言と忠清方言を当てている。その理由について、レポートの中で以下のように述べている。

　　（Ｃさん）大阪弁はタフな感じがするので、韓国の全羅道弁に当たるかもしれないと思いました。長崎弁は田舎ぽくて純粋な感じがするので、忠清道弁にと翻訳してみました。

　以下の(9)は大阪方言話者を全羅方言話者に当てた発話例であり、(10)は長崎方言話者を忠清方言話者に当てた発話例である。

(9)　a.　「これ、今よくテレビとかで紹介されてるお菓子やねんか。うちのおかんがもらって来てん。食べてみー。健康にもええらしいで。なんきんとなんばが入ってるらしいねん。」　　　　（創作）
　　 b.　"이거이 요세 테레비에 허벌나게 나오는 과잔디... 울 엄니가 갖고왔어. 먹어봐라. 건강에도 좋당께. 호박이랑 옥수수가 들어있다여."
(10)　a.　よかよか。そこの○○レストランおいしいけん。その時によろうや。　　　　　　　　　　　　　　　　　　　　　　　　　　（創作）
　　 b.　"기여기여 좋네유. 그기 OO 레스토랑 맛있다는디유.. 그때 함 갈까유?"

　下線部が各方言の特徴と思われる部分であるが、(9)では文末語尾のほかに大阪の「うちのおかん」、全羅の「허벌나게（よく）」「울 엄니（うちのお母さん）」などの特徴的な方言的語彙を多く取り入れることで、より方言らしさをかもし出そうとした工夫が見られる[7]。(10)では、とくに文末での方言形式の使用が目立ち、長崎の「〜か」「〜けん」、忠清の「〜유」などが地域を表す代表的な役割語要素として用いられている[8]。

---

[7] 「なんきん」「なんば」という語彙については、「20代女性の発話にしては違和感がある」という実際の大阪方言話者の指摘があった。
[8] 長崎方言話者の話によれば、この例では「よかよか」が「良い」の意味で使われているが、実際は「大丈夫」の意味でしか使わないので、若干不自然さを感じるということだった。

83

また、『武士の一分』を韓国語訳した学習者Gの作品の中にも(11)のような方言の置き換えが見られた。山形方言の特徴を生かすために、標準的な形ではない語尾「께」「래이」などを用いているが、作品全体に方言形式の統一性が見られない。学習者G自身は江原道方言をイメージして翻訳したと言っているので、翻訳上のミスともいえる。

(11) 　a.　「死ぬのはやめた<u>さっけ</u>。元の場に戻しておっけ」

　　　　　　　　　　　　　　　　　　　　　　　　　　　(武士の一分)

　　　b.　"죽는건 그만뒀으니<u>께</u>, 원래 자리에 돌려놓거<u>래이</u>."

　つぎに、学習者Fが韓国語訳をつけた外国人キャラに注目する。アニメ『銀魂』に登場する「神楽」は他の星から地球にやってきた女の子だが、なぜかチャイナ服を着て(12a)(13a)のような中国語なまりを話す。このような典型的な役割語形式を生かすために、学習者Fは韓国語訳(12b)(13b)の文末に「헤」を付け加えている[9]。

(12) 　a.　「マダム、おかわり<u>ヨロシ</u>？」　　　　　　　　　　(銀魂)
　　　b.　"마담, 한그릇 더 달라 <u>헤</u>"
(13) 　a.　「なんか言った<u>アルか</u>？」　　　　　　　　　　　(銀魂)
　　　b.　"무슨 말 했나 <u>헤</u>?"

　この文末形式については、金旻貞(2009)にも言及があり、韓国の近代小説からその使用が認められている。韓国語において中国人を示すもっとも特徴的な役割語要素であり、学習者同士の討論の場でも、この共通認識については全員から同調が得られた。
　さらに、アニメ『銀魂』には出稼ぎ天人の「キャサリン」という人物が登場し、この人物の発話には片言日本語であることを視覚的に表すために(14a)のようなカタカナ表記が使われている。学習者Fは、この特徴を(14b)のように韓国語訳している。

---

[9] 一般的に認識されている形式は「헤」(he)ではなく「해」(hae)なのだが、ここでは学生の作品上の記載をそのまま転記する。

(14) a. 「ハイ。今週カラ働カセテ頂イテマス。キャサリン言イマス」
(銀魂)

b. "예스. 리번츄부토우 일하귀러햇쏘여우 캐서린 불로쥬세요우"

「はい」を「예스(yes)」と英語訳しているところや、「츄」「쥬」のような二重母音、「우」のような長音要素を取り入れることで、発話者が外国人、その中でも欧米人キャラであることを表現している。「헤」のような語彙レベルだけでなく、音声的な特徴も有効に活用するなど工夫をこらして課題を遂行していたことがわかる。

### 4.2 性差に注目した作品例

ここでは、韓国語原作の日本語訳である学習者Fと学習者Aの作品を中心に、性差を表す日本語役割語への理解とその活用の実態を分析する。なお、日本語文の韓国語訳である学習者Dの例では、性差を表す韓国語の役割語的要素に注目する。

まず、学習者Fの韓国ドラマ『온에어』の台詞をもとにした日本語訳である。上下関係にある男女の会話で、(15)が目上の男性、(16)が目下の女性の発話である。下線部のように、日本語訳では敬語の使い分けなどを活用して、性差とともに上下関係をも表そうと工夫していることがわかる。ちなみに、韓国語原作においても、男性は普通体、女性は略称丁寧体を使用している。

(15) a. "서작가 그렇게 안봤는데 사람이 참 건방져!"　　(온에어)
　　 b. 「お前最近ちょっと生意気すぎないか？」
(16) a. "건방지다시니 마음놓고 건방좀 더 떨게요. 전부터 얘기하고 싶었는데, 감독님 저한테 말 놓지 마세요.　　(온에어)
　　 b. 「どうせ言われたもんですし、もうちょっと生意気言わせてもらいます。前からずっと言おうと思ったんですけど、監督、私にため口で話さないでもらえません？」

また、以下の例も同じく韓国語原作を学習者が日本語訳したものである。これは、韓国漫画『하이힐을 신은 소녀』の中の、ある高校での不良男子学生の

発話(17)と、お嬢様気取りの女子学生の発話(18)である。

(17) a. "선배가 부르는데 쳐다도 <u>안 봐</u>? <u>앙</u>!!"　　（하이힐을 신은 소녀）
　　 b. 「先輩が呼んでるのに無視する<u>んじゃねえよ</u>!!<u>こらー</u>!!」
(18) a. "이놈들도 그냥... 내 얼굴 구경하러 온<u>건가</u>?"
　　　　　　　　　　　　　　　　　　　　　（하이힐을 신은 소녀）
　　 b. 「こいつらもあたしの顔見に来た<u>かしら</u>」

　この作品に対する学習者同士の討論では、下線部のような言語形式を用いることで、韓国語原作よりも日本語訳の方で性差がより顕著に表れるようになったという評価を受けた。このような議論からも、翻訳した学習者Aをはじめとする全学習者が、日本語役割語における性差の言語的特徴を強く意識するようになったことがわかる。

　最後に、以下は家族間の日本語会話を韓国語訳した学習者Dの作品で、(19)は父親、(20)は母親の発話である。

(19) a. 「あ、これは演劇のチケット<u>か</u>」　　　　　　　　　　　（不明）
　　 b. "아!이건 연극 티켓이로<u>군</u>."
(20) a. 「<u>ね</u>、ね、あんたその服装で行く<u>の</u>？」　　　　　　　（不明）
　　 b. "<u>어머</u>. 어머. 애 너 이런 옷차림으로 나갈꺼<u>니</u>?"

　日本語原作の下線部に対する韓国語訳に注目してみると、とくに(20b)の「어머」は絶対的性差を持つフィラーであり、これが女性の発話であることを明確にしている。文末語尾の「〜군」や「〜니」などは相対的性差ではあるが、前者は男性、後者は女性が主に用いる表現であることが、討論の中でも共通認識として認められた。

## 4.3　世代差に注目した作品例

　ここでは、1つ目は老人語を取りあげて日韓両言語文を創作した学習者Bの作品、2つ目は若者ことばの日本語訳に挑戦した学習者Gの作品、3つ目は日本語役割語のアンバランスな使い方の韓国語訳に挑戦した学習者Eの作品

を分析する。

まず、(21)を見てみよう。これは、お祖父さんが女子高生の孫娘にいう発話で、日本語も韓国語も学習者Bの創作会話の一部である。(21a)の日本語文では、「〜のう」といった役割語的要素を活用して発話者が老人であることを表している。一方、(21b)の韓国語文では、「오(おう)」「허허허(はっはっはっ)」といったフィラーや擬声語を活用して年寄りの男性であることを表現している。

(21) a. 「あ、そうか。ハッハッハッ！はなこももう大人になった<u>のう</u>。」 (創作)
b. "<u>오</u>, 그래? <u>허허허</u>! 하나코도 벌써 어른이 다 됐구나."

つぎに、(22b)は韓国ドラマ『반올림』の台詞をもとにした学習者Gの日本語訳である。発話者は、高校を退学させられた不良の若い男子であり、韓国語原文(22a)には「놈(やつ)」「술값째고(飲み代を踏み倒す)」などの俗語が目立つ。学習者Gはこの発話の日本語訳で、「あいつ」「すっげー」「〜さ」などの表現を使って発話者が若い男性であることを表現している。しかし、「俺」という自称詞を使っているかと思えば、「〜なの？」「〜でしょ？」といった女性の発話によく見られる文末表現も用いており、その使い分けがまだ不完全であることがうかがえる。

(22) a. "그래, 유아인 걔는 잘 지내냐? 난 학교 때려쳐서 못만난지 꽤 됐는데. 야～ 여기오니까 옛날 생각난다. 아인이 <u>놈</u>이랑 <u>술값째고</u> 도망간데가 여기였지, 아마?" (반올림)
b. 「そう、<u>あいつ</u>は元気<u>なの</u>？俺は学校辞めたから、<u>すっげー</u>会えなかったね。いや〜この店いるとさ、昔のこと覚えてない？あいつと酒飲んで、金払わなく逃げた所がここ<u>でしょ</u>？」

最後に、役割語の効果を逆利用した例を一つ取りあげる。以下の(23)は学習者Eが日本のアニメ『AIR』を韓国語訳した作品で、年の若いお嬢様の「カンナ」という人物の発話である。世情に疎いおてんば娘のキャラクターで、

(23a)でもわかるように、いわゆる「お嬢様言葉」は使っていない。「〜であろう」「〜んか」などの、まるで時代劇に出てくる武士のような言葉づかいをする。学習者Eは、このような日本語の役割語要素を生かすために、(23b)に見られるように、「〜일세」「〜는가」「〜겐가」といった典型的な「하게体」を用いた韓国語訳をしている[10]。

(23) a. 「誰も教えなかった<u>のだ</u>。読めるはずがない<u>であろう</u>。」「なにを<u>する</u>！早く助けん<u>か</u>。」 （AIR）
b. "아무도 가르쳐 주지 않았단 말<u>일세</u>. 읽을리가 없지않<u>는가</u>." " 뭐 하는<u>겐가</u>! 빨리 말리지 않고..."

韓国語訳でのこれらの文末語尾は、通常中年以上の男性が用いる言葉づかいと認識されているのだが、学習者Eは日本語のアンバランスな言葉づかいを生かすためにあえてこのような表現を用いたと説明していた。これは、今回の実践を通して、学習者の役割語に対する意識や捉え方が、以前より積極的なものになってきたことを示すと考える。

## 5　実践の成果と今後の課題

今回の実践の成果として、まず、以下の3点をあげたい。
(1) 日本語役割語の知識の面では、不完全ではあるが、「かい、のう、ねん、ぞ」などの終助詞をはじめ多様な形式が使いこなせるようになった。
(2) 学習者同士の討論を通して、さまざまな気づきと工夫が見られ、実際の日韓翻訳への具体的な応用が期待できる。
(3) 韓国語を日本語に訳す際に、韓国語原文に表れていない要素にも注目するなど、役割語的要素が豊富な日本語の特徴を強く意識するようになった。

このように、本実践によって、日韓両言語翻訳という枠組みの中で役割語が持つ意義を、学習者一人一人が明確に認識するようになった。また、その中で

---

[10] 李翊燮他(2004)では「하게体」について、次のように述べられている。「聴者が話者より年齢や社会的な地位が下の場合に使われるが、その下の人を『해라体』や『반말体』のときより軽く考えず、応分の待遇をしてやろうという気持ちを込めて使う」。

日本語役割語の習得はもちろん、韓国語役割語への理解と学習意欲もより高まったと考える。指導した側としても、最初の予備教育段階ではそれほど高くなかった学習者の役割語に対する知識や意識が、本実践を通してしだいに変化していったことがよくわかったので、非常に手応えのある活動であった。

さらなる本研究の進展のために、今現在、日韓両言語学習者の役割語学習を支援するための「オンライン相互学習システム」構築に取り組んでいる。すでに SNS を使った「日韓役割語相互学習倶楽部」というコミュニティーを立ち上げており、研究協力者 5 名と、韓国人日本語学習者 6 名、日本人韓国語学習者 6 名の計 17 名のメンバーが活動中である。

役割語は社会言語能力に密接な言語形式である。よって、日本と韓国の両地域を結ぶネットコミュニティーでの両言語母語話者間の協同活動は、役割語習得を含む両言語学習に非常に効果的である。今後、このオンライン相互学習支援活動を通して、日本語教育のみならず、日本人に対する韓国語教育にも寄与したいと考えている。

**参考文献**
李翊燮 他(2004)『韓国語概説』東京：大修館書店.
金旻貞(2009)「韓国語にもアルヨことばはあるよ」『シンポジウム・研究発表会　役割・キャラクター・言語』, 当日配付資料集(2009 年 3 月 28・29 日, 神戸大学百年記念館), p.17.
メイナード, 泉子・K(2005)『談話表現ハンドブック―日本語教育の現場で使える―』東京：くろしお出版.
鄭惠先(2005)「日本語と韓国語の役割語の対照―対訳作品から見る翻訳上の問題を中心に―」『社会言語科学』8-1, pp.82-92, 社会言語科学会.

**課題として使用した作品**
『蛍・納屋を焼く・その他の短編』1987　村上春樹著　新潮社　pp.13-19
『キッチン』1988　吉本ばなな著　福武書店　pp.10-12
『鉄道員』2000　浅田次郎著　集英社　pp.9-11
『カシコギ』2002　趙昌仁著　金淳鎬訳　サンマーク出版　pp.6-7
『電車男』2004　中野独人著　新潮社　pp.280-281, pp.288-289
『키친』1999　요시모토 바나나著　김남주訳　민음사　pp.10-12
『개똥벌레・헛간을 태우다・그 밖의 단편』2000　무라카미 하루키著　권남희訳　창해

pp.13-19
『철도원』 1999　아사다 지로著　양윤옥訳　(주)문학동네　pp.9-12
『가시고기』 2000　조창인著　도서출판 밝은세상　pp.7-8
『전차남』 2005　나카노 히토리著　정유리訳　서울문화사　pp.286-287, pp.294-295

# 第3部

# 外国語と役割語

第6章 ウサイン・ボルトの"I"は、なぜ「オレ」と訳されるのか
―スポーツ放送の「役割語」―
太田　眞希恵

◎

第7章　要素に注目した役割語対照研究
―「キャラ語尾」は通言語的なりうるか―
金田　純平

◎

第8章　コミック翻訳を通じた役割語の創造
―ドイツ語史研究の視点から―
細川　裕史

# 第6章
# ウサイン・ボルトの "I" は、なぜ「オレ」と訳されるのか
―スポーツ放送の「役割語」―

太田　眞希恵

## 1　はじめに

（1）　オレがナンバー1だ
（2）　記録を出す秘訣なんてないわ

　北京オリンピックを伝えるNHKの放送に出た翻訳のテロップである。このテロップを見ただけで、日本語を母語とする私たちは、話者についてなんらかのイメージを思い浮かべることができる。(1)は力強さと自信を持っている男性、(2)は華やかさ、または上品さをそなえた女性、というように。
　実際の「話者」は、(1)は陸上男子100メートル・200メートル・400メートルリレーで金メダルをとった"世界最速の男"ウサイン・ボルト選手（ジャマイカ・イラスト1)、(2)は"棒高跳びの女王"エレーナ・イシンバエワ選手（ロシア・イラスト2)である。ボルト選手は、英語で"I am NO.1."と発言したときの"I"が「オレ」と訳され、イシンバエワ選手は英語で話した内容が「〜わ」と訳された。
　英語での1人称代名詞は"I"のみであるが、これを日本語に訳すときには、いくつかの選択肢の中から一つを決める。(1)の発言は、ボルト選手が200メートルで金メダルを決めたときのものだが、彼の発した"I"という単語の日本語訳には、「ぼく」でも「わたし」でも「わたくし」でもなく、「オレ」が選ばれたことになる。イシンバエワ選手の例で言えば、「秘訣なんてありません」でもなく「秘訣なんてない」でもなく、「秘訣なんてないわ」という女性特有の終助詞「わ」が添えられた形で翻訳された。イシンバエワ選手が話した原語（ここでは英語）に、女性特有の表現が表れていたわけではないが、日本語に訳

93

したときには、女性であることがわかる訳語が選ばれたということになる。

　このように、日本語には、ある特定の人物像と結びついた特殊なことばづかいがある。これを「役割語」といい、日本語学ではさまざまな側面から研究が進んでいる。金水敏は、「役割語」を以下のように定義している（金水 2003）。

> ある特定の言葉づかい（語彙・語法・言い回し・イントネーション等）を聞くと特定の人物像（年齢、性別、職業、階層、時代、容姿・風貌、性格等）を思い浮かべることができるとき、あるいはある特定の人物像を提示されると、その人物がいかにも使用しそうな言葉づかいを思い浮かべることができるとき、その言葉づかいを「役割語」と呼ぶ。　　　　（金水 2003: 205）

　代表的な例は、「そうじゃ、わしが知っておる」のような〈博士語〉や、「そうですわよ、わたくしが存じておりますわ」のような〈お嬢様ことば〉で、日本語話者であれば、その話し方と人物像をほぼ100％まちがいなく結びつけることができる。しかし、現実にはそのような話し方をする「博士」も「お嬢様」もいないはずだ。この点で、役割語はマンガやアニメなどフィクションの世界に多く登場する"ヴァーチャル日本語"であるとされている。

　また、前述したような外国人スポーツ選手のインタビュー翻訳文のことばづかいも、フィクションではないものの、実際に選手が日本語を話しているわけではないという点と、制作者が選手のキャラクターにあわせて翻訳語を選んでいるという点で、やはり役割語であると指摘されている（金水 2008）。

　筆者は以前から、テレビの翻訳テロップの中でも、特にスポーツ放送における翻訳テロップには、「〜さ」「〜（だ）ぜ」や「〜（だ）わ」のような、私たち日本語話者が話しことばとして日常的にはあまり使わないことばづかいが比較的多く登場するような印象をもっていた[1]。なぜ、現代の日本人はそんな話し方をしないにもかかわらず外国人のインタビューには使われているのか。特にスポーツ関連のニュースやドキュメンタリーというノンフィクションの分野で使われているのはなぜか。このような疑問を、「役割語」という観点を導入する

---

[1] 日常の話しことばを収録・分析した研究で、女性／男性専用とされる終助詞のうち「わ（上昇イントネーション）」「ぞ」「ぜ」などは、使用実態としては、かなり少なくなっていることが指摘されている（『女性のことば・職場編』『男性のことば・職場編』）。

イラスト1：ボルト選手

ことによって解いてみようというのが、今回の試みである。本稿で注目したのは次の2点である。

◎スポーツ放送の翻訳で、役割語はどんな人物・場面において出現するのか。
◎その役割語を使うことにより、そこにはどんな機能が付加されているのか。

これを、北京オリンピックテレビ放送における外国人選手インタビューの翻訳事例を対象に分析する。

また今回は、NHK報道局スポーツ部のディレクターや、今回の北京オリンピックの放送を担当したディレクター・プロデューサーなどを対象に、アンケート調査や聞き取り調査を行ってテレビ制作者の意識もさぐった[2]。この調査により得られたものは大きく、翻訳テロップの役割語を考える場合、「場面」というテレビならではの見方が必要になることがわかった。

役割語は日本人のステレオタイプ[3]と結びついたものだとされる。実際、ウ

---

[2] アンケート調査は、NHK報道局スポーツ部のディレクター32人に送付し24人から回答を得た。質問項目についてはpp.123-125に全文を掲載。紙幅の都合で回答内容については今回は一部を掲載する。また、聞き取り調査は、北京オリンピック放送を担当したディレクターやプロデューサー、および、スポーツニュース・番組を担当した経験のあるディレクターやプロデューサー計12人に行った。

サイン・ボルト選手の「おれ」と、マイケル・フェルプス選手の「ぼく」は、少年マンガで使われてきた「おれ」「ぼく」の人物像と合致している（詳細は第4節）。こうした言語的ステレオタイプの表象である役割語が、スポーツ放送の中ではどのように使われているのか、具体的な事例をもとに見ていくことにする。

イラスト2：イシンバエワ選手

## 2　対象としたデータとテレビ翻訳テロップの文体
### 2.1　対象としたデータ

2008年の北京オリンピックは開会式の行われた8月8日から8月24日の閉会式まで17日間開催された。また、一部、女子サッカーの試合などは開会式の前に始まった。そこで、今回は以下のデータを調査対象とした。

期間：2008年8月6日〜25日（女子サッカーの予選が始まった日〜閉会式翌日）
対象番組：NHK総合テレビ、NHK衛星第1テレビ、および民放（地上波、

---

[3]「ステレオタイプ（固定観念）」とは、「ブラジル人はサッカーがうまい」「女性は手先が器用だ」など、ある集団の人々に対して多くの人がもつ共通イメージ。差別や偏見とも結びつきやすく、社会心理学の中では国や人種、性別などさまざまなステレオタイプの研究が行われてきた（上瀬2002）。

在京キー局の 5 局／日本テレビ・TBS・フジテレビ・テレビ朝日・テレビ東京)における、オリンピック関連の放送(ニュースおよび番組)。
　対象インタビュー：外国人選手のインタビューのうち、翻訳テロップがついているもの。

　抽出したインタビュー数は 166[4]、760 文である。このうち、NHK の放送で出現したのは 58 インタビュー(176 文)で、民放各社の合計は 108 インタビュー(584 文)であった。本稿では、NHK のデータを中心に論を進めていくが、分析にあたっては民放各社のデータも参考にした。また、テレビのスポーツ放送に出現する役割語をより一般性をもたせてとらえるために、ロサンゼルス大会(1984 年)以降の夏季オリンピック 6 大会で NHK が大会直後に「総集編」として総合テレビで放送した 6 番組[5]と、NHK スペシャル『ミラクルボディー 第 1～4 回』(2008 年 3 月～5 月放送)のインタビューの翻訳テロップや吹き替え音声についても、参考データとして採用した[6]。

## 2.2　翻訳テロップの典型的な文体と形
　ここで、北京オリンピックの放送でどのような翻訳テロップが出されたのかという具体的なデータを見る前に、その文体について見ておきたい[7]。

---

[4] ニュース番組などで 1 企画の中で同じ選手のインタビューが複数回に分かれて出現した場合は、それらをまとめて 1 インタビューとして数えた。
[5] 対象の 6 番組は次のとおり。①「ロサンゼルス・オリンピック　世界が見た 16 日間」(1984.8.19. 放送)、②「オリンピックハイライト SEOUL '88 完全保存版～ソウルのドラマを再現～」(1988.10.10. 放送)、③「'92 オリンピック　鳥たちの歌～バルセロナの 16 日～」(1992.8.11. 放送)、④「夢の力　アトランタの熱き闘い」(1996.8.10. 放送)、⑤「君は輝いた　～シドニーオリンピック総集編～」(2000.10.2. 放送)、⑥「アテネオリンピック総集編　オリーブの歌～平和の祭典　17 日間の記録～」(2004.8.30. 放送)
[6] 翻訳文のことばづかいについては、テロップを作成するディレクター個人の好みやくせ等による可能性もある。そのため、今回はできるだけ多くのデータを参考にし、比較・分析することで、個人差レベルでなく、より一般的な役割語の使い方を導き出そうと試みた。
[7] 外国人のインタビューを日本語に翻訳して視聴者に提示する方法としては、画面に出す文字テロップと、音声による吹き替えとの 2 つがあるが、文字テロップでは「だ体」が多く、吹き替えでは「です・ます体」が多い。これは、文字テロップ＝「書きことば」、吹き替え＝「話しことば」という違いのほかに、画面の大きさという物理的制約があるために、限られた文字数でテロップを表現しなくてはならないという、テレビならではの理由がある(ふつう、「です・ます体」より「だ体」のほうが文字数は少なくて済む)。また、文字テロップに

今回得られたデータのうち、NHKの全58インタビューの文体の内訳を見ると、「だ体」が38（66％）、「です・ます体」が14（24％）、「だ体」と「です・ます体」の混用が6（10％）だった[8]。また、ディレクターへのアンケート調査からも「『だ体』を使うほうが多い」と答えた人が65％だった[9]。
　これらのデータと、インタビュー内容を限られた少ない文字数で簡潔に伝えるという翻訳テロップの特徴から考えた場合、スポーツ放送における翻訳テロップの形として役割語が現れていない典型的な例は、次のようなものだといえる。

　　（3）　私たちは日本の実力を無視していない

　（3）は、中国・男子体操チームのエースである楊威選手のインタビューであるが、文字だけを見た場合、性別は特定できない。
　この翻訳テロップの1人称代名詞は男性にも女性にも使われる「私」であるし、文末にも性別を特定する助詞が付いていないからだ。また、文体も「無視していません」という「です・ます体」ではなく、それより文字数が1文字少なくて済む「無視していない」という「だ体」をとっている。本稿ではこのような、
　Ⅰ．男性・女性を特定できない
　Ⅱ．「だ体」であり、「さ」「よ」「わ」などの終助詞が付いていない
という2つの条件を満たしたものを、翻訳文字テロップの典型的な形とした

---

は、話者がその内容を話している限られた時間内で、視聴者が読める分量しか出せないという時間的制約もある。ふつう、NHKでは翻訳テロップは横書きで、1画面につき、1行16文字、2行までを目安としている。2行で32文字が表示されているテロップなら、6〜7秒は画面に出しておかないと視聴者は読み取れない。

[8] 文の数で計算すると、全176文のうち、「だ体」が120（68％）、「です・ます体」が52（30％）、「だ体」か「です・ます体」かの判断不可が4（2％）だった。

[9] ディレクターへのアンケートの質問内容はp.123の問Ⅰを参照。回答は、
　①「『です・ます体』を使うことが多い」…7人（29％）
　②「『だ体』を使うことが多い」…………16人（67％）
　③「どちらが多いともいえない」…………1人（4％）
②「『だ体』を使うことが多い」と答えた人のうちその理由は、a.「文字数が少なく簡潔に表現できるから」が13人、b.「スポーツ選手のことばとして合うと思うから」が1人、c.「その他」1人、a.b.の2つに「〇」を付けた人が1人だった。

うえで、さまざまなテロップの翻訳文を見ていくことにする。

## 3 テレビ・スポーツ放送における役割語
### 3.1 「スポーツ放送における役割語」の定義

金水(2003)では「役割語」を考えるうえでもっとも重要な指摘となるのは人称代名詞と文末表現であるとしている。本稿では、この指摘にならい、翻訳テロップに出てくる1人称代名詞と文末表現にしぼって論を進める。

次節以降で詳述していくが、本稿において「テレビのスポーツ放送における役割語」(以下、「役割語」という)と定義したのは、実際に北京オリンピック放送に出てきた翻訳テロップから、「さ」「ぜ」「よ」「ね」「の」「わ」「だろ」「かしら」「でしょ」の文末表現と、男性語としての「だね、だよ、んだ」、そして、「おれ(オレ・俺)」「ぼく(ボク・僕)」[10]という「私(わたし)」以外の1人称代名詞である。また、一部の「です」「ます」についても役割語的機能があると考えることとした[11]。そして、これらの役割語が出現している翻訳を「役割語訳」と呼ぶことにする。

北京オリンピックのテレビ放送から収集した全データ(NHK・民放5社／総数166インタビュー)のうち、役割語訳が出現した翻訳テロップは、83インタビューだった。このうち、男性は62(総数106)、女性は21(総数60)である(図1)[12]。

---

[10] 放送事例としては「おれ・オレ・俺」「ぼく・ボク・僕」という各3種類の表記があった。本稿で翻訳テロップの事例として紹介するときには、放送で使われたのと同じ表記で引用し、それ以外では「おれ」「ぼく」と表記する。
[11] ただし、「です」「ます」については役割語的機能の有無を判別できないものがあるため、役割語訳が出現したテロップの数としては数えていない。
[12] NHKのみのデータでは、役割語が出現した翻訳テロップは25インタビュー(総数58)で、男性は18(総数35)、女性は7(総数23)だった。

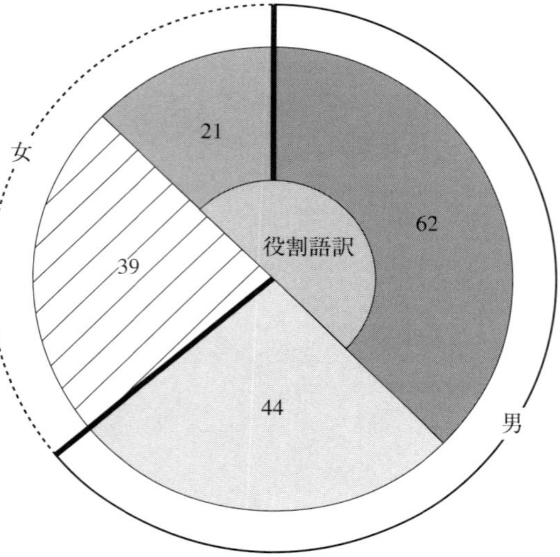

図1：NHK・民放での外国人選手インタビュー（総数166）
の内訳

　また、これらに関連し、NHK報道局スポーツ部のディレクターへのアンケートで、翻訳テロップをつくるとき「～さ」「～だわ」「～（なの）よ」などを使うかどうかを質問したところ、回答者24人のうち半数以上の15人が「よく使っている」「ときどき使っている」と答えている[13]。

　本来なら1字でも少なくしたい翻訳テロップにおいて、文末に「さ」「よ」「わ」などを添えて文字数が増える役割語訳は、異質・特別なものだといえる。そこには、制作者が翻訳テロップを作成するときに意識するかしないかにかかわらず、なんらかの機能が付加されていると考えてよい。そしてまた、その機能は、金水（2003）で提示されているとおり、日本語母語話者として日本で暮らしているだけで身につき、共有しているものであるはずだ。

---

[13] 質問文はp.125の問Ⅸを参照。回答内容は次のとおり。
　①よく使っている。……………………………………… 2人(8%)
　②ときどき使っている。 ……………………………… 13人(54%)
　③使わないようにしている。 ………………………… 4人(17%)
　④意識したことがないが、使ったことはあると思う。… 5人(21%)
　⑤意識したことがないし、使ったこともない。………… 0人(0%)

第**6**章　ウサイン・ボルトの"I"は、なぜ「オレ」と訳されるのか

## 3.2　「役割語」が出るパターン

　今回の収集データを分析していくと、翻訳テロップに役割語が出現する人物像には、いくつかのパターンがあることがわかった。

1）　スーパースター(男性)[14]
2）　"女王"
3）　ライバル対決
4）　濃いキャラクター性
5）　競技者としての"弱者"

　これらに出てきた翻訳テロップの役割語を見た場合、その多くは、形としては、男女の違いを認識できる「男性役割語」と「女性役割語」である。しかし、それらの機能を考えたとき、その役割語には、単に話者が男性であるか女性であるかを示すことにとどまらず、その人物像やキャラクター性と結びついたなんらかの機能が付加されていることがわかる。以下、上記の5つのパターンについて、それらの「男性役割語」「女性役割語」に、"男性話者・女性話者を示す"という機能以外のどんな機能が付加されているのかを中心に見ていく。なお、本稿であげる翻訳テロップは、すべてNHKの放送に出たものである。

## 4　スーパースターの役割語「オレはスーパースターさ　強いんだ」

　日本語の話しことばには、男女の違い(性差)があるとされてきた。ただし実際には、その違いは近代以降小さくなっているし、現代の男女の実際の会話を分析した研究からは、話しことばの男女差は計量的に見るとほとんどなくなっていることがわかっている。それなのに、なぜ、私たちは男性と女性の話しことばの違いをそのスタイルから認識することができるのだろうか。ここに、マンガを代表とするフィクションの世界で大きな役割を果たしている「男性役割語」と「女性役割語」の存在がある[15]（金水 2007）。そして、この「男性役割

---

[14]「スーパースター」といった場合、通常は男女の区別はなく称せられることばであるが、スポーツ放送では多くの場合男性選手に対して使う呼称であることから、本稿でも男性の選手について限定して使うことにする。
[15] 日本語の実際の話しことばの中に表れる男女によることばの違いでなく、フィクションの

語」「女性役割語」はテレビのスポーツ放送でも多用されている。

中でも男性役割語を数多く使用しているのがスーパースターの翻訳テロップである。

### 4.1　男性役割語が多用される〈スーパースター語〉

オリンピックには、しばしば全世界が注目するスーパースターが現れる。過去には、4大会続けて出場し計9つの金メダルをとったカール・ルイス選手や、ソウル大会で5つの金メダル（3大会で計8つの金メダル）をとった競泳のマット・ビオンディ選手などがあげられる。

北京オリンピックにおけるスーパースターといえば、陸上男子100メートル・200メートル・400メートルリレーですべて世界新記録を出して金メダルをとり、新たな"世界最速の男"となったウサイン・ボルト選手（ジャマイカ・イラスト1・3）と、水泳で史上初の8冠を達成したマイケル・フェルプス選手（アメリカ・イラスト4）だろう。

イラスト3：ボルト選手

テレビの翻訳テロップの場合、前述したように物理的・時間的制約があることから、簡潔に、いかに文字数を少なく表現できるかが優先されるため、話者の性差はつかない表現となることが多い。その中で、スーパースターの翻訳テ

---

作品などの中で"ヴァーチャル日本語"として表れる「役割語としての男性語・女性語」を「男性役割語」「女性役割語」として区別する。

ロップには、数多くの男性役割語が使われ、〈スーパースター語〉ともいえる役割語を形成している。

## 4.2 〈スーパースター語〉の文末表現

ボルト選手は、その名前と豪快な走りから"サンダーボルト(稲妻)"という愛称をもち、その驚異的な記録だけでなく、レース前にとる何かを射ぬくかのような独特のポーズも注目された。イラスト3は、そのポーズの意味を問われた質問に対する答えである。文末は「〜さ」と訳されている。

「さ」は、「ぜ」「ぞ」「よ」「わ」「な(あ)」「ね(え)」などと同様、文末に用いられる終助詞である。これらのうち、「さ」「ぜ」「ぞ」は、主に男性専用のものとされている。

ボルト選手の翻訳テロップには、このような男性特有の表現が数多く使われている。表1は、NHKで放送されたボルト選手の翻訳テロップの全データ(9インタビュー・25文)である。そのうち、役割語訳が出現したのは11文であった。表1の翻訳テロップ表記欄の文字のうち、本稿で「テレビのスポーツ放送における役割語」と定義したものを太字イタリックで表示し、さらに男性役割語であるものを□で囲った。これを見ると、ボルト選手の役割語はすべてが男性役割語であり、文末には「さ」「だよ」「んだ」[16]という男性語表現が使われていることがわかる。

---

[16]「んだ(のだ)」は、通常「説明」のモダリティとされ、男性専用語とはされていないが、以下の2点から、テレビのスポーツ放送における役割語としては、男性役割語に含めることとする。
　①金水(2003)で下記のように指摘されていること。
　　男性的表現「これ、昨日買ってきた<u>んだ</u>。」
　　女性的表現「これ、昨日買ってきた<u>の</u>。」
　②今回収集したNHK・民放の翻訳テロップの全データにおいて男性にしか使われておらず、翻訳テロップに限定した場合、女性に使うのは不自然だと考えられること。

表1：ウサイン・ボルト選手の全翻訳テロップ(NHK)

| 番号 | 翻訳テロップ表記 | 場面 | 放送日 |
|---|---|---|---|
| 1 | 世界記録に満足してはいない<br>目標はオリンピックの金メダルだ | | 8.8.金 |
| 2 | 世界記録も大切だが<br>最も重要なのは五輪の金メダルだ | | 8.15.金 |
| 2 | 世界最速の男であり続けたいし<br>五輪のチャンピオンになりたい | | 8.15.金 |
| 3 | 僕はすでに世界記録を持っているから<br>記録より世界一だと証明できてうれしい | ○ | 8.17.日 |
| 4 | 世界記録の更新よりも自分が<br>世界一だと証明できたことが大事だ | ○ | 8.17.日 |
| 5 | 記録より世界一が証明できてうれしい | ○ | 8.18.月 |
| 6 | ここのトラックはスピードが出やすい<br>(世界記録は)自分のやる気しだいだ | ○ | 8.20.水 |
| 7 | オレがナンバー1だ！<br>オレがナンバー1だ！<br>200mが最も好きな種目だから格別だよ | ○ | 8.21.木 |
| 7 | チャンピオンになることだけを考えてきた<br>世界記録も達成できて最高 | ○ | 8.21.木 |
| 8 | 世界に向けてという意味<br>だから世界に向けて指をさすのさ！ | ※ | 8.21.木 |
| 8 | そうさ でも今は眠りたいだけ<br>起きて22歳になって喜びたい | ○ | 8.21.木 |
| 9 | 世界記録かどうかは<br>どうでもいいことさ | ※ | 8.25.月 |
| 9 | オリンピックチャンピオンに<br>なることが大事なんだ | ※ | 8.25.月 |
| 9 | ラスト20mで時計を見て<br>世界新記録が出るかもと思ったんだ | ○ | 8.25.月 |
| 9 | だから持てる力をすべて出して<br>ゴールラインまで走った | ○ | 8.25.月 |
| 9 | オレがNO.1　オレがNO.1 | ○ | 8.25.月 |

注)①太字イタリックが「役割語」。そのうち、男性語表現を□で囲んだ。
　②「場面」欄の「○」印は、レース直後のインタビュー。(p.117以降で詳述。)
　③「場面」欄の「※」印がある、「8」の一部、および「9」は、元のインタビュー音声に他の映像を重ねてあったため、場面の特定はできなかった。

　フェルプス選手の翻訳インタビュー(表2)では、文末に役割語訳が出現した9文のうち、4文で「だよ」「んだ」という男性語表現が使われている。

第6章 ウサイン・ボルトの"I"は、なぜ「オレ」と訳されるのか

イラスト４：フェルプス選手

表２：マイケル・フェルプス選手の全翻訳テロップ(NHK)

| 番号 | 翻訳テロップ表記 | 場面 | 放送日 |
|---|---|---|---|
| 1 | 僕には強い競争心があります<br>できるだけ長くトップにいたい<br>世界最強と言われていたいです | | 8.8. 金 |
| 2 | ママを探してるけど見つからないんだ<br>とにかく興奮している<br>最初の金メダルを取れて最高にハッピーだよ | ○ | 8.11. 金 |
| 3 | できるだけ長くトップにいたいし<br>世界最強と言われたい | | 8.11. 金 |
| 4 | ここまでは思いどおりの泳ぎができている<br>(8冠までは)まだ半分以上ある<br>大事なのはこれからのレースだ | | 8.13. 水 |
| 5 | チャレンジするのが好きです<br>わくわくしています | | 8.14. 木 |
| 5 | パスタやピザなど炭水化物を<br>よく食べよく寝ることです | | 8.14. 木 |
| 5 | 最高の選手たちが競うのが五輪だ<br>そのなかで史上最多の金メダルを<br>獲得でき感無量だ | ○ | 8.14. 木 |
| 6 | かなりヒヤヒヤしたよ<br>でも勝ったことに間違いないし<br>7つ目の金メダルをとれてうれしいよ | ○ | 8.17. 日 |

105

| 7 | リレーの仲間を誇りに思う*よ*<br>彼らのおかげで達成できた記録な*んだ* | ○ | 8.24. 日 |
|---|---|---|---|
| 8 | 彼は偉大だが*僕*は第 2 のスピッツではなく<br>フェルプスとして先駆者を目指している | | 8.25. 月 |
| | 誰もなし得なかったことに<br>挑戦している*んだ* | | |
| | なんて言ったらいいのか<br>言葉が見つからない*よ* | ○ | |
| | すべての瞬間がすばらしい経験だった<br>一生忘れることはできない*よ* | | |

注)①太字イタリックが「役割語」。そのうち、男性語表現を□で囲んだ。
②「場面」欄の「○」印は、レース直後のインタビュー。(p.117 以降で詳述。)

## 4.3 〈スーパースター語〉の 1 人称代名詞

　次に、1 人称代名詞を見てみる。ボルト選手もフェルプス選手も、1 人称代名詞として出てきているのは、男性専用の「オレ」か「僕」かのどちらかであり、男女どちらにも使われる「私・わたし」と訳されているものはない。ちなみに、男性の選手でも「私」と訳される例はある。例えば、(3)であげた中国男子体操チームのエース・楊威選手のインタビューでは「私たち」と訳されているし、劉翔選手(中国・陸上男子 110 メートル障害)のインタビューでも、(4)のように「私」と訳されている。

　　(4)　実力にはほとんど差はありません
　　　　 <u>私</u>は本番で力を出せると信じています

　スーパースターの翻訳テロップで、文末表現と 1 人称代名詞に男性役割語が使われる例は、過去に NHK が放送したオリンピック総集編でも見られる。例えば、ソウル大会(1988 年)の水泳で 7 つのメダル(金メダルは 5 つ)をとったマット・ビオンディ選手と、シドニー大会(2000 年)の陸上男子 100 メートル・400 メートルリレーでともに金メダルをとったモーリス・グリーン選手のインタビューはそれぞれ(5)(6)のように訳された。

　　(5)　強敵が 4 人もいるしね
　　　　 でも<u>オレ</u>はやるよ！

（6）　この日のために練習してきた<u>さ</u>
　　　今は本当に最高の気分<u>だよ</u>

　では、スーパースターに使われる男性役割語の機能はなんだろうか。役割語は、そのことばを使えばその話者がどんな人物像であるかをひと目で判断することができる"記号"であるともいえる。男性役割語は、後述するように、スーパースターだけでなく、ライバル対決の場面や濃いキャラクター性をもつ選手にも使われている。それぞれ、話者が男性であることを示すだけにとどまらない別の"記号"が付加され視聴者に提示されている。

### 4.4　男性性の強調＝「強さ」の記号
　世界中の人々がその活躍に注目する中で、みごとに偉業を成し遂げるのが、オリンピックのスーパースターである。彼らの評判や実績は、オリンピックの大会が始まる前から、または始まると同時にさまざまなメディアによって流され、人々の期待や注目度はどんどん高まっていく。その実力はそれまでの大会などですでに実証済みであるわけだから、人々が抱く人物像としては、その大会で金メダルをとる前から、"実力があり、偉業を成し遂げることが期待される選手"ということになる。つまり、スーパースターは、大会に出てきた時点で、その「強さ」が周知のものとなっている。
　スポーツにおける「強さ」は、「男らしさ」と強く結びついている（熊安2002）。その意味では、世界中から強い選手が集まるオリンピックの大会で「スーパースター」と言われる男性選手は、いわば世界でもっとも「男らしい」男性ともいえる存在である。だからこそ、彼らの発言には、男性性を強調することができる男性役割語が多用されて翻訳されることになる。
　このように見てくると、〈スーパースター語〉で用いられている男性役割語には、単に男性であるという記号にとどまらず、「男らしさ」＝「強さ」という記号が付加されていることがわかる。

### 4.5　ボルト選手の"I"はなぜ「オレ」と訳されるか
　最後に、ボルト選手とフェルプス選手の違いを見てみる。表3は、ボルト選手とフェルプス選手の1人称代名詞の訳に、「私」「ぼく」「おれ」がそれぞ

れ何回出たかをまとめたものである。このうち「ぼく」「おれ」に注目してほしい。NHK・民放の翻訳テロップすべての中で、ボルト選手では「ぼく」と「おれ」との両方が出てきているのに対し、フェルプス選手では「おれ」と訳されたものはなく、すべてが「ぼく」であった。ともにスーパースターではある2人であるが、ここに、ボルト選手とフェルプス選手のキャラクターの違いが表れている。

表3：1人称代名詞の使用回数比較(NHK・民放)

|   | ボルト選手 | フェルプス選手 |
|---|---|---|
| 私 | 3[17] | 0 |
| ぼく | 5 | 5 |
| おれ | 6 | 0 |

ボルト選手は、前述したとおり、レース前の独特のポーズや、100メートル決勝で両手を広げ胸をたたいてゴールする姿など、その自信にあふれたパフォーマンスにも注目が集まった。そしてその様子は、金メダルを獲得し世界記録を塗り替えたレース内容とともに常に報じられた。この点で彼は、強い個性をもった"キャラクター性の濃いスーパースター"だと言える。一方、フェルプス選手は、8冠達成という前人未到の記録そのものが注目されていたと言える。レース内容や金メダルの数とともに報じられていたのは、彼が記録を達成するのに有利な肉体的特徴をもっていることや、努力を惜しまず厳しいトレーニングを続けてきたことなど、競技と記録に直接関係のある要素だった。こうしたことから、フェルプス選手は、"記録そのものが注目されたスーパースター"であった。

第7節で詳述するが、キャラクター性の濃い人物には、やはり役割語が出現する。テレビのスポーツ放送における役割語として、男性専用の1人称代名詞である「ぼく」と「おれ」の違いを考えた場合、そこにより濃いキャラクター性を加えたいときには、「おれ」が選ばれることになる。

また、2人の違いは、キャラクター性だけでなく、競技の違いにも影響されているかもしれない。陸上男子100メートルの世界記録保持者はしばしば

---

[17] ボルト選手に「私」という訳が出てきているが、すべて、ホテルの1室でソファーに座り落ち着いた雰囲気で行ったインタビューであるという点で、「場面」の違いによるものだと考えられる(第8節で詳述)。

「世界最速の男」と称され、オリンピックの各大会で今度は誰がその座につくのかに関心が集まり、大きく報道される。そのネーミングには、p.107で指摘したように「男らしさをスピードの世界において極めた、"もっとも男らしい男"」といったニュアンスがただよう。そのため、その選手を特別な存在として表現するために、力強さ・男らしさ・男くささがより強く表れる「おれ」ということばが選ばれるのだろう。

## 4.6　「ぼく」と「おれ」の人物像

「ぼく」と「おれ」については、金水（2003, 2007）で、少年マンガに登場する主人公が使う1人称代名詞をあげ、その人物像との結びつきを指摘している。内容は、おおむね次のようなものである。

> 戦後しばらくまでの少年マンガの主人公は知恵・勇気・正義感にあふれた理想主義的な人物（＝「賢い」ヒーロー像）として描かれ、彼らは1人称代名詞として「ぼく」を使用していた。しかしその後、主人公の人物像が変わり、野性的で強い身体能力を備えた男子（＝「強い」ヒーロー像）が登場するようになった。代表的なのが、『巨人の星』の星飛雄馬や『あしたのジョー』の矢吹ジョーであるが、彼らは「おれ」という1人称代名詞を使う。
> 　　　　　　　　　　　　　　　　　　　　　（金水 2003, 2007）

ここで指摘されている、少年マンガにおける「理想を追い求める賢いヒーロー像」＝「ぼく」、「強く野性的なヒーロー像」＝「おれ」という構図は、そのまま、スポーツ放送における「フェルプス選手の人物像」＝「ぼく」、「ボルト選手の人物像」＝「おれ」に当てはまっている。要するに私たち日本語話者は、「ぼく」「おれ」という1人称代名詞を、その人物像とともに共有している。だからこそ、前人未到の記録を達成した2人のスーパースターの発した"I"という1人称代名詞が、1人は「ぼく」、もう1人は「おれ」という日本語に訳し分けられても、訳語に疑問をもつことなく、その人物像と結びつける作業を頭の中で自動的に行い、受け入れることができるのである。

## 5　"女王"の役割語「負ける気がしない**わ**」
### 5.1　女性役割語が多用される〈女王語〉

　男性役割語が数多く表れる〈スーパースター語〉に対し、女性役割語が使われやすいのが、"○○の女王"などと呼ばれる女性選手のインタビューである。NHKの北京オリンピック放送では、ロシアのエレーナ・イシンバエワ選手（イラスト2・5）に対し、「棒高跳びの女王」「夜空に舞うフィールドの女王」と紹介されていた。

イラスト5：イシンバエワ選手

　表4は、NHKで放送された、イシンバエワ選手のすべての翻訳テロップである。いずれの文にも「わ」「の」という、女性専用の終助詞を付けて訳されている。

表4：エレーナ・イシンバエワ選手の全翻訳テロップ（NHK）

| 番号 | 翻訳テロップ表記 | 場面 | 放送日 |
|---|---|---|---|
| 1 | 記録を出す秘訣なんてない**わ** | ○ | 8.24.日 |
|  | スタジアム中が世界新を期待していることを感じた**の** |  |  |
|  | 私にはそれで十分だった**わ** |  |  |
| 2 | みんな愛している**わ** | ○ | 8.25.月 |

注）①太字イタリックが「役割語」。そのうち、女性語表現を□で囲んだ。
　　②「場面」欄の「○」印は、競技直後のインタビュー。（p.117以降で詳述。）

　NHKが放送した過去のオリンピック総集編をさかのぼって調べてみると、

番組の中で"女王"と呼ばれていた選手は2人いる。1人はロサンゼルス大会（1984年）の女子体操で金メダルをとった当時16歳のメアリー・ルー・レットン選手。もう1人は、ソウル大会（1988年）の陸上女子100メートル・200メートル・400メートルリレーで金メダルをとり、その華麗なファッションでも話題になったフローレンス・ジョイナー選手である。2人のインタビューも、それぞれ次のように女性役割語が使用されて訳された。

(7)　大学に入ったら
　　　好き勝手する<u>わ</u>
(8)　いいスタートがきれた<u>わ</u>
　　　誰もついて来ないん<u>ですもの</u>

　NHKのオリンピック放送で見るかぎり、"女王"には、ほかの女性選手にくらべると女性役割語の使われ方が明らかに高い。"女王"の呼称そのものが、女性役割語を使わせることに結びつきやすいと考えられるが、ここには、単に"女性的な表現"を使って話者が女性であることを示すことにとどまらない、別の記号が付加されている。

## 5.2　頂点に立つ"女王"の「強さ」の記号
　一般に、断定・命令・主張・説得を含む表現は男性的であり、一方の女性は断定・命令・押しつけを避けた表現をするとされている。中でも終助詞「わ（上昇イントネーションのもの）」は、①詠嘆、②断定を和らげて言い放つ、といった機能をもつ代表的な女性語とされてきた。しかし、実際には、現代の日常生活の話しことばで「わ」を使用する女性は少なくなり、尾崎（1997）では、「衰退に向かっているものと思われる」としている。また、ドラマや小説などで使用される「わ」は、断定を和らげる働きをするものではなく、むしろ主張度の強い場面や強気な態度・相手を見下した態度を表す場合に用いられているということも指摘されている（水本・福盛2007、山路2006）。そのうえで、イシンバエワ選手の翻訳テロップに表れた「わ」をはじめ、"女王"たちの女性役割語をあらためて見てみる。
　まず、イシンバエワ選手のインタビュー（表4）は、場面としてはいずれも、

イシンバエワ選手自身がもっていた世界記録を1センチ上回る5メートル5センチを跳び、新たに世界記録を更新した後での発言である。世界記録を更新して金メダルをとるという、興奮した場面での発話であるから、そこには「詠嘆」の機能があることはまちがいない。しかし、それだけだろうか。それに加え、"女王"という頂点に立ったからこそ表れる自信や誇りがこめられた発話だと受け取れないだろうか。

次に、ジョイナー選手の翻訳テロップ(8)を見てみると、他を寄せつけない強さで頂点に立ち、そこから下を見てものを言っているような余裕すら感じられる。

このように見ると、〈女王語〉に使われる女性役割語は、従来言われてきた「和らげ」によって「女らしさ」を表す機能として使われているのではなく、水本・福盛・山路の指摘しているような、その女性の「強さ」を表す記号として使われていることがわかる。それを使うことで彼女が他のすべての選手に勝って"頂点に立った女性"（＝女王）となったことを際立たせる機能があるからこそ、"女王"のインタビューには女性役割語が多用されるのである。

## 6　ライバル対決に表れる男性役割語の「攻撃性」

スーパースターと同様、男性役割語が使われるものとして、男性選手の「ライバル対決」がある。

イラスト6：ダーレオーエン選手

第**6**章　ウサイン・ボルトの"I"は、なぜ「オレ」と訳されるのか

　イラスト6は、水泳・男子100メートル平泳ぎで、北島康介選手を追い詰めるライバルとして急浮上したダーレオーエン選手(ノルウェー)のインタビューである。「オレ」「んだ」「ぜ」という男性役割語が登場している。ほかにも、柔道男子100キロ超級で、石井慧選手の最大のライバルとされたリネール選手(フランス)には、次のような翻訳テロップがあった。

　(9)　<u>おれ</u>は日本の選手を倒す
　　　　マシーンになる<u>んだ</u>

　ライバル選手の翻訳テロップには男性役割語が使われているが、ここに表れる記号としては、〈スーパースター語〉で表れた「強さ」という記号のほかに、相手を倒そうとする人物像として「攻撃性」も付加されていると考えられる。特に注目したいのはダーレオーエン選手の「ぜ」である。「ぜ」の機能は、「ぞんざいに注意を促したり念を押したりする」、「一方的に聞き手に伝える」などと説明される。ダーレオーエン選手は、北島選手が狙う2大会連続金メダルを阻むおそれのある選手として、大会が始まってから急浮上してきた選手である。その人物像は、「ぞんざいに」「一方的に」発言する、攻撃性をもつキャラクターとして色づけられたといえる[18]。

　日本のオリンピック報道は、しばしば自国選手の勝ち負けに偏りすぎだとも指摘されるが(渡辺1996)、ここでもやはり、いわば「わが国のヒーロー」である日本人選手を倒そうとして挑んでくる外国人ライバル選手には、その「攻撃性」を強調する記号としての男性役割語が使われ、攻撃的で脅威であるというキャラクター性を高めているという事実がある。

## 7　"濃いキャラクター性"を際立たせるための役割語
### 役割語で"親しみキャラ"を表現

　イラスト7は、中米・トリニダードトバゴのデクスター・セントルイス選

---

[18] 中村(2007)では、「『行くぜ！』『行くぞ！』という言い回しは、典型的には、スポーツやけんか、戦争の場面に多く見られ」、このような「『男ことば』は、スポーツ、けんか、戦争に付随する、〈すがすがしさ〉〈肉体派〉〈単純〉〈不良性〉〈暴力性〉〈攻撃性〉などに特徴づけられた〈男性性〉を表現する場合にのみ用いられる言語資源」だとしている。

手(40歳)である。北京オリンピックに出場した選手30人中25人が陸上競技にエントリーしたトリニダードトバゴで、ただ1人、男子卓球に出場した選手として紹介された。レゲエ風の髪という容姿と、明るく陽気な性格でオリンピックを楽しもうとしている姿勢は、競技での勝敗や活躍を取り上げることが多いオリンピック放送の中では、濃いキャラクター性をもつユニークな存在である。

イラスト7：セントルイス選手

　表5からは、セントルイス選手の翻訳テロップのすべての文に役割語が登場していることがわかる。「よ」「だろ」「んだ」「ね」など、文末に複数の役割語を使うことで、セントルイス選手は、インタビュアーの質問に気さくに答えてくれる、親しみやすく人なつこいキャラクターであるということを印象づけている。

表5：デクスター・セントルイス選手の全翻訳テロップ（NHK）

| 番号 | 翻訳テロップ表記 | 放送日 |
|---|---|---|
| 1 | **オレ**だって子どものころは陸上をやっていた**よ**<br>でも**オレ**の国は陸上が強い**だろ**<br>速い選手はたくさんいる**んだ**<br>だから卓球を始めた**んだ**<br>選手としてはだめだった**ね**<br>でもオリンピックの雰囲気は楽しめた**よ**<br>卓球をやっていると世界の各地に<br>行けるしいろいろな人と会える**だろ**<br>それが楽しい**んだ** | 8.20.水 |

注）①太字イタリックが「役割語」。そのうち、男性語表現を□で囲んだ。

　また、1人称代名詞には、ボルト選手やダーレオーエン選手にも使われていた「オレ」が選ばれているが、これは男性性や男らしさを付加した「オレ」ではない。公の場で使われることもある「私」「ぼく」に対し、親しい間柄で使う1人称代名詞の「オレ」である。

　この翻訳テロップ作成を担当したディレクターによると、セントルイス選手については、実際に彼を取材した記者や通訳者から「ウイットに富みユーモアのある人である」という情報を得て、そのうえで翻訳テロップのことばづかいを決めていったと言う。文末の役割語と「オレ」という1人称代名詞が「親しみ」という記号となり、セントルイス選手の親しみやすいキャラクター性を際立たせている。

## 8　「です・ます体」の役割語的機能

　最後に、テレビの翻訳テロップという特殊な領域では、「です・ます体」そのものが役割語的機能をもっていることを指摘したい。

　「だ体」が多いスポーツ放送の翻訳テロップの中で、あえて「です・ます体」を選択して訳されているということは、なんらかの機能が付加されていると考えてよい。北京オリンピック放送における今回のデータからは、スポーツ競技者としては恵まれた立場にない選手（競技者としての"弱者"）に使われる役割語的機能が見えてくる。

## "思い""訴え"に似合う「です・ます体」

　世界中のさまざまな国・地域から選手が出場するオリンピック。その大会の様子を伝えるオリンピック放送には、選手の競技における活躍だけでなく、選手の大会出場までの軌跡や、代表選手を応援する国の状況などを紹介する報道もある。こうした報道においては多くの場合、選手の、スポーツ競技者としては恵まれない環境で練習してきた背景や社会事情、直面した困難や苦難を克服しようと努力してきた姿などが描かれる。そして、インタビューでは、主に彼らの"思い"が語られることになるのだが、「です・ます体」で訳されることが多い。

　　（10）　障害があっても
　　　　　努力をすれば夢は実現するの<u>です</u>
　　（11）　将来ツバルの子どもたちをオリンピックに
　　　　　出場させることが私の夢<u>です</u>

　（10）は、オープンウォータースイミング（女子）という水泳競技に出場したナタリー・ドゥトワ選手（南アフリカ）のインタビューである。ドゥトワ選手は、アテネオリンピックを目指していた2001年に交通事故で左足を失ったが、その後も水泳を続けて北京オリンピック出場を果たし、"片足のスイマー"として注目された。（11）はアセナテ・マノア選手（ツバル）のインタビューであるが、地球温暖化により国が水没するおそれがあるツバルは、国民に希望を与えたいと、オリンピック初参加を決めて3選手が出場した。マノア選手は、そのうち唯一の女性選手で16歳、陸上女子100メートルに出場した。マノア選手を紹介する報道では、島の人たちの期待を背負うとともに、オリンピックに出場することで島の人たちを元気づけたいと力いっぱい走る姿を伝えている。

　このように、困難・苦難をその背景にもっている選手が"思い"を語り、"訴え"ともいえることばを発するとき、その翻訳には「です・ます体」が使われる[19]。ていねいなことばづかいをさせることで、その困難に向き合い一生懸命

---

[19] ほかに、戦争による混乱が続くイラクから出場したダナ・フセイン選手（女性）では、6文すべての文末が「です・ます体」で訳されていたし、内戦状態だったスーダンから難民としてケニアに逃れ、その後、アメリカに移住してオリンピック選手となったロペス・ロモン選

に努力してきた様子を視聴者に想像させることができるからだろう。

さらに、最初にあげたドゥトワ選手とマノア選手には、「です・ます体」のほかに、それぞれ、(12)(13)のように「わ」「よ」という女性役割語訳もあらわれている。

(12) 次のロンドンオリンピックにも
　　 出場したい<u>わ</u>
(13) これはツバルの貝殻で出来た
　　 ネックレス<u>よ</u>

ドゥトワ選手のオリンピックでの結果は16位。その競技終了直後のインタビューで、次のロンドンオリンピックへの出場について語ったことばが、「出場したいわ」と女性役割語で翻訳された。ここに出てきた女性役割語の機能は、〈女王語〉で出てきた女性役割語がもつ「強さ」とは明らかに違う。むしろ、その対極に位置する「弱さ」を付加し、彼女たちが競技者として恵まれた状況になかったことを際立たせる機能を果たしているといえるだろう。これは、「男らしさ」＝「強さ」、「女らしさ」＝「弱さ」という、従来の「男性語」「女性語」の枠組みでとらえられた「女性役割語」の機能の一面といえる。

そして、「〜わ」「(名詞＋)よ」という「弱さ」を付加する女性役割語と、「です・ます」体のていねいなことばづかいとの両方が、ある話者に使われるとき、その「弱さ」は相乗的に強調され、競技者としての"弱者"であることがより際立つ。彼女たちのインタビューが"弱者の思い""弱者の訴え"である、ということを視聴者にわからせる記号としての役割を果たしているのである。

## 9　テレビメディアにおける「場面」の重要性
### ―実例と制作者意識調査から―

これまで、北京オリンピック放送の外国人選手インタビューについて、どんな人物にどんな役割語が使われ、どんな機能が付加されていたのかを見てきた。

---

手(男性)でも「です・ます体」が使われていた。

ここでは、役割語訳が出てくる「場面」について見ていきたい。テレビというメディアにおける「役割語」を考える場合、その発言が記者会見でのものなのか、競技終了直後のものなのかといった「場面」の違いに注目すると、新たな側面が見えてくる。

### "興奮""感情の高ぶり"を伝える役割語の機能

外国人スポーツ選手のインタビューが「〜さ」「〜（だ）ぜ」「〜（だ）わ」などという、日本人が日常的な話しことばやインタビューではあまり使わないことばづかいで翻訳される例が目立つ点については、これまでも新聞における外国人談話の翻訳を対象にした、谷部（1996）・中村（2007）などの研究がある。これらは、「役割語」ということばは使っていないが、やはり、日本語における男性専用語・女性専用語について分析していて、日本人の男性・女性の話しことばについてのステレオタイプと結びついていることを指摘している。

実は、筆者は、テレビのスポーツ放送についても、このようなステレオタイプに大きく影響されて役割語を使っているからこそ目立つのに違いないという仮説をもったうえで、今回の研究を始めた。しかし、実際に分析・調査を始めると、もちろんその側面はあるものの、新聞というメディアとは大きく異なる面があることに気づいた。それが、「場面」である。そこには、映像と音声を伴ったテレビというメディアならではの特性がある。

例えば、「だよ・んだ」「〜さ」などの男性役割語を多用するウサイン・ボルト選手やマイケル・フェルプス選手のインタビューが、どんなときにも〈スーパースター語〉で翻訳されるかというと、そうではない。ここで、もう一度、ボルト選手とフェルプス選手のすべての翻訳テロップをまとめた表1、表2（pp.104-106）を見て「場面」という欄に注目してほしい。「○」印が付いているのは、レース直後のインタビューであることを示している。これを見ると、2選手の翻訳テロップの多くは、彼らがレースを終えた直後、つまり、優勝を決めた直後のインタビューであることがわかる。また、女性役割語を多用する〈女王語〉のイシンバエワ選手については、すべてが競技終了直後のものである（表4（p.110））。つまり、テレビのスポーツ放送において紹介される、外国人スポーツ選手のインタビューは、競技が終わって勝負がついた直後、興奮がさめやらない状態の勝者に対してマイクを向けて聞いたものが圧倒的に多いの

である。

　勝利を決めたとき、選手はその喜びに心躍らせた状態でインタビューに答える。その口調は多くの場合、興奮していて早口である。テレビのニュースや番組をつくる制作者としては、映像と音声から伝わってくる興奮した口調と無関係に、翻訳テロップのことばを考えることはあり得ない。しかも、翻訳テロップは限られた文字数・時間でしか表示できないため、簡潔な表現が求められる。その中で、選手自身が感動し興奮した口調で語るインタビューの雰囲気を、文字として伝えるのに便利な"記号"が、「さ」「ね」「よ」「わ」などの終助詞なのである。その意味では、これらの終助詞は「！」という感嘆符と同じ役割を果たしているとも言える[20]。

イラスト8：フェルプス選手

　例えば、イラスト8はフェルプス選手が史上初の8冠を達成した直後のインタビューであるが、これを、終助詞「よ」が付かないものと比べてみる。

（14）　すべての瞬間がすばらしい経験だった
　　　　一生忘れることはできない<u>よ</u>
（14）'　すべての瞬間がすばらしい経験だった
　　　　一生忘れることはできない＿

---

[20] この「場面」の重要性について気づいたのは、実際に北京オリンピックの翻訳テロップをつくったディレクターやプロデューサーたちへの聞き取り調査によるところが大きい。実際、「終助詞は、感嘆符『！』の役割を果たしているのではないか」という点を指摘したのは、北京オリンピックの放送を担当した、あるプロデューサーである。

このときのインタビューでは、フェルプス選手は感動と喜びでことばを詰まらせながら語っていた。その映像と音声に合うように、少ない文字数で加えられる"記号"として付けられたのが、「よ」という終助詞である。(14)'は(14)に比べ、臨場感が欠けているように感じられるだろう。つまり、スポーツ放送の翻訳テロップに出てくる男性役割語・女性役割語の文末表現の中には、本稿で指摘してきたいくつかの機能のほかに、選手の"感動""興奮""喜び"など"感情の高ぶり"を表す機能が付加されているものが多い、ということである。

　逆に言えば、感情の高ぶりと無関係な場面であれば、別のことばづかいが選ばれることになる。実際、フェルプス選手でも、表2-1や、表2-5の上2つのインタビュー(p.105)のように、記者会見などで着席して語ったものは「です・ます体」で翻訳されている。また、民放の事例であるが、「おれ」「〜さ」ということばが似合うという印象が強いボルト選手でも、ホテルの1室でソファーに座り落ち着いた雰囲気の中で行った長時間のインタビューでは、ほとんどが「です・ます体」で訳され、1人称代名詞も「私」が使われていた。

　この点については、NHK報道局スポーツ部のディレクターに行ったアンケートもそれを裏付けている。アンケートでは、次のような質問をし[21]、複数回答で答えてもらったうえで、優先順位の高いものからあげてもらった。

　　〔質問〕翻訳文字テロップをつくる際、日本語のことばづかいを決定するのに重視していることは何か。（複数回答可）
　　〔選択肢〕
　　①話者の原語でのことばづかい。
　　②話者のキャラクターや映像から伝わってくる雰囲気。
　　③企画意図。
　　④ことばづかいについて、意識したことはない。
　　⑤その他

回答のうち、もっとも優先順位として高かったのが、②「話者のキャラクターと映像の雰囲気」であり、次に③「企画意図」、①「原語のことばづかい」と続いた。

---

[21] 質問の全文はp.125の問XIを参照。

また、アンケートの自由記述欄には、下記のような記述もあった。

「(話者の)口調など参考にしながら映像の雰囲気を壊さないことを意識している」
「"現場の映像・音"と"テロップ"のギャップを埋めるためのフォーマットはないと思うが、話し方やキャラクターなどから、多少、ゆるやかな判断を認めても良いのではないか」
「映像の勢いも大事だが、ことさら『だぜ』『だぞ』のように強調して誘導するのは避けるようにしている。ただ、ダメといわれると表現の幅が大きく狭まるので困る」

これらのアンケート結果からは、テレビ制作者が翻訳テロップを制作する際には、目の前にある映像情報(音声も含む)を見ながら、そこに映し出された話者のキャラクター性も考慮に入れ、その映像の雰囲気にもっとも似合うことばづかいを探り出していることがわかる。

テレビのようなメディアにとって、そこに出てくる映像と音声はもっとも大きな力をもつ。仮に、そこに映し出される雰囲気とはまったくかけ離れたことばづかいの翻訳テロップをあてたとしたら、視聴者に違和感を与えることになってしまうからだ。

その意味では、取材したインタビュー談話をまとめるときに、メモした文字だけを見たり、レコーダーに録音した(映像を伴わない)音声だけを聞いたりしながら行う活字メディアの翻訳とは、違う側面が出てくるといえる。

## 10 おわりに―今後の課題―

今回の北京オリンピックでは、活躍を期待されていたのにそれを成し遂げられなかった選手がいた。中国の国民的英雄ともいわれ、国民の大きな期待を背負って陸上男子110メートル障害に出場したが、けがによりスタート直前に棄権した劉翔選手である。彼はアテネ大会で、世界タイ記録(当時)を出して金メダルをとり"スーパースター"となった。もし今回の北京オリンピックでも金メダルをとり、その喜びのインタビューがあったとしたら、そのテロップはどんなことばづかいで訳されていただろうか。「〜よ」「〜さ」が付いていただ

ろうか。同じ"スーパースター"でも、ボルト選手とフェルプス選手の文末表現や１人称代名詞に違いがあったように、もし劉翔選手が覇者となった場合には、上記２人とはまた違う役割語訳が登場したのではないかと想像できる。

　この研究を始めるにあたっては、役割語の使われ方には、人種によっても違いがあるのではないかと推測をしていたが、今回のデータからは、その違いを明確に打ち出すことはできなかった。この点については、今後の研究課題としたいが、放送現場のディレクターアンケートには、次のような記述があったことを紹介しておく。

> 「スポーツは他のニュースに比べ、テロップの自由度が高く、それゆえ、おもしろさを求められると感じている。その一方、黒人ならフランクなことば、白人ならていねいなことばなど、イメージ先行の訳が理由もなく検証もなくなんとなく流されている気がする」

　ここで指摘されたとおり、テレビの翻訳テロップにおける役割語の使い方については、これまで検証されたことがなかった。本稿では、テレビというメディアにおいては「場面」という要素が大きく影響していることまでは考察するに至ったものの、その使い方の是非や、言語的ステレオタイプに依拠している役割語が放送で繰り返し使われることによる影響については触れることができなかった。

　これらの残された課題については、役割語研究者・テレビ番組制作者等が参加して今月行う予定のワークショップで、初の議論を試みるが[22]、これをきっかけに、今後、制作現場も含め、広く議論し検証していく必要があるだろう。

### 付記

　本稿は『放送研究と調査』（2009年3月号、NHK放送文化研究所編）に初出掲載したものを、誤植などを修正し転載した。また、初出ではNHKで放送した画面を写真1〜8として提示したが、著作権上の理由により、ここではイラスト1〜8として提示した。

---

[22] NHK放送文化研究所「2009年春の研究発表」で2009年3月12日に開催した。

## 引用文献

尾崎喜光(1997)「女性専用の文末形式のいま」現代日本語研究会(編)『女性のことば・職場編』, pp.33-58, 東京：ひつじ書房.

上瀬由美子(2002)『ステレオタイプの社会心理学―偏見の解消に向けて―』, セレクション社会心理学21, 東京：サイエンス社.

金水敏(2000)「役割語探求の提案」佐藤喜代治(編)『国語史の新視点』国語論究8, pp.311-351, 東京：明治書院.

金水敏(2003)『〈もっと知りたい！日本語〉ヴァーチャル日本語 役割語の謎』, 東京：岩波書店.

金水敏(2007)「近代日本マンガの言語」金水敏(編)『役割語研究の地平』, pp.97-107 東京：くろしお出版.

金水敏(2008)「役割語と日本語史」『日本語史のインタフェース』シリーズ日本語史4, pp.205-236, 東京：岩波書店.

熊安貴美江(2002)「ジェンダーの維持, 再生産装置としての近代スポーツ」『アエラムック ジェンダーがわかる。』pp.86-88, 東京：朝日新聞社.

中村桃子(2007)『〈性〉と日本語　ことばがつくる女と男』東京：NHKブックス.

水本光美・福盛寿賀子(2007)「主張度の強い場面における女性文末詞使用―実際の会話とドラマとの比較―」『国際論集』5, pp.13-22, 北九州市立大学.

谷部弘子(1996)「新聞報道の外国人談話に見る男女差―文体と終助詞使用の関係を中心に―」『ことば』17, pp.58-72, 現代日本語研究会.

山路奈保子(2006)「小説における女性形終助詞「わ」の使用」『日本語とジェンダー』6, pp.20-29, 日本語ジェンダー学会.

渡辺久哲(1996)「アトランタオリンピック視聴者動向―ナショナリズムをあおるのではなくオリンピックの原点に立ち戻った放送を―」『新・調査情報』第2期第2号 通巻412号, 東京放送 編成考査局.

現代日本語研究会(編)(1997)『女性のことば・職場編』東京：ひつじ書房.

現代日本語研究会(編)(2002)『男性のことば・職場編』東京：ひつじ書房.

## 参考資料

「NHK報道局スポーツ部ディレクターへの「翻訳テロップ」のことばづかいに関するアンケート」

　それぞれの質問について, ご自分がスポーツのニュースや番組において, 翻訳テロップをつくるときの考え方にいちばん近いものに【○】をつけてください.

Ⅰ. 翻訳文字テロップをつくるときの文末表現についてうかがいます.「です・ます体」と「だ体」, どちらを使うほうが多いですか. またその理由はなんですか.

①「です・ます体」を使うことが多い。
　　　〈理由〉a．日本語で話すインタビューは「です・ます体」が多く、テロップもそれに合わせたほうがよいと思うから。
　　　　　　b．「です・ます体」のほうが、ていねいなことばづかいで、放送のことばに合っていると思うから。
　　　　　　c．その他
　　②「だ体」を使うことが多い。
　　　〈理由〉a．「だ体」のほうが、文字数が少なくて簡潔に表現できるから。
　　　　　　b．スポーツ選手のことばとして、「だ体」のほうが合うと思うから。
　　　　　　c．その他
　　③「です・ます体」と「だ体」、どちらが多いともいえない。

Ⅱ．ウサイン・ボルト選手(ジャマイカ)が、北京オリンピック・陸上男子200mで1位でゴールした後、人さし指を立て、興奮した様子でカメラに向かい「I am NO.1!」と言いました。テレビの放送で翻訳テロップを出す場合、あなたなら、どんな訳文にしますか。①～⑤、および㋐～㋕から、それぞれ1つずつ選んで【○】をつけてください。例：「わたしがナンバー1です」「オレがナンバー1だ」また、それはどんな理由からですか。

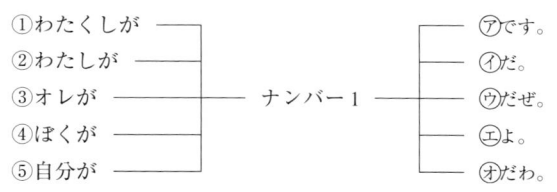

　　①わたくしが ――┐　　　　　　　　┌―― ㋐です。
　　②わたしが　 ――┤　　　　　　　　├―― ㋑だ。
　　③オレが　　 ――┼― ナンバー1 ―┼―― ㋒だぜ。
　　④ぼくが　　 ――┤　　　　　　　　├―― ㋓よ。
　　⑤自分が　　 ――┘　　　　　　　　└―― ㋔だわ。

Ⅲ．マイケル・フェルプス選手(競泳／アメリカ／男性)が、競技で優勝したときに、上記のボルト選手と同じように(人さし指を立て、興奮した様子でカメラに向かい)「I am NO.1!」と言ったとしたら、テレビ放送の翻訳テロップとして、あなたなら、どんな訳文にしますか。また、それはどんな理由からですか。(以下、問Ⅳ～問Ⅷは、それぞれの選手について、同じような場面で、それぞれの国のことばで「I am NO.1!」と同じ内容を言ったとしたら、どんな訳文にするかを質問。選択肢は問Ⅱと同じ)

Ⅳ．劉翔選手(中国／110mハードル／男性)

Ⅴ．デコス選手(フランス／柔道／女性)

Ⅵ．エレーナ・イシンバエワ選手(ロシア／陸上・棒高跳び／女性)

Ⅶ．郭晶晶選手(中国／飛び込み／女性)

Ⅷ．ナタリー・ドゥトワ選手(南アフリカ／オープンウォータースイミング／女性)

Ⅸ．翻訳文字テロップをつくるとき、「～だぜ」「～だぞ」「～さ」「～だわ」「～(な

第**6**章　ウサイン・ボルトの"I"は、なぜ「オレ」と訳されるのか

の）よ」「〜かしら」などのことばづかいについて、下記の選択肢のうち、ご自分にいちばん近いものに【○】をつけてください。

①よく使っている。
②ときどき使っている。
③使わないようにしている。
④意識したことがないが、使ったことはあると思う。
⑤意識したことがないし、使ったこともない。
①②③は問Ⅹへ。④⑤は問Ⅺへ。

Ⅹ．Ⅸの質問で、①②③と答えた方にうかがいます。
　　①②の方→使う理由はなんですか。（どんなときに使っているかという具体例でもけっこうです。）
　　③の方→使わないようにしている理由はなんですか。

Ⅺ．（以下、全員お答えください。）インタビューの翻訳文字テロップをつくる際、日本語のことばづかいを決定するのに重視していることは何ですか。（複数回答可・インタビュー内容を正確に伝えることは大前提として、それ以外で重視していることをお答えください。〜中略〜）
　　①話者の原語（英語、フランス語、中国語など、話者がしゃべった言語）でのことばづかいを重視して、できるだけそれに近い日本語のことばづかいを選ぶ。
　　②話者のキャラクターや映像から伝わってくる雰囲気を重視して、日本語のことばづかいを決めている。
　　③企画意図を伝えるのに、もっとも伝わりやすいことばづかいを選ぶ。
　　④ことばづかいについて、意識したことはない。
　　⑤その他

Ⅻ．Ⅺの質問で複数回答した方は、その中で、より重視しているもの・優先順位の高いものから順番に番号を書いてください。（例：③、①、②）

ⅩⅢ．「〜（だ）ぜ」「〜（だ）ぞ」「〜さ」「〜（だ）わ」「〜（なの）よ」「〜かしら」などの文末表現についてうかがいます。それぞれの表現について、翻訳文字テロップで、どんな人（人種・国籍・年齢・性別・競技の種類など）に、どんな場面（会見・競技後のぶら下がりインタなど）で、どんな内容のインタビューのときに使ったことがありますか。具体的にお書きください。また、具体例が思い出せない場合は、自分ならどんなときに使いそうかを想像してお書きください。

ⅩⅣ．スポーツニュース・番組での、外国人選手インタビューの翻訳に関し、日ごろ思っていることや気をつけていること、苦労していることなどありましたら、自由にお書きください。また、今回のアンケートの内容についてのご意見・ご感想などありましたら、お書きください。

## 第 7 章
# 要素に注目した役割語対照研究
―「キャラ語尾」は通言語的なりうるか―

金田　純平

## 1　はじめに

　マンガ・アニメ・コンピュータゲームといったコンテンツのグローバル化が進む中、各言語へのローカリゼーションの質の確保はその売れ行きに大きく影響する[1]。特にそれらの登場キャラクタの人物像をできるだけ正確にローカライズするには、役割語の割り当てについても翻訳に含めなければならず、そのための基礎研究として役割語の対照研究が今後ますます必要になってくる。

　本稿では、役割語の対照研究を行うために、音素交替や特定の語彙(特に人称代名詞・文末形式)といった、より文法的な側面に注目した「役割語要素」による対照を行い、通言語的な共通性を見出すことが可能であるかについて検証する。また、日本語の役割語では、極めて顕著に使い分けられる文末形式について、通言語的な取り扱いが可能かどうかを、主に英語とフランス語との対照を通じて考察を行う。

## 2　役割語に関する対照研究に向けて
### 2.1　全体的特徴と役割語要素

　川瀬(2010)は、役割語研究について大きく二つの枠組みがあることを指摘している。一つは言語形式の「全体的特徴」と人物像の関係に注目するもので、金水(2003)に始まる役割語研究の基本枠組みである。もう一つは、使用語彙など言語形式の部分的な特徴(「要素」)に注目して、どのような人物像の表出に対応しているかを考察する手法である(cf. 定延 2006)。実際、金水(ibid.)でも、

---

[1] メーカーによるローカリゼーションの取り組みの例については、ビデオゲーム総合情報サイト 1up.com の記事 Jeremy(2007)"GDC2007: The Square-Enix Approach to Localization" を参照されたい。http://www.1up.com/do/newsStory?cId=3157937

人称代名詞（一人称・二人称）、文末形式（断定表現・終助詞・丁寧表現）、なまり（音韻変種）、感動詞、笑い声、音声的要素（アクセント・イントネーション・速度・滑舌）などが役割語の顕著な指標であることを認めている（2003: 205-207）。

「全体的特徴」と「要素」の関係を整理すると、第一に人物像と結びつくのは、役割語の全体的特徴であるのは間違いない。一方で、全体的特徴は個別の要素の複合によって形成される。例えば、大阪人キャラは「～やねん」という語尾だけで十分に喚起されるが、ここに自称詞のオプション（例えば「わし」「うち」など）が加わることでそれぞれ大阪男・大阪女という人物像の区別を生む。また、「本官は小悪魔ニョロよ[2]」のような、自称詞に警官キャラ・文末形式はヘビのキャラ語尾である「ニョロ」を用いるといった、複数の要素のパターンの複合による創作方言によっても役割語は定義されることから、個々の個別的要素に注目することでも役割語研究において重要な役割を果たす。金水（2003）による役割語の定義を要素に対して適用するならば、（1）のような要件を設定することができる。

(1)　ある音韻・語彙・文法・韻律上の要素について、これを使用した話者に対して、受け手（読者など）に特定の人物像を喚起させる

この要件を満たす言語的な構成要素を本稿では以下、役割語要素と呼ぶことにする。金水（2003）が挙げている役割語要素を言語の分節のレベルによって分類すると、次に三つに分類できる。

(2)　　音韻：音韻変種のパターン（音素交替・融音[3]・音素脱落など）

---

[2] フジテレビ「夢で逢えたら」（1988-1991放映）に登場する、松本人志扮する「ガララニョロロ巡査」のセリフ。警官の制服を着て、白塗りの顔にヘビの鱗と舌を模したメイクが施されている。

[3] たとえば、「行かない」に対する「行かねえ」のように連母音 /ai/ が単母音 /e:/ に置き換わるような現象をさす。

[4] 「笑い声」は語彙とはいえないかもしれないが、文字媒体ではオノマトペとして表現され、その語形（音素列）によってニュアンスが異なることから、感動詞も含めて、ここでは単純に語彙扱いとしておく。

語彙：人称代名詞・文末形式・感動詞・笑い声[4]
韻律：アクセント・イントネーション・速度・流暢さなど

　また、このほかにも、語彙面では特定の職業や身分と結びつくジャーゴンや隠語の使用、韻律では話声位（声の高さ）や声質（cf. 勅使河原 2007）などが考えられる。さらに、文字媒体に限定されるものとして、「ワレワレハウチュウジンダ」のようなカタカナの使用や、フォント（書体・大きさ・形状・色）の違いなど、韻律特徴の視覚的な代用とも言える役割語要素もある。

　なお、本稿ではテキストで表記可能なレベルの音韻と語彙の役割語要素を考察対象とするので、韻律やフォント等その他の要素については機会を改めて考察を行いたい。

## 2.2　役割語対照研究

　2.1 節で述べた役割語研究の二つの手法は、役割語の対照研究においても見られる。まず、全体的特徴に注目する枠組みのものとして、英語との対照では山口（2007）・ガウバッツ（2007）、韓国語との対照では鄭（2007）がある。対照の主な方法は、作品の登場人物が使用する言語のバリエーションとの結びつきについて、日本語版と英語版または韓国語版との対訳を用いて対照を行う点にある。そのため、全体的特徴に注目する手法は、対照相手の言語において、人物像と言語形式との間にステレオタイプ上の関係が存在していれば、どの言語でも可能である。

　一方、役割語要素に注目した枠組みのものには定延（2007）、定延・張（2007）が挙げられる。これらで扱われているのは中国語・韓国語であり、日本語において最も顕著な役割語要素である、人称表現や文末形式のバラエティを持つ言語（3.2 節参照）での対照が中心で、逆にこれらを有しない（と思われている）欧米の言語との対照を行っているものは、私見によると少ないようである。

　そこで、本稿では、主に英語・フランス語との役割語要素に基づいた対照を実際に行うことで、通言語的に役割語について考察できるような枠組みを提案できるかどうか、以下取り組んでいくことにする。

## 3 役割語研究への通言語的視野の導入
### 3.1 類型論的視座の導入

役割語を通言語的な問題として考えるために、言語類型論的視座を導入してみたい。まず、日本語で最も顕著な役割語要素は人称代名詞と文末形式であるが、これは人称代名詞や文末形式の通時的変化と共時的な使い分け(常体・敬体・尊敬語の使い分けや終助詞)のバラエティに富むことに根ざしていることは間違いない。

また、韓国語も基本語順が SOV で格助詞を持ち、また敬語のシステムが発達していることからも、人称代名詞や文末形式のバラエティに富んでいる。そして、文末形式はしばしば役割語要素として用いられる。鄭(2007)によると文末形式によって特徴付けられる人物像の属性は、主に地方(方言)・年齢であり、これらがマンガの登場人物における人物像の設定に強く関与していることが述べられている。

そのように考えれば、ある言語要素が役割語要素になるための条件として、次の含意的普遍性の仮説を立てることができる。

(3) 仮説:ある要素が役割語要素になるためには、その要素のバラエティが複数なければならない。

### 3.2 役割語要素としての音韻・語彙・文法変種

一方、例えば英語では、日本語に顕著な役割語要素である人称代名詞はほぼ固定的であり、また、SVO 語順であることから文末形式のバラエティはそもそも想定しにくい。しかし、英語における役割語は、地域方言(アメリカ南部訛りやコックニー)や、マイノリティの使用する AAVE(黒人英語)やユダヤ人英語などの言語変種を用いることで表現される(山口 2007; ガウバッツ 2007)が、これらは、例えば作品中において文字で表現しようとするならば、やはり音韻や語彙の変種といった要素に現れてくるはずである。

山口(2007)は、英語の役割語について以下の四つの手法が使われていると述べている。

(4)　・視覚方言と非標準的つづり
　　　・ピジン英語と「引き算式」マーキング
　　　・人称という名のオプション
　　　・幼児語・擬音語

「視覚方言と非標準的つづり」および「ピジン英語と「引き算式」マーキング」は音韻・語彙・文法における正書法・規範文法からの逸脱を綴りに反映させたものであると言える。用例(5)は山口(2007)が挙げている、『ハリー・ポッター』シリーズに登場するハグリッドのセリフの例である。

(5)　Got summat fer yeh here...
　　「おまえさんにちょいとあげたいモンがある…」
　　（J. K. Rowling, *Harry Potter and the Philosopher's Stone*; 山口 2007: 12-13 より抜粋）

(5)では for you が fer yeh となる音素交替を文字で表記したものや、something に代わる方言語彙 summat（＜ somewhat）の使用に加えて、主語 I や助動詞 have の省略といった文法的破格も現れている。「幼児語・擬音語」も、音素交替(4.1 節参照)およびオノマトペといった語彙的なレベルに現れる。

　したがって、英語における典型的な役割語要素は、音素交替のパターンといった音韻レベルのもの、方言語彙やオノマトペといった語彙レベルのもの、そして規範的な文法からの破格といった文法レベルのものが挙げられる。音韻・語彙および文法については、多くの言語において、通時的変化による音韻・語彙・文法の変化、乳幼児の言語の発達、地域・社会方言の存在を考えると、これらが地域や身分・年齢などでの言語の変種を生み、これに基づいた〈人物像―言語形式〉間のステレオタイプが形成されることにより役割語になる。そういう意味で、音韻・語彙・文法の変種は、仮説を用いればこれらが通言語的な役割語要素になっているはずである。

## 3.3　人称代名詞

また、前節の(4)で紹介した山口(2007)による英語の役割語の手法には、

「人称という名のオプション」がある。山口(ibid.)の挙げた例によれば、『ハリー・ポッター』シリーズに登場するドビーが、主人であるハリーに対して you の代わりに三人称扱いの Harry Potter を用いるというものである。このことは、例えば女王に対して Her Royal Highness と三人称を使うのと同じ理屈であると山口は説明している[5]。

英語を含めヨーロッパの諸言語では日本語やタイ語などに比べるとそのバラエティに乏しいが、それでも、先述の二人称に代わる三人称のほか、尊厳の複数を用いたいわゆる royal "we" や、フランス語の vous などの二人称の敬称(V 形)といったバラエティが存在し、使い分けがある。特に royal "we" はそれを用いるのが王族や高位の聖職者というように特定の人物像に結びついている点で、極めて役割語的である。また、通常なら親称(T 形)の tu を用いるような間柄でも vous を用いることで他人行儀な話し方になるというケースを考えると、発話キャラクタ(定延 2006)とも大きく関わる。また、フランス語の on や中国語の"人家"のように、他の人称に置き換わって現れるものも、何らかのスタイル(インフォーマルな会話)や発話態度を反映している点で役割語要素になりうる[6]。

発話キャラクタに対応する表現形式も役割語として考えるならば、役割語要素になるために必要なバラエティの数は究極的には二つで十分であり、それは標準的な(あるいはデフォルトとしての)正書法や発音から逸脱する異化作用である。この異化は役割語自体の成立基盤でもある。

### 3.4　役割語要素の対照に向けて

これまで先行研究での役割語要素の対照の例を見て、通言語的な対照が可能か検証すべき役割語要素は以下の五つである。

　　(6)　・音韻変種の出現パターン

---

[5] この用法には、スペイン語の usted「あなた」のように vuestra merced "your mercy"「閣下」という敬称から文法化して、三人称扱いの人称代名詞になる場合がある。
[6] また、前節の音素交替にも関係するが、you に代わる ya, yeh あるいは je suis "I am" に代わる j'suis (je の母音の脱落)、chuis ([ʃɥi] と発音)といった音韻レベルのバラエティも、日本語における「わたし」「あたし」「あっし」などのバラエティとも基本的には共通するので、ここに含めることはむしろ妥当である。

・特定語彙の使用
・単純形式による文法的破格
・人称代名詞
・文末形式

　このうち文末形式は他の四つと違い、日本語や韓国語などSOV語順という統語特徴に依存し、またコピュラと終助詞的なものの両方を扱う必要が出てくるので、4節では一旦、音韻変種・特定の語彙・文法的破格および人称代名詞について取り上げ、文末形式については5節で個別に扱うことにする。

## 4　役割語要素の対照──マンガ・アニメ・ゲームから──

　本節では、通言語的な観察の対象となる役割語要素として、音韻変種の出現パターン、特定の語彙の使用、単純形式による文法的破格、人称代名詞の4要素について、日本語版をオリジナルとするマンガ・アニメ・コンピュータゲームの主に英語版またはフランス語版の対訳を用いて、その表現手法を見ながらどのように人物像との関連付けが行われているのかを検証する。

　日本の作品の翻訳を用いた理由は、そもそも役割語の概念が日本語の研究から生まれたものであり、日本語オリジナル版における役割語に課せられた人物像をターゲットランゲージでどのような表現を用いて訳出されているかに注目して対照を行うからである。

　アニメの英訳・仏訳等については一部、動画共有サイトに掲載されているファンサブfansubと呼ばれるファンによる非公式な字幕を参考にした。これを利用する利点としては、日本のアニメに精通したファンサバー（翻訳者）が行うことから、日本のアニメなどで用いられる役割語についてある程度以上理解し、それを訳に反映させている点である[7]。

　ただし、ファンサブ動画の作成・公開は実際のところ著作権法に抵触するものであり、それを言語研究の資料として用いることは倫理的に問題もある。本

---

[7] ファンサブが拡大した理由の一つに、かつて公式に販売されていたアニメ翻訳の質が極めて低く、ファンの不興を買ったことが指摘されている（Leonard 2005）。一方でファンサバーによる誤訳や余計な文字イフェクトなど、しばしば翻訳の質の面での問題がある（Cintas & Sánchez 2006）。

稿でのファンサブ字幕の引用は、対象となるアニメの日本語版オリジナル本編をテレビでの本放送またはビデオ・DVD で実際に(合法的に)視聴したうえでオリジナルのセリフを記述し、ファンサブ動画での同じセリフに付された字幕と比較するという姿勢で行っており、ファンサブ動画の閲覧によってアニメ本編をはじめて視聴したのではないことを断っておく。ファンサブおよび動画共有サイトのデータの使用については、結論の後で改めて問題提起する。

## 4.1 音韻変種の出現パターン
### 4.1.1 ケース 1 : デフォルメと幼児言葉

役割語がキャラクタの身体的特徴と結びつく例として、まず、アニメ『灼眼のシャナ』のセルフパロディ版である『灼眼のシャナたん』を取り上げる。

『灼眼のシャナたん』では、主人公シャナが 2 頭身で小動物サイズに SD(スーパーデフォルメ)化し、声も非常に甲高くなっている。(11)は SD 化したシャナたんの日本語のセリフ(8a)と、ファンサブにおける英訳(8b)・仏訳(8c)を合わせて以下に示す。

(8)　a.　うるちゃい　うるちゃい　うるちゃい　　　　(/s/ → /tɕ/)
　　　b.　Chut up! Chut up! Chut up![8]　　　　　　　(/ʃ/ → /tʃ/)
　　　c.　Tchais-toi! Tchais-toi! Tchais-toi![9]　　　　(/t/ → /tʃ/)

日本語のセリフでは、「うるさい」の /s/ を /tɕ/ に替えて発音しているように、身体的な特徴になぞらえて幼児の役割語が現れている。英語版(8b)やフランス語版(8c)でも、日本語オリジナル版での特徴を反映させ、shut up を chut up、tais-toi を tchais-toi[10]というように、いずれも硬口蓋化した歯茎破擦音で発音しているように綴りで表現されている。

幼児の子音獲得過程において摩擦音の習得は遅く、閉鎖を伴う破裂音または

---

[8] http://www.youtube.com/watch?v=WtAqFtehblE の英語字幕より引用。
[9] http://www.dailymotion.com/video/x93800_shakugan-no-shana-tan-01-vostfr_creation のフランス語字幕より引用。
[10] さすがに tchais-tchoi とはならず、完全に音素が規則的に置換されているわけではないが、少なくとも日本語の「うるちゃい」の持つイメージを表現しようとする意図は理解できる。

破擦音で代用されることがあり、日・英のケースではこのことが反映されている。また、歯茎音の口蓋化も日本語では幼なさを喚起するものであり、こちらはフランス語ファンサブでも表現されている。

次に、臨時的に幼児キャラを表出する例として、『のだめカンタービレ』で、主人公の野田恵(のだめ)が先輩の千秋に対して甘えた感じで発話しているシーンのオリジナル(9a)と仏訳版(9b)を比較する。

(9) a. 昨日のこと覚えてまし<u>ゅ</u>か〜？　　　　　　(のだめ1、p.38)
　　 b. Et toi, tu te <u>ch</u>ouviens d'hier?　　　(Nodame(FR)1, p.42)
　　　　 "And you, do you remember yesterday?"

日本語(9a)の「覚えてましゅか〜」の /s/ から /ɕ/ への口蓋化に合わせて、フランス語版(9b)も本来 souviens であるはずの最初の子音 /s/ を /ʃ/ に口蓋化させている[11]。

### 4.1.2　ケース2：外国人

もともと音韻体系の違う言語を用いる外国人キャラも、音韻交替による役割語の標的になる。(10)は『のだめカンタービレ』に登場するドイツ人指揮者シュトレーゼマンのセリフの日・仏版の例である。

(10) a. ここで会ったがヒャク年目〜／コンニチハー　タクシー走る道
　　　　 教えますかー？　　　　　　　　　　　　(のだめ2、p.99)
　　　b. Quelle chance <u>te</u> <u>f</u>ous rencontrer ici! Guten Abend! Où est l'
　　　　 endroit le meilleur pour a<u>f</u>oir un ta<u>kz</u>i?　(Nodame 2: FR, p.99)
　　　　 "What a chance to meet you here! Guten Abend! Where is the
　　　　 best place to have a taxi?"

フランス語版の(10b)は、本来 "Quelle chance de <u>v</u>ous rencontrer(…中略…) pour a<u>v</u>oir un ta<u>xi</u>?" であるところを、一部の綴り字を変えることで、発音上の訛りがあるように表現しているものである。特に、vous "you" が fous, avoir

---

[11] 英語版では単に "Do you remember what we did last night?" とデフォルメ無しに表現されている(Nodame(US)1, p.38)。

"to have"がafoirのように、vがfと交替している点が特徴的であるが、これはドイツ語のvonやVolkswagenのようにvで綴られる字が/f/の音価を持つことに根ざしていると思われる。日本語オリジナル(10a)では、発音上の訛りは単音ではなく、「ヒャク」「ゴハン」のようにカタカナで表現されたり、「タクシー走る道教えますかー」のような日本語としては不自然な表現を用いて、典型的なカタコト発音を用いるガイジンキャラとして描かれている。フランス語版では、むしろ身近であるドイツ人に対する強いステレオタイプの所為なのか、日本語版に比べて、よりドイツ人のステレオタイプを色濃く表現していることがわかる。

### 4.2 特定語彙の使用

4.1.2節で紹介した『のだめカンタービレ』のシュトレーゼマンのフランス語版のセリフでは、例(10b)でのGuten AbendやFräulein「お嬢さん」、あるいはja・neinといったドイツ語の表現がそのまま現れている。日本語版・英語版でもNein(のだめ2: 100; Nodame 2 US: 100)のようなドイツ語表現も散見されるが、一方で日本語版では「プリーズ」(のだめ2: 99)や「レッツ・ゴー♡」(同: 132)といったカタカナ表記の英語表現も少なくなかった。フランス語圏ではドイツ人へのステレオタイプが確立しているのに対し、日本語ではとりあえず「ガイジン」キャラとして役割語要素を与えていることがわかる。

また、このような外国語表現は、"ja"・"nein"のようによく知られている挨拶や定型表現、中国人キャラの言う「アイヤー」のような感動詞や叫びに限定されているようで、本来の文脈(ドイツ語(訛り)で話す)とは切り離され、脱コンテクスト化した着脱可能なパーツとしての役割語要素であるといえる。

### 4.3 単純形式による文法的破格

子供の第一言語獲得において、日本語の場合は助詞や助動詞は段階的に獲得していくが、例えばドイツ語では、"Papa Auto fahren"「パパ、くるまのってる」のように、定冠詞をつけず、動詞は不定法のままで、しかも主文のSVOではなく、従属節における基本語順のSOVで現れるという[12]。

---

[12] 小川暁夫氏(個人談話)の教示による。また、Web掲示板サイトMotor-talk.deにおいて、"Meinen Kind gefällt der Sound des S5 extrem gut und er sagt immer: Papa Auto fahren

しかし、このような助詞・助動詞の不使用や、主格・不定法といった単純（無標）形態、無標な統語形式の使用は、しばしばネイティブアメリカンのキャラクタに「インディアン嘘つかない」という紋切り型の台詞を言わせるというように、異なる言語の話者が話すピジン言語として、割り当てられることがある。これは、金水（2003: 187-188）のいうように、アメリカ西部劇でのネイティブアメリカンの話すピジン言語を日本語に訳したものであり、英語圏では下の（11）のような表現手法が用いられる。

(11)　She fine actress... she make interpretation heap subtle...
　　　「彼女いい女優、役作りとてもすばらしい…」
　　　　　　　　　　　　（*Monty Python's Flying Circus 1st series*, episode 6）

（11）は英国のコメディ番組 *Monty Python's Flying Circus*（1969-74）のスケッチ（コント）に登場する観劇するネイティブアメリカン（Red Indian）のセリフの例である。コピュラ is や冠詞 a の省略、人称活用のない原形の make の使用による、過剰な単純化による破格を用いたピジン言語である。

このほか、ピジン言語は、話下手なキャラクタに対しても役割語として現れる。例えば、『ドラゴンボール』に登場する人造人間 8 号（ハッちゃん）は、敵に所属するアンドロイドであるが、心優しく悟空の味方になる。彼は朴訥な片言の言葉遣いで話すという設定になっているが、（12）は日本語オリジナルでのセリフと、スペイン語版のファンサブによる比較である。

(12)　a.　一番上の階行くの　すごく難しい　おれ　ついてってあげる
　　　b.　<u>Ser</u>　muy　difícil　llegar　hasta　el　último　piso.
　　　　　to-be　very　difficult　arrive　up-to　the　final　level
　　　　　Yo　<u>ir</u>　contigo[13].
　　　　　I　to-go　with-you

---

Brumm Brumm"「私の子供は Audi S5 のエンジン音が超好きで、いつも『パパくるま運転してる、ブルンブルン』って言っている。」という書き込みにも現れている（http://www.motor-talk.de/forum/audi-a5-und-kinder-t1799899.html、2010 年 1 月 17 日確認）。
[13] http://www.youtube.com/watch?v=Pzw7GbsCpGY で確認（現在は削除済み）。

日本語オリジナル(12a)では、「は」「に」「が」といった助詞が使用されず、文末が単純な語尾になっているのを、スペイン語版ファンサブ(12b)では本来 "Es muy difícil [...] . Yo voy contigo." となるところを、動詞 es "is" の代わりに ser "to be"、voy "(I) go" の代わりに ir "to go" と不定法(infinitive)を用いて表現している。

## 4.4　人称代名詞

現代英語では二人称は単複ともにもともと複数形であった you が用いられ、古語での単数形 thou は現代では話し言葉として使用されることはない。しかし、これを逆手に取って役割語要素として使用されている例を紹介する。

(13)は『ファイナルファンタジーⅥ』(1994 年、スクウェア(現スクウェア・エニックス))に登場するサムライ「カイエン」のセリフと、その北米版リメイクの Final Fantasy Advance VI(2007 年、Square-Enix)における英訳(以降「英語版」)の例である[14]。

(13)　a.　まあ、まあ、まあ、まあ、それはともかく、君は何者でござる？
　　　b.　Oh, dear... Do simmer down, sirs! And thou, o wild one... Who might thou be?

カイエンは自称詞に「拙者」、語尾に「～でござる」を付けて話す典型的なサムライキャラであり、英語版では、呼びかけ詞の sir を用いることに加えて、単数の you の代わりに古語の thou を使用する。つまり、ここでの thou は、ちょうど日本語の「でござる」語尾に相当する役割語要素になっていることがわかる。実際(13)の台詞の後、カイエンは相手である野生児のガウに「ゴザル」と呼ばれ、この部分は英語版では "Mr. Thou" となっている。このことも、thou が「ござる」に相当する特徴的な要素であることが強調されている。

また、thou に対する動詞・助動詞は、規範的には二人称単数に特有な活用語尾による一致を伴い、thou art "you are", thou hast "you have", thou wilt "you will" のようになる。しかし、それ以外の文脈では、(13b)のように本来

---

[14] Final Fantasy VI Advance: Game Script by ZFS(2007)を参照した。

mightst（または mightest）となるところを might のままで用いたり、"But... however, did thou find me?" のように didst ではなく did が現れるケースが見られた。つまり、定型的な thou art, thou hast などを除けば、thou に対して動詞が一致するような、本来あるべき出現コンテクストを無視した用法がしばしば現れている。ここから、サムライキャラに現代英語に対する言語変種としての古語で話させているというよりは、むしろ you の代替バリエーションとしての thou が用いられている面が強い。

### 4.5 まとめ

本節では4つの役割語要素について対照を行い、日本語と同様にそれぞれの要素が役割語要素として使用されることを確認し、また、参照される人物像と役割語要素のタイプの関係も多くは一致することがわかった。

一方で『のだめカンタービレ』のシュトレーゼマンの例のように、日本語とフランス語における言語的ステレオタイプの違いが露見するようなものもあった。

さらに、人称代名詞について今回挙げた例は、たまたま二人称単数の thou が廃れた英語において、それを逆にそれを古風なキャラクタの役割語要素として利用できたという言語固有の事情に依存しており、基本的には人称代名詞が役割語要素となるには、日本語のようにバラエティが豊富でない限り難しいと考えられる。

また、役割語要素に注目することで、要素が記号的に使用されていることに気付く。例えば、4.2節で見たドイツ人キャラの使う nein といったドイツ語表現や、4.4節での thou と共起する動詞の活用形のズレは、いずれも役割語が本来の使用コンテクストを完全に反映するものではなく、本来の言語使用のコンテクスト（全文ドイツ語／thou に対する動詞の人称一致）から切り離されている。このことは、言い換えれば、役割語の成立には通言語的に要素レベルにおいても記号的で着脱可能なものであるという要件が必要であると結論付けられる。

## 5 役割語から見た文末詞の対照

前節では、言語普遍的に見られると予想される四つの要素についてそれぞれ

役割語要素になる例を英語・フランス語を中心に紹介したが、本節では日本語や韓国語に顕著な役割語要素である文末形式について、これが通言語的に役割語要素になりうるものであるかを検証する。

## 5.1　文末詞

韓国語では、標準形のコピュラ"요"yo の代わりに"여"ye を用いることで朴訥でダサい田舎の人、"용"yong を使用することで子供っぽさを出すなど、文末形式のバリエーションによる役割語要素(キャラ語尾)がある(定延 2007)。文末形式が役割語要素になるためには、日本語や韓国語を考えた場合、SOV 語順でかつ主要部後置型の膠着語であることが要件になると思われる。

しかし、例えば基本語順が SVO である中国語においても、文末に現れる"吗"ma や"呢"ne といった、日本語の終助詞にも相当するような「語気詞」がある。また、この語気詞には、例えば文末の"吗"を、代わりに広東語話者のそれをモデルとした"咩"mie とすることで、子供っぽさ・ぶりっ子らしさを表現する用法があり、日本語や韓国語の文末形式と同様に役割語要素にもなっている(定延・張 2007)。

また、中国語と同じく SVO 語順である英語やフランス語にも、don't you? や n'est-ce pas? といった付加疑問や、huh、hein といった間投詞、right や d'accord といった表現の文末用法が存在し、これらも日本語の終助詞「ね」「よ」とも通ずる特徴を持っている。

文末形式の通言語的に取り扱った研究に藤原編(1993)があり、ここでは藤原の提唱する終助詞・間投助詞・接続助詞を統合する概念「文末詞」の通言語性が取り沙汰されている。藤原(1990: 55)による文末詞の定義は、①独立遊離性を持つこと②表現の構造の文末決定性に深くかかわることであるが、言い換えると前者は、直前にポーズを置いて切り離すように発話できる(つまり、文章ではコンマが挿入される)こと、後者は、発話における発話行為や態度に関係するということである。英語・フランス語の付加疑問や you know・huh・hein といった表現(談話標識)は、単独でも現れ、かつ、発話行為と大きく結びついていることから、文末詞としての要件を基本的に満たしているといえる。

また、構造の文末決定性とは、発話行為や態度に関係するとあるが、ここに、話者が何者として話すのかという発話キャラクタ(定延 2006)の概念を導入す

れば、文末に現れる英語の付加疑問や you know、huh、フランス語の n'est-ce pas や hein といった表現（談話標識）をとりあえず文末詞として扱い、その話者の人物像との結びつきを見ることで、文末詞が役割語要素になるかの検証の枠組みを作ることができる[15]。

## 5.2　英語・フランス語に見られる文末詞の対照

英語・フランス語版のマンガに見られる文末詞としては、付加疑問、文末の談話標識（間投詞・副詞・挿入節）が見られる。特にフランス語では文末詞が豊富で、例えば、英語の huh、right、ok、you know などに対して、フランス語では、hein、quoi、non、donc、alors、enfin、ok(ay)、d'accord、c'est ça、pas vrai など多くのタイプが見られた。頻度についても日本語の終助詞ほどではないものの、その出現頻度は英語に比べても多かった。『のだめカンタービレ』1巻の英語版とフランス語版を比較しても、トークンでは15対40、タイプでは4対15とその頻度差・バラエティが歴然であった。

しかし、これらの出現について話者（登場人物）の人物像との結びつきは特段見出せなかった。フランス語について言えば、Beeching(2002)の（現実世界の）フランス語の談話標識の使用について、特に今回用例が見られた hein と quoi では性差による使用頻度に差は特に見られず、20・30歳代の年齢に多いこと、教育水準が低いほど使用が多いことが挙げられている。しかし、このことは『のだめカンタービレ』や『NANA』のように登場人物のほとんどが若者である場合、人物像の描き分けとして関与しにくい。したがって、文末詞を役割語要素として人物像に結びつけるには難しいと言える。

## 5.3　発話キャラクタの導入による動的分析：n'est-ce pas と non

役割語は、作品内において比較的安定している人物像に関連付けられる静的な言語的特徴であるが、例えば、突然人物像が豹変するといった動的な言葉遣いの変化を捉えるには定延(2006)の発話キャラクタの考えを導入する必要がある。これは言い換えると、類似する表現の形式の出現パターンの変化を見る

---

[15] 藤原(1990)によると、「だ」「です」などのコピュラは文末詞に含められていないが、役割語研究の中では「でござる」「ざんす」といったキャラコピュラも重要な要素であり、本稿では断定辞も文末詞の中に含めて考える。

ことで、発話キャラクタの発動における役割語要素として分析が可能になる。

　フランス語の n'est-ce pas と non は付加疑問として使われる文末詞であり、その機能はほぼ同じとも言える。特に登場人物がほとんど若者である『のだめカンタービレ』や『NANA』のフランス語版では、筆者が見た範囲において n'est-ce pas は一つも見られず non だけであった[16]。このことからも non と n'est-ce pas が競合関係にあることがわかる。

　そこで同じ話者が同じ相手に対して non と n'est-ce pas を使い分けている例を見て、どのような発話キャラクタの違いがあるのか動的に分析してみよう。まずは親称の tu で話す場合の例である。

(14) a. 値段で美味いマズいが決まるならこっちの方が高いんじゃないの？　　　　　　　　　　　　　　　　　　（神の雫 1、p105）
　　　b. Et si le prix se decide en fonction du goût, alors il doit être plus cher, <u>non</u>?　　　　　　　（Gouttes 1, p.111）
　　　　"And if the price decides according to the taste, then it must be more expensive, no?"

(15) a. みやびちゃん／ブルゴーニュワインの「村名」と「特級畑」って全然別物なんだよな？　　　　　　（神の雫 1、p194）
　　　b. Miyabi... parmi les Bourgogne, un village et un grand cru sont censés être différents, <u>n'est-ce pas</u>?　　　（Gouttes 1: FR, p.200）
　　　　"Miyabi... among the Bourgogne, a village and a grand cru are considered to be different, aren't they?"

　(14)(15)はいずれも主人公の雫がみやびに話しかけているもので、フランス語版では親称の tu で話している。これら二つのセリフでの違いは、(14)がワインバーでのやりとりでちょっとした意見を述べる場合であるのに対し、(15)は、ワインに関する課題を呈された場面で、真剣なムードで話者の持つ

---

[16] Morin(1973)には、教科書に出てくるような n'est-ce pas は日常会話でほとんど現れないとある。

知識が正しいかを聞き手に問うものである。話者の領域への踏み込みの程度が違う点では発話行為の違いであり、また、ゆったりした会話での(14)に対して、(15)が真剣なムードでの台詞であることを考えると、ひいては発話キャラクタの違いに連動する形で n'est-ce pas を用いていると見ることもできる。

一方、真剣なムードでのやりとりにおいても n'est-ce pas と non の両方が登場するケースがある。(16)(17)は『名探偵コナン』での、コナンが容疑者を追い詰めるシーンにおいて、文末詞が n'est-ce pas から non に変化する例である。

(16) a. 電話機に盗聴器を取り付けるには、家の中に忍び込まなきゃいけないっていうのはわかるよね？　　　　　（コナン 39、p.83）
b. Il faut entrer dans la maison pour pouvoir installer un micro espion sur le téléphone, <u>n'est-ce pas</u>?　　　(Conan 39: FR, p.83)
"It is necessary to enter the house for being able to install a spy-mike on the telephone, isn't it?"

(17) a. あの２人だったら忍び込んだときに自分が売った物から盗聴器を抜き取ってるはずでしょ？　　　　　（コナン 39、p.84）
b. Dans ce cas, Monsieur Soga et Madame Gondô auraient sûrement enlevé les micros qui se trouvaient sur les objets qu'ils avaient vendus à Monsieur Genda, <u>non</u>?　　　(Conan 39: FR, p.84)
"In this case, Mr. Soga and Ms. Gondo should surely have picked off the spy-mikes that was on the objects that they had sold to Mr. Genda, no?"

この二つのセリフはページを跨いで連続しているコマであり、コナンが容疑者を追い詰めているセリフである。フランス語版の(16b)(17b)では、コナンは常に相手（容疑者）に vous で話しており、その中での n'est-ce pas から non への変化という点で、先の『神の雫』の例(14)(15)とは異なるパターンの変化である。n'est-ce pas の現れる(16b)に続く(17b)では、non を用いた台詞でコナンが語気を強めて問い詰めていることが表現されていると言ってよい。

しかし、『神の雫』での例(14)(15)と『名探偵コナン』での例(16)(17)を比

べると、語気の強さという面では前者はむしろ逆に n'est-ce pas の方が強かったので、non と n'est-ce pas の違いは語気と対応していない。さらに、non または n'est-ce pas に共通した特定の人物像が結びついているかは見出せず、5.2節同様、付加疑問の使い分けを役割語要素として扱うには難しい。

## 5.4　呼びかけ・罵倒語

　また、前節で見た語気を強めることに関連して、日本語の終助詞「ぞ」「ぜ」の使用は話者の人物像や態度に対応していると考えられるが、こういったことはフランス語版のマンガではどのように行われているのか。そのカギになるのが、文末の呼びかけ詞（罵倒表現）である。

（18）　a.　結局　金なんだよ…　　　　　　　　　（よろしく 1、p.27）
　　　　b.　C'est juste pour le fric <u>petit gars</u>.　　（SHTBJ 1: FR, p.27）
　　　　　 "It's just for the buck, <u>kid</u>."

（19）　a.　少し音程(ピッチ)　上げて細かい音を明確に　　（のだめ 2、p.163）
　　　　b.　Ton intonation! Et ton phrase! Sois précise <u>bon sang</u>!
　　　　　　　　　　　　　　　　　　　　　　　（Nodame 2: FR, p.163）
　　　　　 "Your intonation! And your phrase! Be precise, <u>goddamn</u>!"

　（18）では、溜息混じりに言うような発話、（19）では指揮者である千秋が奏者に語気を強めて叫ぶ場面であり、日本語オリジナルでは現れていない呼びかけ表現 petite gars「小僧」や罵倒表現 bon sang「畜生」で表現されている。このような呼びかけや罵倒語は、話者の態度そのもの、あるいは話者と聞き手との関係を反映する表現であり、臨時的にも「我は何者として話すか」という発話キャラクタが言語的に表出されたものと見ることができる。

　このような呼びかけ表現は、一時的な態度と強く結びついている分、役割語としての常用性（cf. 西田 2010）に事欠いている。しかし、特定の人物像・属性に結びついた独特の呼びかけ表現の例として英語の guv「ダンナ」がある。(20a) は *Monty Python's Flying Circus* に登場する Bicycle Repair Man（自転車修理マン）のセリフであるが、英国の労働者階級のアクセント（コックニー）で話

しているのが特徴である。ここでも、文末詞として呼びかけの guv が使用されている。

 （20） a. Oh, you don't need to (repay me), guv...
    b. いや、礼には及びませんぜ。
        （*Monty Python's Flying Circus 1st series*, Episode 3）

この guv については、『ドラゴンクエスト VIII』（2004 年、スクウェア・エニックス）に登場する仲間キャラクタのヤンガスの北米版（*Dragon Quest VIII: Journey of the Cursed King*（2005 年、Square-Enix））のセリフにも現れる。

 （21） a. アッシは　兄貴の寛大な心に心底
      感服いたしやしたでげすっ!!
      今日から　兄貴と呼ばせてくだせえっ！
    b. I really owe ya! / You saved me life an' ev'ryfin'! /
      You're the bee's knees, guv![17]

ヤンガスは元山賊であり、主人公に命を救われて以来子分として仲間に加わり、自称詞に「あっし」、文末形式に「～でげす」という下卑た役割語で話す。英語版では、コックニーをベースに AAVE の特徴（(21b) での ya（you）など）を加味した創作方言が用いられている。コックニーのアクセントで guv をつける話し方をするという点では (20a) の Bicycle Repair Man に共通して、労働者階級をイメージさせる役割語要素と看做せる。しかし、ヤンガスは日本語版ではほぼ常に「～でげす」という表現を用いるのに対し、英語版では必ずしも guv が現れるわけではなく、常用性に欠ける。この点は、日本語の話し言葉において、文末詞やコピュラ形式が必須性を帯びている[18]一方、英語やフラン

---

[17] YouTube での投稿動画内で確認した（http://www.youtube.com/watch?v=FLD2nOSHJLk）。
[18] 『涼宮ハルヒ』シリーズに登場する長門有希は、文末に終助詞や、名詞述語でのコピュラを一切用いないスタイルで話す。宇宙人であり無口というキャラクタ設定に対応する堅苦しい話し方であるが、役割語要素の観点からみれば、文末にゼロ形式を用いるというキャラ語尾であるという考え方もできる。

語ではほとんど間投的に使用されるオプショナルなものという違いに根ざしているため、対照を行う場合では常用性の違いも考慮する必要がある。

## 5.5　翻訳されるキャラ語尾

日本語では、「～だニャ」「～だぷう」といった何らかのキャラ(のようなもの)だけを示すようなキャラ語尾が生産的であるが、このキャラ語尾がそのまま文末詞として翻訳されるという例がある。(22)は『ファイナルファンタジーVI』および北米版リメイク Final Fantasy Advance VI での公式な台詞の例である。

(22) a.　ぬいぐるみじゃないクポー！
　　　b.　I'm not a stuffed animal, kupo![19]

これは、モーグリ族と呼ばれる人外キャラクタの独特の言葉遣いで、驚いたときには単独で「クポー！」と叫び、会話では文末にキャラ助詞「クポ」をつける。英語の例では、呼びかけ語として kupo ではなく、それ以外の、キャラ属性の記号として表現されている。これは、位置としては呼びかけや文末詞の位置に現れ、かつ、何ら文法的または談話的機能を含まず、単に話者の属性を示す記号でしかないという新しい文法カテゴリ(定延・張 2007 のいう「キャラ助詞」)である。

次は、アニメ『涼宮ハルヒの憂鬱』の日本語版と英語吹替版の台詞の比較である。この翻訳にも、キャラ助詞とも取れる特殊な文末詞が現れている。

(23) a.　どうだいっ。この衣装、めがっさ似合ってると思わないっかな？
　　　　　どうにょろ？[20]
　　　b.　What do you think about my outfit?　Doesn't this thing look totally awesome on me, Megas?　Aren't they cute, Nyoro?[21]

---

[19] Final Fantasy VI Advance: Game Script by ZFS(2007)を参照した。
[20] 原作である谷川流『涼宮ハルヒの動揺』(2005 年、p.11)での表記を引用した。アニメ版でも台詞は同一の内容であった。

(23)は主人公の先輩である鶴屋さんという女子高生のセリフであるが、キャラ語尾の「ニョロ」がそのまま訳され、また、「めっちゃ」の異形態「めっさ」と「メガ」の造語による程度強調の副詞「めがっさ」も Megas というかたちで、しかも文末詞として現れている。「にょろ」に注目すると、多くの場合、ヘビをイメージするキャラ(2.1節注2で触れた「ガララニョロロ」の例を参照)と結びつくが、鶴屋さんは全くヘビとは関係がなく、「にょろ」というオノマトペがヘビの動きと結びつくという従来のコンテクストとは異なるタイプのキャラ語尾である。極めて陽気で恰幅がよく、かつ風変わりであるという性格に、奇妙な言葉遣いをするというところが結びついている。その意味では「にょろ」(「めがっさ」も含めて)は極めて強い異化作用を伴う、記号的なキャラ語尾(または特定語彙)として用いられており、今後の作品における模倣を想定すれば、もはやヘビ属性などでは説明できない、いわば「鶴屋さん(的)キャラ」を示す役割語を構成していると言える。

## 5.6 まとめ

　役割語要素としての文末詞、特定の言語変種(方言など)に結びついていれば、それは役割語要素として呼ぶことができるが、日本語のように、文末形式と人物像の強い結びつきは、英語、そして口語では終助詞的なものが頻繁に現れるフランス語においても、顕著に現れるものではなかった。唯一、役割語要素としての文末詞になりそうなものは、話者の態度および聞き手との関係を反映した呼びかけ詞や罵倒表現であることは言えそうであるが、これらは一時的な態度の反映であったり、また、日本語の文末形式のような必須要素ではなかったりする点で、常用性を持たない。そういう意味で、英語やフランス語などでは文末詞が役割語要素にはなりにくい。仮になったとしてもその職能は、4節で見たような各要素に比べて人物像の表現には弱く、役割語要素としての文末形式の成立は統語構造に強く依存していると言える。

　その一方で、日本語では極めて生産的なキャラ語尾(特にキャラ助詞)が英語などにそのままの形で翻訳されるという現象も起こっている。呼びかけや談話

---

[21]「Anime Transcripts @ アニメで英語」の当該部分より引用。http://www1.atwiki.com/animetranscripts/pages/263.html(2010年7月4日確認、現在は http://animetranscripts.wikispaces.com/Haruhi%3E26.+Live+Alive へ移転)

標識といった語用論的な要素と並行する形で、記号的に話者のキャラクタを反映させるだけの要素が統語的に組み込まれるという現象があり、言語学的見地からも今後のキャラ語尾の翻訳の動向は看過できない。

## 6　おわりに
### 6.1　結論
　本稿では、音素交替や語彙形式、文法等などの要素に注目した役割語の対照研究についてその有効性を確認し、日本語における役割語との共通点・相違点を見出した。また、日本語や韓国語の役割語において極めて特徴的な文末形式は、SOV 対 SVO といった統語構造の違いを超えて考察できうることは示せた。しかし、比較的文末詞が豊かであるフランス語においても、それらが役割語要素として用いられるほどのものではない。

　また、日本語の役割語要素の中で最も顕著である人称代名詞と文末形式について見ると、前者は英語の thou のような個別言語の事情（通時的変化）、後者は SOV 語順の膠着語であるという言語構造といったものに依存して成立していることがわかった。このことは、役割語が言語類型論的な見地からも研究されるべきテーマであることの証左であり、それはさらに 1 節で触れたコンテンツのローカリゼーション手法の発展にも寄与するものである。

### 6.2　Web 上の動画等の研究目的使用に伴う問題
　最後に、動画投稿サイトにアップされている動画を言語資料として扱う場合の問題点について触れておきたい。今回本稿ではファンサブ付きのアニメ等の著作物を参照したが、これらはテレビ放映されたものの録画やオリジナルの DVD からのリッピングに、台詞の翻訳字幕を付けて YouTube などの動画投稿サイトにアップロードされたものであり、不特定多数の視聴の想定を含意するアップロードは明らかに著作権の侵害である[22]。

　筆者の場合、日本語オリジナル版を本放送、もしくは DVD の購入によって

---
[22] ファンサバー側は、あくまで吹き替え／字幕版の正式版（放映・DVD 発売など）のための販促であるとして、リリースされたら Web 上での公開を取りやめるという紳士協定を呈している（Leonard 2005）ものの、公開終了後に第三者に再アップロードされるなどの問題がある。

視聴した上で、ファンサブによる字幕を差分として視聴しているという姿勢で今回資料としているが、その動画が違法アップロードされたものであることを知った上で閲覧している場合、その視聴者は悪意の第三者に当たるので、法的問題がないとはいえない。一方で、サイト運営者に違法動画の閲覧停止処置の義務があるわけであり、閲覧停止になっていなければ、それを閲覧すること自体に問題はないという考え方もある。

　いずれにしても、ファンサブによる字幕は、素人による翻訳であるものの翻訳研究、通言語的な役割語研究、ひいては言語研究における重要なリソースになるものである。幸い、作品の映画館封切前や DVD 発売前に Web で公開するという動きや、YouTube がユーザーによる字幕付けができるサービス[23]を展開しているなど、合法的にファンサブ字幕を用いた動画の閲覧が可能になるような方向性が模索されているので、今後翻訳字幕の資料としての利用はむしろ良い方向に開かれているとは言える。

　そのほか、語学学習や研究向け資料として動画投稿サイトにアップされた動画・音声データの使用も今後需要が増えると考えられるが、これらの使用にあたっては著作権のほか、肖像権・プライバシー権などの問題も同時にある。こういった Web 上での動画等メディアの研究目的での利用についてのガイドラインは早急に整備されるべきではなかろうか。

## 付記

　本稿は、2009 年 3 月 28・29 日開催の「シンポジウム・研究発表会『役割・キャラクター・言語』」（於神戸大学）での口頭発表「役割語からみた文末詞対照」の内容を基にしたものである。また、本稿は、基盤研究(B)「役割語の理論的基盤に関する総合的研究」（課題番号：19320060、研究代表者：金水　敏（大阪大学））、基盤研究(A)「人物像に応じた音声文法」（課題番号：19202013、研究代表者：定延利之（神戸大学））および基盤研究(B)「現代日本語感動詞の実証的・理論的基盤構築のための調査研究」（課題番号：19320067、研究代表者：友定賢治（県立広島大学））の研究成果である。

## 参考文献

ガウバッツ, トーマス・マーチン (2007)「小説における米語方言の日本語訳について」
　　金水敏（編）『役割語研究の地平』pp.125-158, 東京：くろしお出版.

---

[23] http://www.youtube.com/t/captions_about

川瀬卓(2010)「キャラ語尾「です」の特徴と位置付け」『文献探求』48, 九州大学文学部国語学国文学研究室, pp.125-138.

金水敏(2003)『ヴァーチャル日本語　役割語の謎』東京：岩波書店.

金水敏(編)(2007)『役割語研究の地平』東京：くろしお出版.

定延利之(2006)「ことばと発話キャラクタ」『文学』7-6, pp.117-129, 東京：岩波書店.

定延利之(2007)「キャラ助詞が現れる環境」金水敏(編)『役割語研究の地平』pp.27-48, 東京：くろしお出版.

定延利之・張麗娜(2007)「日本語・中国語におけるキャラ語尾の観察」彭飛(編)『日中対照言語学研究論文集―中国語からみた日本語の特徴、日本語からみた中国語の特徴―』京都：和泉書院.

鄭惠先(2007)「日韓対照役割語研究―その可能性を探る―」金水敏(編)『役割語研究の地平』pp.71-93, 東京：くろしお出版.

勅使河原三保子(2007)「声質から見た声のステレオタイプ―役割語の音声的側面に関する一考察―」金水敏(編)『役割語研究の地平』pp.49-69, 東京：くろしお出版.

西田隆政(2010)「役割語としてのツンデレ表現―「常用性」の有無に着目して―」金水敏(編)『役割・キャラクター・言語―シンポジウム・研究発表会報告―』科学研究費補助金基盤研究(B)「役割語の理論的基盤に関する総合的研究」研究報告書 pp.68-81.

藤原与一(1990)『文末詞の言語学』東京：三弥井書店.

藤原与一(編)(1993)『言語類型論と文末詞』東京：三弥井書店.

山口治彦(2007)「役割語の個別性と普遍性―日英の対照を通して―」, 金水敏(編)『役割語研究の地平』pp.9-25, 東京：くろしお出版.

Beeching, Kate(2002)*Gender, Politeness and Pragmatic Particles in French.* Amsterdam: John Benjamins.

Cintas, Jorge Díaz and Pablo Muñoz Sánchez(2006)Fansubs: Audiovisual Translation in an Amateur Environment. *The Journal of Specialised Translation Issue* 6. http://www.jostrans.org/issue06/art_diaz_munoz.php

Jeremy, Parish(2007)"GDC2007: The Square-Enix Approach to Localization" http://www.1up.com/do/newsStory?cId=3157937(2009年2月11日確認)

Leonard, Sean(2005)Celebrating Two Decades of Unlawful Progress: Fan Distribution, Proselytization Commons, and the Explosive Growth of Japanese Animation. In *UCLA Entertainment Law Review,* Spring 2005. http://ssrn.com/abstract=696402.

Morin, Yves Charles(1973)Tag Question in French. In *Linguistic Inquiry* 4-1, pp.97-100.

**参考資料**
**《書籍》**
青山剛昌『名探偵コナン』39 巻, 2002 年, 小学館.（コナン 39）
亜樹　直(作)オキモト・シュウ(画)『神の雫』1 巻, 2005 年, 講談社.
佐藤秀峰(作・画)長屋憲(監修)『ブラックジャックによろしく』1 巻, 2002, 講談社.（よろしく 1）
谷川　流『涼宮ハルヒの動揺』2005 年, 角川書店.
二ノ宮知子『のだめカンタービレ』1 巻, 2002, 講談社.（のだめ 1）
二ノ宮知子『のだめカンタービレ』2 巻, 2002, 講談社.（のだめ 2）
AGI Tadashi & OKIMOTO Shu, Les Gouttes de Dieu tome 1, 2008, Glénat, Grenoble (Trans. by Anne-Sophie Thévenon)（Gouttes 1: FR）
AOYAMA, Gosho. Détective Conan tome 39, 2004, Kana.（Conan 39: FR）
NINOMIYA, Tomoko. Nodame Cantabile vol.1, 2005, Del Rey Books, N,Y.（Trans. By David Walsh & Eriko Walsh）（Nodame 1: US）
NINOMIYA, Tomoko. Nodame Cantabile tome 1, 2009, Pika.（Trans. By Taro Ochiai）（Nodame 1: FR）
NINOMIYA, Tomoko. Nodame Cantabile tome 2, 2009, Pika.（Trans. By Taro Ochiai）（Nodame 2: FR）
SATO, Syuho. Say Hello To Black Jack tome 1, 2004, Glénat, Grenoble.（Trans. by. Sébastien Bigini）（SHTBJ 1: FR）

**《DVD》**
『空飛ぶモンティ・パイソン』vol.1, ユニバーサルインターナショナル, 2003.
「しゃくがんのシャナたん」『灼眼のシャナ DVD まがじん I』(『灼眼のシャナ I』予約特典 DVD)所収, ジェネオンエンタテインメント, 2006.

**《WEB ページ（動画を含む）》**
「DB「謎の人造人間 8 号」2/2」(『ドラゴンボール』第 39 話のスペイン語ファンサブ) http://www.youtube.com/watch?v=Pzw7GbsCpGY（2010 年 1 月 17 日確認、2010 年 7 月 12 日時点で削除済）
"Dragon Quest 8 Walkthrough part 18 Backstory and Accents" http://www.youtube.com/watch?v=FLD2nOSHJLk（2009 年 2 月 17 日確認）
"Final Fantasy VI Advance: Game Script by ZFS", http://www.gamefaqs.com/portable/gbadvance/file/930370/47016,（2009 年 2 月 17 日確認.）
"shakugan no shanatan 1"（「しゃくがんのシャナたん」英語ファンサブ）http://www.

youtube.com/watch?v=JfSt-6NOzDU（2009 年 3 月 19 日確認）

"Shakugan no Shana-tan [01] vostfr"（「しゃくがんのシャナたん」フランス語ファンサブ）http://www.dailymotion.com/video/x93800_shakugan-no-shana-tan-01-vostfr_creation（2009 年 3 月 19 日確認）

"Take a peek at Miss Asahina in all her cosplay glory"「Anime Trascripts@ アニメで英語」http://www1.atwiki.com/animetranscripts/pages/263.html（2010 年 7 月 4 日確認，現在は http://animetranscripts.wikispaces.com/Haruhi%3E26.+Live+Alive へ移転）

# 第 **8** 章
# コミック翻訳を通じた役割語の創造
## ―ドイツ語史研究の視点から―

細川　裕史

## 1　役割語の境界

　ドイツ語圏において、地域的変種(地域方言)は、標準語が普及する過程で「無教養さ」や「古臭さ」を表すものと認識されるようになった[1]。例えば、ドイツ・コミック『ヴェルナー』(Werner. 1981-)における「修行時代は半人前」(*Lehrjahre sind keine Herrenjahre*)シリーズの初期では、もっぱら年配のレーリヒ親方が北ドイツ訛り[2]を使用し、若い見習い工であるヴェルナーは標準語を使用している。この言語変種の対比によって、作者 Brösel は、両者の世代および社会層における差異(古臭く田舎っぽい親方 vs. あか抜けた都会的な若者)を際立たせているのである。例えば、親方が仕事をサボっている職人たち(エッカートとヴェルナー)を叱りつけヴェルナーが弁解する場面では、以下のような地域方言(dat, ick)と標準語(das, ich)との対比がみられる。

(1)　„Eckat, dat heff ick nich von di dacht, so 'ne Blamage!"(エッカート、ワレがそんな恥知らずじゃとは思わんかったで！)
　　　„Das wollt ich nich, Meister!"(そんなつもりじゃなかったんです、親方！)

　　　　　　　　　　　　(Brösel 1993: 111. 下線部筆者。以下も同様)[3]

---

[1]　Cf. Mattheier(1991: 53).
[2]　キールやフレンスブルクは低地ドイツ語圏に属するが、『ヴェルナー』で使用される言語変種は、標準ドイツ語を低地ドイツ語の発音に合わせて表記したものであり、低地ドイツ語そのものではない。そのため、本論では「北ドイツ訛り」と表記する。なお、この北ドイツ訛りと標準語との対比は、『ヴェルナー』が全国的な人気コミックになるにつれ、じょじょに使用されなくなる。『ヴェルナー』の作風の変化については、細川(2004: 190)以下参照。
[3]　ドイツ語のコミックにおいては、すべての文字が大文字で書かれることが多く、その場合、

しかし、このコミックは北ドイツのキールやフレンスブルクが主な舞台であるため、日常会話の再現のためヴェルナーら若い登場人物が北ドイツ訛りを使用している例もみられる[4]。したがって、この訛りが常に「古臭さ」を表す変種(いわば〈親父ことば〉)として扱われているわけではない。金水(2003)における役割語の定義[5]に従うならば、『ヴェルナー』における北ドイツ訛りは、特定の文脈(話し相手が標準語話者)に依存した不完全な役割語と言える。

上記の例は、役割語研究に際しては言語内現象(統語構造や語彙など)ではなく、むしろ言語外現象(言語使用の状況や言語使用者の認識など)がより重要である、ということを示唆している。ドイツ語史研究の分野においては、近年、まさにこの言語外現象に注目し、語史を再考察しようと試みる「社会語用論的」語史研究が盛んになっている[6]。そこで、本論では、ドイツ語における役割語を、この社会語用論的な視点から考察していく。

## 2　社会語用論的語史研究の視点からみた役割語

Mattheier(1998)は、社会語用論的語史研究で扱われる「外的」語史(言語外現象の変遷)を、言語使用史(言語変種とその使用者・使用状況の変遷)、言語接触史(他言語との関わり合いの変遷)、言語意識史(言語に対する認識や規範意識の変遷)に分類したが[7]、この中でも役割語研究にとって最も重要なのは言

---

大文字のない „ß" はすべて „ss" と表記される。しかし、読みやすさを考慮して、用例では正書法にしたがい大文字・小文字を分けて表記し、また句読点もおいた。

[4] 例えば、„Moin Werner [...] !"、„Kalli sacht, wat nu?! [...] "、„Lange genuch!" など(Brösel 1993: 27, 130, 137)。

[5] 「ある特定の言葉づかい […] を聞くと特定の人物像 […] を思いうかべることができるとき、あるいはある特定の人物像を提示されると、その人物がいかにも使用しそうな言葉づかいを思いうかべることができるとき、その言葉づかいを『役割語』と呼ぶ」(金水 2003: 205)。

なお、本論では、〈博士ことば〉や〈黒人ことば〉のように、特定の社会集団と結びついた言語変種、つまり社会方言(Soziolekt)のみを扱い、特定の一個人と結びついた言語変種である個人語(Idiolekt)は扱っていない。ドイツ・コミックにおいても、特定の作中人物のみが使用する個人語は多様であり、概観するのは難しい。例えば、Walter Moers の『アドルフ』(Adolf. 1997-)シリーズでは、主人公アドルフが、標準語における „i" と „e" が „ä" に、„u" が „o" に換えられた言語変種を使用している(„Non ja... äch kann, äh... Aufhätzen... Blätzkrääg... Malen...."）(Moers, Walter(2007 [2005])Adolf. 2.ed. München: Piper. p.6)。

[6] Cf. Mattheier(1998: 2).

[7] Cf. Mattheier(1998: 8-9).

語意識史であろう。なぜならば、役割語は、書き手／話し手と読み手／聞き手双方が特定の言語意識を共有してさえいれば、実践における言語の使用例を無視して、新たな言語変種を創造し役割語として使用することさえ可能だからである。例えば、博士論文執筆者の受けた教育水準や博士論文における言語構造をどんなに精密に調査し、言語使用史の一側面を明らかにしたところで、博士号所得者の使用する言語変種が言語共同体において「博士らしい」と認識されていなければ、〈博士ことば〉を明らかにしたことにはならない。逆に、地域方言が抜けない俳優がTV番組で演じる「博士」が人気を博し、彼の言葉づかいが「博士らしい」と認識されさえすれば、その訛りを〈博士ことば〉とみなせる。したがって、〈博士ことば〉を考察するには、使用状況や使用者ではなく、各言語共同体において「博士らしい」と認識されている言語変種を特定し、その言語変種に対する認識の変遷、つまり言語意識史を明らかにする必要がある。以上の点から、「役割語」を社会語用論的語史研究における術語で定義しなおすならば、特定の「アイデンティティ構成のレベルにおける言語意識」(「博士らしい」「黒人らしい」など、言語変種が持つ社会シンボル機能に関する知識)と不可分の言語変種[8]、と言えるだろう。

　言語意識は、それを抱いている人物が自ら言及しないかぎり調査は困難であり、そのため言語意識史は他の分野に比べて研究がすすんでいない[9]。しかしながら、新たに創造された言語変種が役割語として認識された場合においては、創造の段階で言語使用者の言語意識が明確になっており、この点で、その他の言語変種に対する認識を調査するよりも容易である[10]。ただし、ドイツ語における役割語の創造は日本語ほど容易ではなく、その用例も日本語ほど豊富ではないと推測される。日本語における役割語は、「人称代名詞」(「拙者」「あたくし」など)、「文末表現」(「ござる」「ざます」など)、「音声的な要素」(訛りや

---

[8] 役割語とは呼べないその他の言語変種も、程度の差こそあれなんらかの「アイデンティティ構成のレベルにおける言語意識」と結びついている。また、言語意識はその他にも、「言語の構成単位のレベル」(言語体系に関する知識)、「コミュニケーション実行のレベル」(言語変種の使用に関する語用論的な知識)に分けられる。細川(2009: 84)参照。
[9] Cf. Mattheier(1998: 22).
[10] 例えば、〈黒人ことば〉が創造された際には、その造り手はその新しい言語変種が言語共同体において「黒人らしい」と認識されるべく注意を払ったはずであるし、そのように認識されたからこそ普及した、あるいは普及する過程で読み手がそのように認識するようになったと考えられる。

感動詞など)を応用して創造されるが[11]、この点に関して、ドイツ語と同じ西ゲルマン語群に属する英語の役割語を論じた山口(2007)は、「英語が背負うハンディキャップ」について指摘している。つまり、日本語においては「豊富な人称代名詞と文末表現」を組み合わせることで「足し算式」に役割語を創造することができるが、英語においてはそれらのオプションが乏しい、というハンディキャップである[12]。ドイツ語もまた、英語と同様のハンディキャップを背負っている。したがって、役割語の用例を収集するためには、比較的、役割語が創造されやすいメディアを調査する必要があるだろう。この点に関して、金水(2003)は役割語の使用頻度が高いメディアとして児童小説とならびマンガを挙げており、またドイツのコミックでは、次章で述べる(商業的な)理由からとりわけ役割語が創造される可能性が高く、役割語研究の調査対象としてふさわしいと言える[13]。

## 3　ドイツにおけるコミック翻訳

　絵物語『マックスとモーリッツ』(*Max und Moritz.* 1865)の作者であるWilhelm Busch以降、現在に至るまで、ドイツ語圏にはコミック作家と呼べる芸術家がいる。しかし、コミック市場に目を向けてみると、そこで扱われる商品としてのコミックの大半は、外国から輸入された翻訳コミックであった[14]。なかでも、『愉快なポケットブック』(*Lustiges Taschenbuch.* 1967-)を始めとするディズニー・コミックの影響は大きく、夏目(2001)は、後述するマンガ・ブーム以前のドイツを"コミックスというと、いきなりディズニー物を意味するような国"(夏目 2001: 204)とさえ評している。したがって、コミックにおけるドイツ語の変遷を扱う際には、翻訳状況の変遷(言語使用史)と言語間翻訳の変遷(言語接触史)を避けて通ることはできないだろう。また、マンガ・ブー

---

[11] 金水(2003: 205)以下参照。

[12] 山口(2007: 21)以下参照。例えば、現代英語の一人称代名詞は、単数形 „I" と複数形 „we" に限られており、現代ドイツ語もまた単数形 „ich" と複数形 „wir" のみである。もっとも、二人称代名詞に関しては英語よりもオプションが豊富である(„du"、„Sie"、„ihr")。

[13] 金水(2003: 33)参照。本論では、ドイツ語圏での表現と対応させるため、便宜的に、総称として「コミック」という語を用い、そのうち日本製のもののみを「マンガ」と表記する。Cf. Nielsens(2009: 211).

[14] バルツァー(2004b: 74)以下参照。

ム以降は、コミックの読者層が抱く言語に関するメンタリティ[15]に大きな変化がもたらされた(言語意識史)。この節では、とくに言語意識と関連付けながら、ドイツにおけるコミック翻訳の変遷を概観する。

### 3.1　ドイツ・コミック市場の変遷

　アメリカ合衆国、(フランス語圏を中心とする)西欧、そして最大のコミック市場を誇る日本の3地域が、2009年現在におけるコミックの中心地であり、それぞれに違った伝統を持っている。このうち、西洋文化圏に属するアメリカおよび西欧のコミックは、上述のディズニー・コミックを嚆矢として、戦後すぐにドイツのコミック市場で受け入れられたが、日本のマンガがこの市場に登場するまでには、長い年月が必要であった[16]。

　ヨーロッパの古典的なコミックは、何よりも教養市民的な価値観を伝える教育的な作品であることが求められており、これらの作品では、一つの図像に多くの情報を詰め込み、各コマがより意義深くなるよう注意が払われている。これに対し、1950年代以降テレビアニメと密接な関係を保ちつつ発展したマンガは(スピード線などを多用する)動きの表現が特徴であり、各コマには最小限の情報しか詰め込まれていない。また、扱われるテーマに関しても、教育的なヨーロッパのコミックに対し、マンガは感情表現に力点を置いている[17]。このような文化の違いは、マンガのドイツへの流入を長らく困難なものにしてきた。1982年に、すでに英語訳が出ていた中沢啓治の『はだしのゲン』(1973-1985)のドイツ語訳がRowohlt社から出版された。これはドイツのコミック市場に現れた最初のマンガであるが、不人気のためこの企画は第一巻のみで頓挫してしまった。その理由をNielsen(2009)は、中沢の(70年代の)日本流の図像表現が、当時のドイツ人読者にはまだあまりにも異質であったため、と分析している[18]。ドイツでマンガ・ブームの土壌をつくったのは、アメリカ

---

[15] 「言語に関するメンタリティ」とは、(意識されないものも含め)言語行動に影響を与えている習慣や思考の雛形(言語規範意識など)を指す。細川(2009: 83)参照。
[16] Cf. Knigge(2009: 24). 外国製コミックによって市場を形成し続けてきたドイツ・コミック文化の特殊性については、バルツァー(2004a)およびベルント(2004)に詳しい。
[17] Cf. Knigge(2009: 25-26).
[18] 具体的には、深刻なテーマを扱う作品において「巨大な目、大きく開いた口、流血・発汗・落涙の直接的な描写、奇妙な『サルのような』ポーズ」が描かれていたことが、読者に

や他のヨーロッパ諸国と同様に、1990年代初頭に人気を博した大友克洋の『アキラ』（1982-1990）であった。この作品の特徴としては、Moebiusらフランスのコミック作家の影響を強く受けた画風が挙げられる。この作品では、マンガではそれまで典型的だった大仰さが避けられ、登場人物は「西洋人化」されずアジア人らしい顔つきで描かれており、"手塚治虫スタイルの伝統と同時に西洋的な慣習を受け継いだ作品"（Nielsen 2009: 225）と評される所以となっている[19]。

ドイツにおけるマンガの普及は、ヨーロッパふうに描かれた作品をきっかけとしたものであったが、ドイツでは1990年代末以降に起こったマンガ・ブーム[20]と呼ばれる現象が、ドイツ人読者のメンタリティに変化をもたらした。象徴的な事象としては、マンガ・ブームの当初は裏焼き[21]され洋書と同様に左開きに印刷されていたマンガが、近年では主に日本式の右開きに印刷されていることが挙げられる。この"「後ろ」から「前」へ読む"（Knigge 2009: 26）特殊な読書習慣によって、マンガの世界は『ミッキー・マウス』や『アステリクス』で育った大人たちには立ち入りがたいものとなった。実際、マンガの読者は大半がティーンエイジャーであり、もっぱら彼ら向けの、自分探しや性の問題などを扱ったマンガが出版されている[22]。また、大量に輸入され続けているマンガは、マンガに影響を受けた作品を描くコミック作家たち、いわゆる「ドイツ・マンガ家」（Deutsche Mangaka）と呼ばれるグループさえ生んだ。「マンガ家」を称する作家の作品では、ドイツ語コミックであるにも関わらず、マンガと同様に右開きで描かれるものもある[23]。このように、マンガはじょじょに

---

違和感を抱かせたと述べている。Cf. Nielsen(2009: 216).
[19] Cf. Nielsen(2009: 223-225).
[20] このブームは、否定的に"マンガによる侵略"（Dolle-Weinkauff et al.(ed.)2008: 65）と呼ばれることもある。マンガ・ブームが欧州コミック圏に嫌悪感や危機感をもたらしたことは、『アステリクス』において、マンガがゴキブリを模した宇宙人として描かれたことからもうかがい知ることができる。Cf. Uderzo, Albert(2005) *Gallien in Gefahr*. Berlin / Köln: Egmont.
[21] コミックを左右反転させて印刷するこの手法は、（フランス語とは逆に右から左に書かれる）アラビア語版『アステリクス』などですでに用いられていた。Cf. Grassegger(1985: 13).
[22] Cf. Knigge(2009: 26).
[23] Cf. Dolle-Weinkauff et al.(ed.)(2008: 65). 代表的な作家としては、「ゾンダーマン国内マンガ賞」を受賞したJudith Park(2005年度)やAnike Hage(2007年度)などが挙げられる。ただし、「日本的な」作品だけでなく、2007年度の「ゾンダーマン新人賞」を受賞したDirk Schwiegerの『モレスキネ：毎週東京から』（*Moresukine: Wöchentlich aus Tokio*. 2007)のよう

（テクノ音楽や You Tube と同様に）自国の若者文化とみなされつつある[24]。

## 3.2　コミック翻訳に際するスコポスと人工方言

　マンガ・ブームは、コミック市場における主力商品を様変わりさせただけでなく、コミックに対してドイツ人読者が抱いていた言語意識をも変えた。マンガの人気を支えるティーンエイジャーたちは、マンガが日本的なものであり、マンガやそれに付随する日本語講座を通じて日本好きにしか分からないコードを学ぶことに魅力を感じている、とバルツァー（2004b）は指摘する[25]。つまり、マンガのドイツ語は、今では「日本（語）らしい」ものであることが望まれていると言える。この、読者層の抱く言語意識の変遷は、より多くの購買層を獲得したい出版社にとって"スコポス（翻訳目的・翻訳目標）"（Reiß & Vermeer 1984: 96）の変化を要求するものであった。裏焼きの衰退が象徴するように、現在出版されているマンガの翻訳に当たっては、それまで主流であった（目標言語であるドイツ語・ドイツ文化を重視した）同化的翻訳方法ではなく、（起点言語である日本語・日本文化を重視した）異化的翻訳方法が好まれるようになっている[26]。一方、近年に翻訳出版されたマンガであっても、ティーンエイジャー向けではないマンガ、例えば、Carlsen 社から出た中沢啓治の『はだしのゲン』（*Barfuß durch Hiroshima.* 2004-2005）や手塚治虫の『アドルフに告ぐ』（*Adolf.* 2005-2006）などは、西洋文化圏のコミックと同様に読めるよう、裏焼きされ全ての擬音語・擬態語がドイツ語（ふう）に書き換えられている。このことは、異化的翻訳方法を重視する方向へのスコポスの変化が（最大の購買層である）ティーンエイジャーの言語意識に応じたものであり、その他の読者層に向けた翻訳に際してはスコポスの変化がなかったことを示唆している。

　このスコポスの変化は、マンガ翻訳において Reiß & Vermeer（1984）のいう「言語創造的」翻訳が行われる可能性を高めた、と言えるだろう。これは、起

---

に、グラフィック・ノベルの手法で日本を描いた作品も評価を受けている。
[24] Cf. Knigge（2009: 26）; Nielsen（2009: 211）.
[25] バルツァー（2004b）第 2 章参照。
[26] 同化的翻訳の一例としては、マンガ・ブームの最初期に翻訳された Egmont Ehapa 社の『セーラー・ムーン』（*Sailor Moon.* 1998-2000）が挙げられる。このシリーズでは裏焼きが行われ、日本語特有のオノマトペの多くが削除され、また、主人公の名前「月野うさぎ」が„Bunny" に変更されている。細川（2005）第 2 章参照。

点言語における概念・思考方法・イメージ・対象物などが目標言語に存在しない場合に、新しい言語記号を造り訳語にあてる、というものである[27]。同化的翻訳方法の場合、ドイツ語・ドイツ文化には存在しない概念・対象物を表す語彙は、翻訳に際して省略すればよい。しかし、異化的翻訳方法が規範視される現在のマンガ翻訳では、ドイツ語・ドイツ文化には存在しない日本語・日本文化をも何らかの形で翻訳することが求められる。この点に関し、目標言語に等価となる変種が存在しない言語変種の翻訳方法について論じたCzennia (2004)は、翻訳の一手段として、「人工方言」(Kunstdialekt)を用いた「言語創造的」翻訳方法を紹介している[28]。この「人工方言」とは、翻訳に際して、特定のコノテーション(「田舎者らしさ」「黒人らしさ」など)を伝達するために、複数の言語変種を合成して新たに造られた言語変種のことである[29]。地域方言のみを合成して造られた人工方言としては、例えば、ディズニーの『愉快なポケットブック』のひとコマで、パーティー会場に現れた浮浪者が以下のように発言している。

(2)　„<u>Tach</u> zusammen, Leute! [...] Ich will auch gar nich lange stören, <u>gell</u>?"（おばんです、皆さん！［…］長居はしまへんさかいに！）

(Höpfner(ed.) 2004: 25)

ここでは、北ドイツ訛りである „Tach" と南ドイツ訛りである „gell" とが混用されており、この言語変種が、特定の地域と結びついた言語変種ではなく、「無教養さ」あるいは「田舎者らしさ」を表現するために各地の地域方言を合成して造られた人工方言だということが分かる。こうした人工方言が翻訳者の意図したとおりに機能した場合、起点言語における変種のコノテーションが保持されることになる。したがって、コミックのドイツ語がなるべくオリジナル

---

[27] Cf. Reiß & Vermeer (1984: 136).
[28] Cf. Czennia (2004: 509-510). Czennia は、「人工方言」と併記して「方言混合」(Dialektmischung)という術語も挙げているが、本論では、人為的に造られた言語変種であることが明確に表されている点を重視し、「人工方言」のみを用いる。
[29] 人工方言の合成に用いられる言語変種としては、地域方言や社会方言が用いられる。Czennia は、起点言語からの借用語については言及していないが、本論では、借用語の多用をいわゆる「外国人訛り」とみなし、人工方言を合成するためのオプションに含めた。

に近いことを規範視する若い読者層にとっては、理想的な翻訳方法と言えるだろう。また、用例2が示しているように、特定の「アイデンティティ構成のレベルにおける言語意識」と結びつけ、役割語と同様に「特定の人物像」を想起させる人工方言を創造することもできる。用例2における人工方言の場合、この新たに創造された言語変種が読者によって「無教養人／田舎者らしい」と認識されさえすれば、ドイツ語の〈無教養人／田舎ことば〉とみなせる。ただし、この例に関して言えば、この浮浪者はこの発話においてしか人工方言を用いておらず、その他の発話では標準語を用いているため、彼の発話のみによって読者が彼を「無教養人／田舎者らしい」人物と認識するとは考えにくい。

では、起点言語における変種が、すでに役割語である場合はどうだろうか。その場合、訳語にあてられた人工方言は、目標言語における役割語として機能するはずである。次節では、起点言語における役割語が人工方言を用いて翻訳され、すでに市場に流通している例を考察する。

## 4　人工方言から役割語へ

人工方言は、翻訳に際して新たに創造される変種であるため、聞き手／読み手にとっては、異質なものと受け取られるに違いないが、そこから起点言語におけるコノテーションが読み取られるか否かは翻訳者の力量によるところが大きい。この点に関して、役割語の翻訳であれば、起点言語における変種が明確に「特定の人物像」と共に使用されているため、目標言語においても同じ「人物像」を想起させることが期待できる。また、コミック・テクストには、言語使用者を表す図像によってその人工方言の機能を補完できるという利点もある。これから考察する人工方言は、（コミックの読者という言語共同体内に限っては）ドイツ語における役割語とみなせるものである。

### 4.1　〈ローマ人ことば〉および〈侍ことば〉のドイツ語訳

フランス製コミックである『アステリクス』(*Asterix*)は、ドイツでは1967年から翻訳・出版がはじまり、現在でも"コミック文化における古典"(Goschinny & Uderzo 2005: 4)として高い人気を誇っている。また、その言語は、翻訳の歴史の長さとドイツ語圏における認識度の高さから、これまでにもコミックにおけるドイツ語を研究する際の資料とされてきた[30]。この原作にお

いては、「ローマ人らしさ」を演出する言語変種が用いられており、その変種は人工方言を用いてドイツ語に翻訳されている。この言語変種を、本論では仮に〈ローマ人ことば〉と呼ぶことにする。本作は、ローマ帝国軍によって侵略されているガリア人たちが主人公で、彼らの日常やローマ軍との戦いが描かれており、金水(2003)で指摘されているように、このコミックでも感情移入すべき主人公(ガリア人)は標準語、敵側であるローマ人は標準的ではない変種を使用している[31]。その特徴は、主に以下の2点である。第一の特徴としては、ラテン語の使用が挙げられる。ラテン語の語句は、それのみで用いられるだけでなく、ドイツ語と混用される例もみられるが、いずれの場合においても、コマの外にドイツ語訳が示される場合が多い[32]。

(3)　　„Ave! Aveh!"(アヴェ！　アヴェーッ！)　　　　　　(ibid.: 11)
(4)　　„Halt! Quo vadis, Gallier?"(停まれ！　ガリア人め、クォ・ヴァディス？)　　　　　　(ibid.: 25)

　第二の特徴は、ドイツ語であってもローマ文化を想起させる語句の使用である。その一例としては、本来のドイツ語では単数形で表される「神」が、ローマ帝国が多神教の国であったため複数形に、あるいはローマの守護神であるユピテルに置き換えられている点が挙げられる。

(5)　　„Bei allen Göttern!"(すべての神々よ！)　　　　　　(ibid.: 11)
(6)　　„Beim Jupiter!"(ユピテルよ！)　　　　　　(ibid.)

　これらの慣用句は、このコミックに登場するローマ人がしばしば怒りや驚きを表す感動詞として用いているが、標準ドイツ語では „Bei Gott!"(神よ！)である。また、ドイツ語の慣用表現に含まれている「ビール」を表す名詞が、ロー

---

[30] 例えば、文字の色や書体によってパラ言語情報を表現する方法などについて論じた Kieger, Jolanta(2003) *Paraverbale Ausdrücke als Gestaltungsmittel der Textsorte Comic*. Lublin: Lubelskie Tow. Naukowe. など。
[31] 金水(2003: 69)以下参照。
[32] 用例4ならば、「ラテン語：どこへ行くのだ？」という訳が注記されている(Goschinny & Uderzo 2005: 25)。

マ帝国時代に飲まれていた飲料を表す名詞に換えられた例もみられる。

　（7）　„Das ist eure Cervisia!"（それは、おまえらのケルウィシアだ！）

(ibid.: 71)

　これは、ドイツ語の慣用表現 „Das ist euer Bier!"（それは、おまえらのビールだ！［＝おまえらの問題だ！］）から造られた〈ローマ人ことば〉である。この箇所では、「ケルウィシア」に注がついており、"古代におけるビール"（ibid.）という解説がされている。このような欄外の注記は、読者の知識を補足することで、〈ローマ人ことば〉の機能を補完している、あるいは〈ローマ人ことば〉の語彙を拡充していると言えるだろう。
　この言語変種に関しては、ラテン語とローマ文化に関する知識のみが要求されているため、ラテン語・ローマ文化の影響を強く受けてきたドイツ語圏においては、それに対応する人工方言を創造することや、読者が新しく造られたこの変種を〈ローマ人ことば〉として認識することは、さほど困難でもなかったように思われる。これに関連して、社会方言の翻訳について論じた Greiner (2004) は、西洋文化圏ではいずれの言語共同体にも類似の社会的な差異やそれに伴う言語現象が存在するため、翻訳は比較的容易であるとしている[33]。一方で、すでに述べたように、マンガ翻訳に際するスコポスが変化した 2000 年代においては、ドイツ語圏とはまったく異なる文化圏から輸入されているマンガの翻訳に際しても、なるべく本来の（役割語も含めた）日本語を生かした翻訳がみられるようになった。例えば、ドイツ語版『バガボンド』（*Vagabond.* 2002-）においては、〈侍ことば〉が人工方言を用いて翻訳されている[34]。ただし、この変種が「侍らしい」言語変種と認識されるためには、ストーリーや図像による機能の補完が不可欠だと思われるため、〈ローマ人ことば〉に比べる

---

[33] Cf. Greiner (2004: 904).
[34] ただし、これは、Egmont Ehapa 社が刊行している「adult 漫画」シリーズという比較的高年齢層向けの翻訳物であり、市場の主流であるティーンエイジャー向けの翻訳ではない。出版社に関して言えば、ほぼマンガのみを扱っている Tokyo Pop 社の翻訳物には、日本語（らしさ）を残そうとする傾向が強い。たとえば、『ケロロ軍曹』（*Sgt. Frog.* 2004-）や『銀魂』（*Gin Tama.* 2007-）などでは、コマに書きこまれた日本語の擬音語・擬態語をそのまま残し、そのドイツ語訳を併記するという翻訳方法などがみられる。

と、役割語としての、「特定の人物像」を想起させる機能は弱いと言わざるをえない。この言語変種の特徴としては、以下の2点が挙げられる。第一に、「侍らしさ」を表す敬称・呼称(およびそれに付随した日本語の統語構造)の借用がみられる。

 (8)  „Kanemaki Jisai – <u>Dono</u>, nicht wahr?"（鐘巻自斎殿ですな？）
                   （Inoue 2004: 174）

この「殿」が仮に「様」「さん」「君」などであっても、ドイツ語では „Herr Kanemaki Jisai" で表すことができるが、その場合、それぞれの日本語が持つコノテーションは失われてしまう。そのため、翻訳者は、借用語やドイツ語としては不自然な統語構造(固有名詞の後に敬称を置く)を用いてまで、〈侍ことば〉を翻訳しようと努めているのである。また、呼称の借用例としては、二人称代名詞の直後に挿入するという例がみられる。これは、注記を用いずに、この借用語が作中の読み手／聞き手に対する呼称であると読者が推測できるように配慮したため、とも考えられる。

 (9)  „Ich weiß zwar, dass er für Sie, <u>Sensei</u>, eine große Belastung ist […]"
    （先生にとって大きな負担になると、分かってはおりますが［…］）
                     （ibid.: 3）[35]

第二の特徴としては、文末表現の借用がみられる。

 (10)  „[…] friedlich meinem Ende entgegengehen, <u>soro</u>."（［…］安らかに自らの死へ向かい候）
                      （ibid.: 10）

---

[35] 作中のこの言語使用者は、同じ頁で „Meister Kanemaki Jisai" とも呼びかけており、翻訳に際して、„Sensei" という借用語を用いる必然性がなかったことは明らかである。しかし、ドイツ語圏では「先生」という呼称が武道との関連で用いられることがあるため、訳者は、剣術の師匠である鐘巻自斎に対して、一般的な熟練者・指導者を指す „Meister" だけでなく „Sensei" という呼称も併用したのだろう。
Cf. http://de.wikipedia.org/wiki/Sensei（2009.12.14）

この吹き出しには『アステリクス』におけるラテン語のように注がついており、"候文は、古い日本語の改まった文体で、この文体においては文が „soro" で終わる。［…］"（ibid.: 10）という解説がなされている。借用語および注記を利用するという上述の〈ローマ人ことば〉と同様の、したがって役割語の翻訳方法として実績のある手法によって、日本語の役割語がすでにドイツ語訳され市場に流通している、という点は注目に値するだろう。

　上述の用例から、翻訳に際する必要上創造された人工方言が、その翻訳物の中で役割語として機能することが確認できた。しかし、これらの新たに造られた言語変種が、翻訳作業や翻訳物から離れて自立したドイツ語の役割語になりうるか否かについては議論の余地があるだろう。この疑問に関連付けながら、次節では、コミックの翻訳を通じて普及した特殊な語彙・語法を考察する。

### 4.2　コミック翻訳を通じた役割語普及の可能性

　コミックの翻訳を通じてドイツ語に普及した語彙・語法のうち、動詞語幹辞（Inflektiv）は、コミックとはまったく別のメディアに普及したという点が興味深い。これは、チャットや携帯メールにおいて、文末に *grins*（ニヤニヤ）や *bibber*（ブルブル）など動詞の語幹を付け加えることで発話者の動作や様態を表現するものである。Schlobinski（2001）によれば、この動詞語幹辞は、ディズニーのコミック月刊誌『ミッキー・マウス』（Micky Maus）が1951年から翻訳・出版され、ドイツ・コミック市場で大きな影響力を持ったことにより普及した[36]。アメリカ製コミックでは „sound word" と呼ばれる間投詞が頻繁に使用されるが、これはドイツ語の擬音語と違い、動詞がそのままの形で使われている場合もあり（„knock!" など）、擬音語（「コンコン！」）として機能する一方で動作（「ノックする」）をも表していることになる。このような „sound word" をドイツ語へ翻訳するために用いられたのが、動詞語幹辞である。この動詞語幹辞は、理論上は動詞の数だけ新たに造語できるため（„klopfen"（ノックする）>  „klopf!"（コンコン！）など）、遅くとも1980年代初頭にはすでにドイツ製コミックに定着し[37]、現在ではチャットや携帯メールに応用されている。この動詞語幹辞の繁栄は、コミックの「言語創造的」翻訳が言語そのものに対

---

[36] Cf. Schlobinski（2001: 194）.
[37] 細川（2004: 193）以下参照。

して影響力を持っていることを示唆している。では、動詞語幹辞と同じく**翻訳**に際して創造される人工方言はどうだろうか。

役割語の中でも〈黒人ことば〉は、文学作品上の言語変種である「黒人英語」（Black English）の翻訳を通じて、ドイツ語圏においても知られていた。黒人を想起させる役割語としては、日本語では各地の地域方言を合成した〈田舎ことば〉が用いられているが、ドイツ語では、英語の例にならって標準語を制限した形で表されている[38]。『ヴェルナー：エクスゴムバー！』（Werner. Exgummibur!. 1998）では、カリブ出身の黒人や、アフリカ大陸にある「テイデンアツ王国」（Niedervolta）の国民が使用する言語として、〈黒人ことば〉が登場する。この〈黒人ことば〉は、「音声的な特徴」を用いた役割語であり、標準ドイツ語から „r" の表記を省略しただけのものである。例えば、カリブから来た黒人の魚屋は、商売に失敗し海賊になることを決意した際、以下のようにつぶやく。

(11) „Ich geh zu'ück in die Ka'ibik und we'd Pi'at!"（俺はカリゥ［カリブ］に帰って、海ぉくになるぉ［海賊になるぞ］！）　(Brösel 1998: 33)

この例では、言語使用者の設定から「黒人英語」の影響が感じられる。一方、架空の国であるテイデンアツ王国では、白人の探検隊に雇われたコック（用例

---

[38] 金水（2003: 184）以下および Greiner（2004: 904）参照。なお、本論はコミック翻訳の視点から役割語を扱っているため本文では取り上げなかったが、前述の『アドルフ』シリーズでは、極めて用例が少ないながらも、〈日本人ことば〉と呼べそうな変種が使用されている。これは、日本語の語彙を借用し、日本語では弁別的でない „r" と „l" を入れ替えた変種である。例えば、コバヤシと名乗る人物は、東京を訪れたアドルフにこう呼びかける。„Konichi-wa, Flemdel-san! Blauchen Sie einen Fühlel?"（コニチワ、ぐぁいじんサン［外人サン]！　旅行ヴァイド［ガイド］は要りませんくぁ［せんか］？）（Moers 2007: 48）。このうち、„r" を „l" に入れ替えた変種は、ディズニー・コミックなどで〈中国人ことば〉としても用いられている。この変種の使用者は、国籍にかかわらず、ジョルジュ・ビゴーの描いた清国人のような風貌で描かれていることが多く、この変種もまた、吊り目や丸メガネ、ドジョウひげ、辮髪などと同様に、欧米人の目からみた典型的な「東洋人」の特徴なのだろう。この変種の使用者が „China"（中国）でも „Japan"（日本）でもない „Chipan" 出身とされている例などには、この変種に対する欧米人のそうした大雑把な認識が表れているように思われる。Cf. Höpfner, Peter (ed.) (2009) *Walt Disney Lustiges Taschenbuch*. Nr.391. Berlin: Egmont. p.203; Höpfner, Peter (ed.) (2010) *Walt Disney Lustiges Taschenbuch*. Nr.72. Berlin: Egmont. p.62.

12)から国王(用例 13)まで、社会的な身分差に関係なく一様にこの変種を使用している。

(12) „Niede'volta! Mein Land, es ist in Gefah'!"(テイェンアツ［テイデンアツ］！　おれの国ぁ［国が］、あぅない［危ない］！）　(ibid.: 113)
(13) „Ih' habt 'echt... De' g'osse Kondensato' ist in eine' beklagenswe'ten Ve'fassung!"(そうぇす［です］……　いぁい［偉大］なるコンェンサー［コンデンサー］様は、なぇいて［歎いて］おられるのぇす［です］！）
(ibid.: 98)[39]

このように、『ヴェルナー』では〈黒人ことば〉が幅広く用いられているが、この „r" を省略し黒人の発話らしさを想起させるという手法は、Brösel が創造した役割語ではない。彼がそれをどれだけ意識していたかは不明であるが、この言語変種は、彼が『ヴェルナー』を描きはじめる以前から、ドイツ語版『アステリクス』で「黒人らしさ」を表すために使用されてきた人工方言であった[40]。したがって、この変種は、コミックをドイツ語訳する際に人工方言として創造されたものが、「黒人らしい」言語変種と認識されてドイツ語の〈黒人ことば〉となり、ドイツ製コミックにおいても使用されるようになった、とみなすことができる。

この〈黒人ことば〉が、動詞語幹辞のようにメディアを超えて普及しうるか否かは不明である。しかし、この一例によって、少なくともコミック・メディア内においては、人工方言が翻訳を離れて役割語として普及しうることが確認できる。

---

[39] 以上の〈黒人ことば〉は、標準ドイツ語の話しことばでは、以下のように表記される。„Ich geh zurück in die Karibik und werd Pirat!", „Niedervolta! Mein Land, es ist in Gefahr!", „Ihr habt Recht… Der große Kondensator ist in einer beklagenswerten Verfassung!"
[40] 一例を挙げるなら、ドイツ語訳が 1975 年に出版された『コルシカ島のアステリクス』(*Asterix auf Korsika*)では、海賊の一味である黒人がこの〈黒人ことば〉を使用している。„Wi' lehnen selten ab, nicht wah', Chef?"(俺らは滅多に断ったりしないぇしょ［でしょ］、親うん［親分］？)、„Abe' ich hab Angst! Das ist siche' ein T'ick."(それぇも［でも］、不安ぇすよ［ですよ］！　きっと罠にちぁい［違い］ありません）(Goschinny, R. & Uderzo, A.(2009 [1975])*Asterix auf Korsika*. Berlin / Köln: Egmont. p.18, 22)。

## 5 おわりに

　役割語創造の場として、ドイツにおけるコミック翻訳の歴史を社会語用論的な視点から考察した結果、以下の点が明らかになった。まず、言語使用史の分野においては、マンガ・ブームを契機とした新しい読者層（日本的なものを求めるティーンエイジャー）の登場と、出版社の方針転換（同化的翻訳方法から異化的翻訳方法へ）がみられた。言語接触史に関しては、これまでの主流であった「西洋文化圏」の言語だけではなく、役割語が豊富なマンガの日本語を大量に翻訳する必要性が生じた。また、言語意識史の分野では、翻訳マンガの言語が「日本（語）らしい」ことを要求するメンタリティが生まれ、そして、そうした言語意識に対応するために、マンガ翻訳に際するスコポスが変化した。これらの「外的」語史は、いずれも、ドイツ語圏において人工方言を通じて役割語が創造される可能性が、以前よりも高まったことを示唆している。

　もっとも、マンガの翻訳によって、〈侍ことば〉のような日本語特有の役割語がドイツ語圏へ持ち込まれたとしても、現在のところは、あくまでも目的意識の高い翻訳者によって創造された人工方言が、特定の読者層によって受け入れられているにすぎない。その言語変種が、コミックの読者層という狭い言語共同体の境界を越えて、ドイツ語圏で幅広く役割語として認識されるためには、マンガ・ブーム以外の別の要素が不可欠であろう。しかし、これから十数年のうちにドイツ語圏で言語意識史上の大変革が起き、役割語が隆盛をきわめる可能性も否定できない。なぜなら、ほんの十数年前、1990年代半ばにおいては、ドイツのコミック市場が「『後ろ』から『前』へ読む」作品によって埋め尽くされるとは誰も思っていなかったに違いないし、ましてや、ドイツ語母語話者が右から左にコミックを描くようになるとは思わなかったに違いないのだから。

## 付記

　本稿は、細川裕史（2010）「コミック翻訳を通じた役割語の創造」金水敏（編）科学研究費補助金基盤研究（B）「役割語の理論的基盤に関する総合的研究」研究報告書『役割・キャラクター・言語—シンポジウム・研究発表会報告—』pp.55-67 を改訂したものである。

## 用例

Brösel（1993［1982］）*Werner. Wer sonst?*. 33.ed. Kiel: Achterbahn.

Brösel(1998)*Werner. Exgummibur!*. Kiel: Achterbahn.
Goschinny, R. & Uderzo, A.(2005)*Asterix*. 2.ed. Augsburg: Weltbild.
Höpfner, Peter(ed.)(2004)*Walt Disney Lustiges Taschenbuch*. Nr.325. Berlin: Egmont.
Inoue, Takehiko(2004)*Vagabond*. Vol.14. Köln: Egmont.

## 参考文献

金水敏(2003)『ヴァーチャル日本語　役割語の謎』東京：岩波書店.
夏目房之介(2001)『マンガ世界戦略』東京：小学館.
バルツァー, イェンス(2004a)「あらがいつつ学ぶ」齋藤瑛子(訳)『東北ドイツ文学研究』48, pp.121-142, 東北ドイツ文学会.
バルツァー, イェンス(2004b)「ドイツにおけるマンガの行方」細川裕史(訳)『マンガ研究』5, pp.74-83, 日本マンガ学会.
ベルント, ジャクリーヌ(2004)「世界性への志向と国民性への固執のはざまで」『東北ドイツ文学研究』48, pp.201-230, 東北ドイツ文学会.
細川裕史(2004)「オノマトペから見たドイツ・コミック」『東北ドイツ文学研究』48, pp.181-200, 東北ドイツ文学会.
細川裕史(2005)「マンガの翻訳方法をめぐって」杉谷眞佐子・高田博行・浜崎桂子・森貴史(編著)『ドイツ語が織りなす社会と文化』pp.133-147, 関西大学出版部.
細川裕史(2006)「コミック・マンガのドイツ語」渡辺学(編)『研究叢書046　ニューメディアに映じたドイツ語の最前線』pp.1-14, 日本独文学会.
細川裕史(2009)「社会語用論的語史研究とはなにか？—社会コミュニケーションとしての語史に関する一考察—」『研究論集』13, pp.67-94, 学習院大学ドイツ文学会.
山口治彦(2007)「役割語の個別性と普遍性—日英の対照を通して—」金水敏(編)『役割語研究の地平』pp.9-25, 東京：くろしお出版.
Czennia, Bärbel(2004)Dialektale und soziolektale Elemente als Übersetzungsproblem. In Herbert Ernst Wiegand(ed.)*Handbücher zur Sprach- und Kommunikationswissenschaft. Übersetzung,* pp.505-512. Berlin / New York: de Gruyter.
Dolle-Weinkauff, Bernd et al.(ed.)(2008)*Comics made in Germany. 60 Jahre Comics aus Deutschland 1947-2007*. 2.ed. Wiesbaden: Harrassowitz.
Grassegger, Hans(1985)*Sprachspiel und Übersetzung. Eine Studie anhand der Comic-Serie Asterix*. Tübingen: Stauffenburg.
Greiner, Norbert(2004)Stil als Übersetzungsproblem: Sprachvarietäten. In Herbert Ernst Wiegand(ed.)*Handbücher zur Sprach- und Kommunikationswissenschaft. Übersetzung,* pp.899-907. Berlin / New York: de Gruyter.
Knigge, Andreas C.(2009)Zeichen-Welten. Der Kosmos der Comics. In Heinz Ludwig

Arnold und Andreas C. Knigge (ed.) *Text + Kritik Sonderband. Comics, Mangas, Graphic Novels,* pp.5-34. München: Ed. Text + Kritik.

Matteier, Klaus J. (1991) Standardsprache als Sozialsymbol. Über kommunikative Folgen gesellschaftlichen Wandels. In Rainer Wimmer (ed.) *Das 19. Jahrhundert,* pp.41-72. Berlin / New York: de Gruyter.

Mattheier, Klaus J. (1998) Kommunikationsgeschichte des 19. Jahrhunderts. Überlegungen zum Forschungsstand und zu Perspektiven der Forschungsentwicklung. In Dieter Cherubim et al. (ed.) *Sprache und bürgerliche Nation,* pp.1-45. Berlin / New York: de Gruyter.

Nielsen, Jens R. (2009) Leben mit der Bombe. Der Manga als grafische Erzählform. In Heinz Ludwig Arnold und Andreas C. Knigge (ed.) *Text + Kritik Sonderband. Comics, Mangas, Graphic Novels,* pp.211-231. München: Ed. Text + Kritik.

Reiß, K. & Vermeer, H. J. (1984) *Grundlegung einer allgemeinen Translationstheorie.* Tübingen: Niemeyer.

Schlobinski, Peter (2001) Inflektive und Inflektivkonstruktionen. In *Zeitschrift für germanistische Linguistik* 29, pp.192-218. Berlin: de Gruyter.

第 **4** 部

# さまざまな役割語

第9章 『風の谷のナウシカ』と役割語
――映像翻訳論覚書――
米井　力也

◎

第10章 「沖縄人」表象と役割語
――語尾表現「さ」(「さぁ」)から考える――
本浜　秀彦

◎

第11章 役割語としての「幼児語」とその周辺
岡﨑　友子・南　侑里

◎

第12章 役割語としての片言日本語
――西洋人キャラクタを中心に――
依田　恵美

◎

第13章 大阪大学卒業論文より(2002〜2010)
金水　敏ほか

第 **9** 章
# 『風の谷のナウシカ』と役割語
──映像翻訳論覚書──

米井　力也

## 1　二人の「姫様」

　1984年に公開された宮崎駿のアニメーション映画『風の谷のナウシカ』のなかに、「あんたも姫様じゃろうが、わしらの姫様とだいぶちがうの」というせりふがある。主人公・風の谷の王女ナウシカに仕える「城オジ」の一人のことばである。

　「腐海」と呼ばれる毒の森の浸食にさらされた人類が選ぶべき道をめぐって、軍事国家トルメキアと工房都市ペジテのあいだで「巨神兵」という最終兵器の争奪戦がくりひろげられていた。ペジテが発掘した怪物「巨神兵」を復活させ、人類を脅かす腐海の主「王蟲（おうむ）」の大群を焼き払おうというのだが、その兵器をどちらの国が保有するかで戦闘が続いていたのである。ペジテに侵攻し巨神兵を奪ったトルメキアの大型飛行船が小王国・風の谷に墜落したことから、両国の争いに巻き込まれた風の谷は、トルメキア軍に占領される。

　その後、人質として風の谷を離れたナウシカは、ペジテの残党との空中戦で撃墜されたトルメキアの大型輸送船からからくも脱出したのち腐海に不時着、同時に墜落したペジテの戦闘機に乗っていたペジテの王子アスベルとともに腐海の最深部に至った。そして、指導者ナウシカ不在のまま、風の谷の人々は占領軍に叛旗を翻し、トルメキアの軍隊と対峙することになった。「あんたも姫様じゃろうが、わしらの姫様とだいぶちがうの」というせりふは、この戦闘の過程でトルメキア軍の捕虜となった城オジが占領軍司令官であるトルメキアの王女クシャナにむかって言ったものである（ギックリとゴルは城オジの名前、ジルはナウシカの父で、侵略したトルメキア兵に殺された風の谷の王）。

　　クシャナ　　どうだ、決心はついたか。降伏を勧めに行くなら放してやるぞ。

|   |   |
|---|---|
|   | ペジテの二の舞にしたいのか。 |
| ギックリ | あんたも姫様じゃろうが、わしらの姫様とだいぶちがうのう。 |
| ゴル | この手を見てくだされ。ジル様と同じ病じゃ。あと半年もすれば石と同じになっちまう。じゃが、わしらの姫様はこの手を好きだと言うてくれる。働き者のきれいな手だと言うてくれましたわい。 |
| クシャナ | 腐海の毒に侵されながら、それでも腐海とともに生きるというのか。 |
| ギックリ | あんたは火を使う。そりゃわしらもちょびっとは使うがの。 |
| ゴル | 多すぎる火はなにも生みやせん。火は森を一日で灰にする。水と風は百年かけて森を育てるんじゃ。 |
| ギックリ | わしらは水と風の方がええ。 |

　この会話には、腐海を焼き払おうとするトルメキアと腐海との共生をめざす風の谷の人々の姿勢のちがいがクシャナとナウシカという二人の「姫様」の対比によって示されているのだが、『風の谷のナウシカ』における言語表現の性格を端的に示している部分でもある。

## 2　『風の谷のナウシカ』における役割語

　金水敏が提唱する「役割語」という観点から『風の谷のナウシカ』を見ると、ナウシカを中心とする登場人物がどのような役割を与えられているのかがあきらかになる。「ある特定の言葉づかい（語彙・語法・言い回し・イントネーション等）を聞くと特定の人物像（年齢、性別、職業、階層、時代、容姿・風貌、性格等）を思い浮かべることができるとき、あるいはある特定の人物像を提示されると、その人物がいかにも使用しそうな言葉づかいを思い浮かべることができるとき、その言葉づかいを「役割語」と呼ぶ」（『ヴァーチャル日本語　役割語の謎』岩波書店、2003）という定義にしたがって、この作品の登場人物のせりふを分類すると、役割語としての〈老人語〉・〈若者語〉・〈男性語〉・〈女性語〉の典型的な言い回しが多用されていることがわかる。

　先に引用した城オジたちのせりふには、「わし」「わしら」という一人称代名詞、「じゃ」「のう」「わい」「くだされ」などの文末表現、そして「言うてくれ

る」「言うてくれました」のようなウ音便など、〈老人語〉がちりばめられている。このような言葉づかいは城オジだけでなく、百歳を超えると想定されている巫女的な老婆「大ババ」、風の谷の王「ジル」、ナウシカの恩師にあたる「ユパ」に共通する。これにたいしてナウシカと同世代（十代後半）と思われるアスベルは、「ぼくはペジテのアスベルだ」「ぼくらは腐海の底にいるんだよ」「君は不思議なことを考える人だなあ」という〈若者語〉・〈男性語〉を使用し、トルメキア軍の参謀クロトワは「貧乏軍人のおれですら久しくさびついてた野心がうずいてくらあ」「ケッ！笑ってやがるてめえなんぞ、この世の終わりまで地下で眠ってりゃよかったんだい」というように、独り言をいうときは東京下町風の言葉づかいをする。このような役割語がキャラクターの表情や風貌とあいまって物語の雰囲気を形作っていく。

## 3　ナウシカとクシャナのちがい

　しかし、『風の谷のナウシカ』でもっとも特徴的な役割語は、主人公ナウシカとそのライバルともいうべきクシャナという二人の「姫様」の言葉づかいである。斎藤美奈子は、「『ナウシカ』の二人のヒロインは、中途半端な「女らしさ」とは無縁である。二人とも知力と武力にめっぽう優れた逸材であることは、とりあえずまちがいない」「（ナウシカは）ヒロインというよりは、少女のヒーローといったほうが適切かもしれない」「『ナウシカ』では、たしかにヒロインではなく女のヒーロー、英雄の名にふさわしい女性像を出現させることに成功した。しかし、ナウシカとクシャナは、男性ヒーローの性格を女性の肉体に移植したような「英雄」だ。男のヒーローを手本にした女性像。いってみれば「男並み」の実現である」（『紅一点論』ビレッジセンター出版局、1998／ちくま文庫、2001）と述べているが、役割語の観点からみると、ナウシカとクシャナという「女のヒーロー」にははっきりとしたちがいが見られる。

　クシャナは占領軍司令官として部下に命令を下すときもナウシカたち風の谷の人々に語りかけるときも一様に〈男性語〉を用いる。命令・依頼表現は「やめろ」「言わせてやれ」「参加せよ」「まちがえるな」「動くな」「焼き払え」などのように命令形を用いる点で一貫している。容姿と表情以外に〈女性性〉を感じさせる面はまったくない。二人称代名詞も「おまえ」「おまえたち」「きさま」を用いて「あなた」「あなたたち」は一度も用いることがない。

一方、ナウシカは場面に応じて〈女性語〉と〈男性語〉を使い分ける。命令・依頼表現に限定してもナウシカは普段、「急いで」「殺さないで」「やめて」のように連用形中止法を用いることが多く、命令形でも「捨てなさい」「帰りなさい」「おいで」「お帰り」「見なさい」「運びなさい」という丁寧表現が一般的である。〈女性語〉に特有の文末表現として「一年半ぶりですもの」「うまく飛べないの」「すぐ行くわ」「だめよ」も繰り返し用いられる。〈男性語〉しか用いないクシャナとは対照的なのである。

しかし、ナウシカもクシャナと同じように〈男性語〉を用いる場面がないわけではない。「普段は静かで聡明な彼女は、父のジルをトルメキア軍に殺されたと知ったとたん、熱くなって「おのれェー!!」のひと言とともに剣を抜き、みごとな剣豪ぶりを発揮して敵の兵士を次々に倒してしまうのだ。「なんてやつだよ。みんな殺しちまいやがった」と敵の参謀ならずともつぶやきたくなる（とうていヒロインらしからぬ）行動である」（斎藤美奈子・前掲書）という場面にかぎらない。銃撃を受け墜落寸前のトルメキアの大型輸送船から、城オジのミトといっしょにガンシップとよばれる戦闘機で脱出しようとするとき、そこに姿をあらわしたクシャナに同乗を許し、敵の司令官の命を救うことになるのだが、ここでクシャナに向かっていうことばは「来い！」という命令形である。この脱出シーンではつぎのような会話が展開する。

| | |
|---|---|
| ミト | 姫様、もうだめじゃ。 |
| ナウシカ | 飛べるかもしれない。 |
| ミト | なんですと？ |
| ナウシカ | ミト、早く。 |
| ミト | は、はい！ |
| ナウシカ | エンジン始動！砲で扉を破る！ |
| ナウシカ | （クシャナに）来い！早く！ |
| ナウシカ | （クシャナに）早く中へ。ミト、行ける？ |
| ミト | どうにか。 |
| ナウシカ | 発砲と同時にエンジン全開！ |
| ミト | 了解！ |
| ナウシカ | 用意、撃て！ |

# 第9章 『風の谷のナウシカ』と役割語

　　　ナウシカ　　瘴気マスクをつけろ。雲下に降りてバージを救出する。

　風の谷の「姫様」であるナウシカは普段、尊敬語を用いることはあまりないとはいえ、城オジたちをはじめとして村の人々と会話をかわすとき、けっしてぞんざいな言い方はしない。親しみを込めた言い回しを用いるのがふつうである。しかし、この脱出場面のように緊急事態の場合、戦闘機に同乗している城オジのミトにたいして命令形を用いることがすくなくない（「後席、エンジンを切れ！」「エンジン音が邪魔だ。急げ」など）。

　　　ミト　　　　腐海をきれた！　酸の湖まで3分。
　　　ナウシカ　　エンジン、スロー。雲の下へ降りる。
　　　ミト　　　　なんじゃ、この光は！
　　　ナウシカ　　王蟲！
　　　ミト　　　　腐海があふれた。風の谷に向かっている。
　　　ナウシカ　　なぜ、どうやって王蟲を？
　　　ナウシカ　　だれかが群れを呼んでる。ミト、シリウスにむかって飛べ。
　　　ミト　　　　は、はい！
　　　ナウシカ　　いる。
　　　ナウシカ　　ミト、照明弾！
　　　ナウシカ　　用意、撃て！
　　　ミト　　　　なんだ、あれは？
　　　ナウシカ　　ああっ！
　　　ナウシカ　　なんてひどいことを。あの子をおとりにして群れを呼び寄せてるんだ。
　　　ミト　　　　くそっ、たたき落としてやる。
　　　ナウシカ　　だめよーっ！撃っちゃだめ。ミト、やめて！
　　　ミト　　　　なぜじゃ、なぜ撃たせんのじゃ。
　　　ナウシカ　　王蟲の子を殺したら暴走は止まらないわ。
　　　ミト　　　　どうすればいいんじゃ。このままでは谷は全滅だ。
　　　ナウシカ　　落ち着いて、ミト。王蟲の子を群れへ返すの。やってみる！
　　　ミト　　　　何をするんじゃ、姫様！

ナウシカ　　ミトはみんなに知らせて。

　腐海の上空を渡って危機に瀕した風の谷に向かっている途中、ペジテの兵士が王蟲の子どもをおとりにして王蟲の大群がトルメキア軍を襲撃するようにしむけていることが判明した。ここでもナウシカはミトといっしょにガンシップに乗っているのだが、戦闘モードの〈男性語〉から普段の〈女性語〉に移行していくようすが示されているといえるだろう。ナウシカは〈男性語〉と〈女性語〉を使い分ける「女のヒーロー」にほかならない。

## 4　役割語としての〈男性語〉

　ここで先に引用した斎藤美奈子のことばをもう一度引いてみよう。「『ナウシカ』では、たしかにヒロインではなく女のヒーロー、英雄の名にふさわしい女性像を出現させることに成功した。しかし、ナウシカとクシャナは、男性ヒーローの性格を女性の肉体に移植したような「英雄」だ。男性のヒーローを手本にした女性像。いってみれば「男並み」の実現である」

　じつは、この文章にはつぎのような一文が付け加えられている。「ここから悪しき男性性＝マッチョな女性像までほんの一息である。」斎藤美奈子はこれにつづいて『もののけ姫』におけるエボシ御前が統括するタタラ場という空間の分析に移っていくのだが、いまはそれには触れない。しかし、注で示されるつぎのような見解は注目に値する。

> 『もののけ姫』におけるエボシ御前のありようは、「女性にも徴兵制を」という俗流フェミニスト（ミニマリスト）の要求を想起させる。女にも男と同じ権利をすべて寄こせと要求する。アニメに置換していうと、女性キャラにも「男の子の国」のヒーロー並みの頭脳と力と武器を寄こせと要求していったら、最後はエボシのようなマッチョな姉ちゃんになるしかあるまい。
> 
> 　　　　　　　　　　　　　　　　　　　　（斎藤美奈子・前掲書）

　ここで触れられた問題は、すでに労働現場でとりあげられているものである。たとえば、「読売・中公　女性フォーラム21「おんな言葉、おとこ言葉」」と題するシンポジウムの報告の中に「女性の職場言葉　「均等法」経て変化」と

題する記事がある。

> おんな言葉、おとこ言葉は、それぞれ「やさしく家庭を支える女性」「外で丁々発止と戦う男性」に対応している面がある。さまざまな職域に進出しつつある女性にとって、「女性であること」と「職業人であること」を言葉の上で折り合わせるのは、むずかしい課題だ。
> 
> 読売新聞が02年から断続的に掲載している企画「新日本語の現場」取材班も、働く女性の多くの試行錯誤例に出合ってきた。
> 
> 東京都内の清掃会社では、40代の女性マネージャーが、「確認しろ」「相手によって態度を変えんじゃねえ」と、字面にすると男としか思えない言葉を連発していた。これが案外、部下に評判がいい。「わかりやすくて助かる」「本気で向上させようとしてくれている」と受け止められていたようだ。
> 
> 自衛隊では、地方の後方支援隊輸送隊長を務める30代の女性三等陸佐が、男性の部下たちに「2時に来い」「輸送せよ」などと指示を出していた。初任地では、父親と同年配の男性部下になんと命令していいか分からず、「〜してください」口調だったのが、当の部下に「『やれ』と言ってください」と意見され、改めたのだという。
> 
> ただ。こうした例が目立つのはやはり男女雇用機会均等法施行後に就職した世代。それ以前の、現在50代で部下を持つベテラン女性たちには「悪いけど〜してほしいの」「いま、時間ある？」「これ、明日までにお願いね」といったソフト路線派が多い。「男性は女性上司の命令を受け慣れていない。母親的なアプローチの方が抵抗がなく効果的」という経験的戦略だ。
> 
> 母親的トーンで円滑な上下関係を築くか、仕事上の役割には「男女関係なし」と割り切るか。女性の「職場言葉」も変化しつつある。（「新日本語の現場」取材班）　　　　　　（2005.04.05　読売新聞・東京朝刊）

心優しい「姫様」と勇猛果敢な戦士の両面を兼ね備えたナウシカの「役割語」は『風の谷のナウシカ』を特徴づけるものであるが、上映後20年を経たいま、すでに物語のなかだけの問題ではなくなっているのである。

## 付記

　2005年度から留学生を含む学部学生・大学院生といっしょに「映像翻訳論」というテーマで宮崎駿のアニメーションを対象にして字幕と吹替版の分析をはじめた。これは科学研究費助成金・萌芽研究「映像翻訳論：日本映画とアニメにおける字幕・吹替版の翻訳研究」の一環としておこなっているものである。現在のところ、『風の谷のナウシカ』の日本語シナリオ・英語版・韓国語版・中国語版の対照表を作成しながら、翻訳の上でどのような問題がみられるかという議論をしている段階だが、本稿で述べた役割語の問題も翻訳研究としてとりあげるべきものと考える。本稿の副題に「映像翻訳論覚書」と記したのはそのためである。翻訳研究に取り組むとき、翻訳にあらわれた差異が二つの言語の差異に基づくのはいうまでもないが、もともとのテクストがもっている言語的特性を見据えた上で比較しなければ、すべてを言語の差や「国民性」「民族性」に還元するという安直な結論に堕してしまう危険性があるということを肝に銘じながら、議論を続けていきたいと思う。

(『日本語講座年報』第3号、pp.3-6、大阪外国語大学日本語講座、2005年12月を再録)

## 第10章
## 「沖縄人(ウチナーンチュ)」表象と役割語
―語尾表現「さ」(「さぁ」)から考える―

本浜　秀彦

### 1　はじめに

　本稿は、近年の映像メディアに登場する「沖縄人(ウチナーンチュ)」のせりふを題材に、役割語と沖縄表象の関係について考察するものである。

　戦後の沖縄を舞台にした日本の映画やテレビドラマの物語は、① 1950〜60年代の「沖縄戦」などの「悲劇」の物語(例えば映画「ひめゆりの塔」[1953]、「太平洋戦争と姫ゆり部隊」[1962]など)、② 1972年の「本土復帰」前後の「沖縄」と「本土」がわだかまる「対立」の物語(映画「ゴジラ対メカゴジラ」[1974]、「沖縄やくざ戦争」[1976]など)[1]、③ 1990年代後半以降の沖縄の「癒し」の物語(映画「生きない」[1998]、「ナビィの恋」[1999]など)といった大きな流れがある。

　その中で、③の時期に制作された作品の特徴として、沖縄が「癒しの島」空間と舞台設定され、そこに暮らす「癒し」系の「沖縄人」が登場しているという点が挙げられる。例えば、勤勉ではないが、酒と三線をこよなく愛す心優しい父親、何事も包み込むように許してくれる祖母(おばぁ)などの登場人物である。そうした「沖縄人」役が使うせりふの語尾に、「さ」(「さぁ」を含む)が多用されている[2]。そうした「さ」は、「沖縄人」を想起させる言葉遣い、つまり役割語として見ることができる。

　本稿では、現在に続く「沖縄」表象に最も大きな影響を与えた作品と考えられるNHKの連続テレビドラマ「ちゅらさん」を取り上げ、同作品に登場した

---

[1] 本浜(2001)を参照のこと。
[2] 「ちゅらさん2」の放映に合わせて出版されたNHK「ちゅらさん」制作班ほか編『ドラマちゅらさんファンブック』(2003年、双葉社)の帯のコピーも「生きているって、やっぱり楽しいさぁ!」と「さぁ」が使われている。

人物が使った語尾表現の「さ」に注目、それがどのように使われているのかについて考察する。その際、「ちゅらさん」というテレビドラマが、メディア変換された場合のテクスト（具体的には小説とマンガ）における「沖縄人」の言葉遣いについても併せて分析した上で、語尾表現「さ」が、「沖縄らしさ」を想起させることばとして使用されていることの理由について検討する。

## 2　先行研究について

本稿が焦点をあてる語尾表現「さ」について考える場合、日本語の終助詞「さ」と、沖縄方言（あるいは沖縄語、本稿では以下沖縄語と表記し、「ウチナーグチ」という読み方を当てる）の終助詞的な表現についての研究という二つの領域から先行研究を整理する必要があると考える。

### 2.1　終助詞「さ」の用法

近年、現代日本語の終助詞「さ」についての研究は、長崎（1998、2008）、山西（2003）、冨樫（2004）などによって行われている。長崎の研究は、江戸時代には、断定の働きをしていた終助詞「さ」が、次第に情意表現を持つ終助詞に変化し、戦前には女性のことばの中に見られた江戸語の名残りとしての用例も戦後は減少し、現代では主に男性が使うことばとなっていると指摘する。その上で長崎は、若い世代では男性においても終助詞「さ」が使われなくなっている傾向から、今後終助詞としての「さ」の機能は弱まっていくのではないかと予想している。

冨樫は、「ね」「よ」の分析が中心に行われてきた終助詞研究の中で、「さ」についての用法分類や機能記述を整理し、その位置づけを行っている。それによると、終助詞「さ」は、「聞き手に提示しようとする情報に対して責任を伴った判断（断定）を下していない、つまり、そのままの情報である」ことを示す働きがあるということを多くの先行研究が共通して示していることを見出す。また、冨樫は、「突き放す」「放り出す」「暫定的」「とりあえず」という、「さ」が提示する意味内容と心的な側面との関係性に注目する。

山西は、現代語の終助詞「さ」について、外国人男性の言い回しの中で、翻訳調なニュアンスを残しながら使用されている用例などと併せて、テレビドラマ「ちゅらさん」などにおける「さ」の使用例を指摘し、それらが「沖縄らし

さ」を表現する、「役割語」として見ることができることを指摘している。本稿は、この山西の見方を共有するものであるが、「さ」が持つ「沖縄らしさ」の理由や、「さ」が使用されている背景など、山西論文では言及されていない点に重要な内容が含まれていると考え、以下においてそれらを探ることになる。

## 2.2　沖縄語における語尾表現「さ」の用法

　沖縄語における終助詞的な「さ」について注目しているのは上村（1961）である。沖縄本島・首里方言の動詞の時・アスペクトについて論じた文章の中で、「さ」の使用を「客体化」の表現に関する記述の中で言及している箇所がある。上村は、日本各地の方言に、「客体化」の表現が多いことについてまず次のように説明する。

> 日本語の諸方言、文語などには表現内容を客体化するための表現がいろいろに発達している。ここでいう「客体化」の表現とは、自分の経験や判断を直接言い表すのではなく、他のまたは自分の経験・判断などを、根拠あるたしかなこと、自分の主観の加わらないこと、動かしがたいこと、として自分で確認したり、相手に確認させたりする場合に用いる言い方で、いわば自分の表現内容を自分から離して客観的にする手段である。

　こうした説明に続き、客体化の表現がさまざまにあること、その用法に細かな違いがあることを指摘しつつ、首里方言におけるさまざまな客体化の表現のひとつとして「sa」（＝「さ」）があることを挙げている。「さ」を使った用例として次の例が紹介されている。

　　-'junusa　［ゆぬさ（ゆむさ）］（読むのさ。読むよ。）
　　-'judoosa　［ゆどーさ］（読んでいるよ。読んでいるのさ。）

　このように、沖縄語の用例としても終助詞的に用いられた「さ」が登場していることが確認できる。また、上村が言う、「客体化」という意味合いは、断定を発話者ではすぐに行わずに、いったんそれを回避するといった意味で解釈することは可能である。そうすると、沖縄語におけるこうした表現は、終助詞

「さ」の現代的な用法とも重なるということができるだろう。

　現在の沖縄では、終助詞(的な)「さ」の使用は、実際の日常の会話においても割と頻繁に行われている。ただ、それは沖縄語の体系に基づいた言葉として発話されているものとは考えにくい。沖縄語を母語とする人々が日本語を獲得していく過程で登場した「ウチナーヤマトグチ」の言葉遣いが一般化している状況から考えると[3]、むしろ日本語の終助詞「さ」の用法が、沖縄社会の人間関係の中で無自覚的に(しかし便利な用法として)使われてきたと見たほうがいいのかもしれない。

　ただ、「ウチナーヤマトグチ」で使用されている語尾表現が他にもある中で(例えば、「〜ば」「〜やし」など)、とりわけ「さ」が抽出され、沖縄を舞台にした映画、テレビドラマの中で、「沖縄らしい」言葉遣いとして使われていること、また、それが沖縄の人々の「らしさ」を示す語尾表現として「再生産」されていることの理由についての考察は、管見の限りなされていない。本論は、「ちゅらさん」における登場人物の言葉遣いを分析することを通して「さ」の使用が、1990年代後半以降の映像メディアの「沖縄人」表象と関わっているということについての理由も明らかにしたい。

## 3　本論
### 3.1　「癒しの物語」の構造分析

　1990年代後半以降、沖縄を舞台にした、「沖縄人(ウチナーンチュ)」が登場する映像メディア(映画・テレビドラマ)が急増した。1998年以降、少なくとも映画は40本以上[4]、テレビドラマは5本以上に上る(「サスペンスもの」シリーズなどの、沖縄が舞台になったものを入れるとその数はさらに増えると考えられる)。上映・放映の後、DVD化された作品も少なくない。

　こうした日本の映像メディアにおける「沖縄」表象の大きな流れは、前述したように1950〜60年代、1972年前後に続くものである。沖縄を「癒しの島」として捉えて、そこを舞台にした近年の作品を、主人公がどのように場所を

---

[3] 「ウチナーヤマトグチ」に関しては、かりまたしげひさ、高江洲頼子らの研究がある。
[4] 多田治「沖縄イメージを旅する、映画編——日本の映画は沖縄をどうまなざしてきたのか」シンポジウム「沖縄映画、沖縄アイデンティティ：映画——地域／歴史研究との遭遇」(2009年6月韓国ソウル市)資料を参照。

「移動」して物語が展開しているかということに注目して分類すると、次の3つのパターンに大きく分けることができる。

① 県外出身の主人公(たち)が訪れた沖縄で、物語が展開する。
② 沖縄に住む主人公(たち)が、沖縄で物語を繰り広げる。
③ 沖縄に住む主人公が、県外(特に東京)に出て物語を展開する。

　本稿で取り上げる「ちゅらさん」は、2001年4月2日から9月29日までNHKで放送された朝の連続ドラマ(全156回)で、岡田惠和が脚本を手がけた作品である[5]。このドラマは、沖縄・小浜島生まれのヒロイン古波蔵恵利(愛称エリー、配役は国仲涼子)の成長の物語であり、小学五年生と高校生の時期を経て、看護婦という天職に就いた後、初恋の相手と再会して結婚をし、出産・子育てをするという彼女の生き方にからみ、さまざまなエピソードが展開される。物語の中で彼女は、小浜島→沖縄本島・那覇市→東京→小浜島と移動しており、上記の分類で言えば②と③の組み合わせということになる。
　「ちゅらさん」の平均視聴率は22.2％、その後、パート2(2003年3月〜4月、全6回)、3(04年9月〜10月、全5回)、4(07年1月、全2回)のほか、特別編・総集編も放送されている。NHKが2003年に実施した「もう一度見たいあの番組リクエスト・連続ドラマ部門」では1位に選ばれるなど、歴代の連続ドラマの中でも非常に人気の高い作品である。
　「ちゅらさん」以後、「ちゅらさん」系の物語とも呼べる、沖縄を「癒しの島」と捉える映画やテレビドラマが登場している。映画「ホテル・ハイビスカス」(2002)、「チェケラッチョ!!」(2006)などに登場する主人公や主要な登場人物も、「ちゅらさん」と共通する、押し並べて穏やかな性格の登場人物の設定がなされており、決して根っからの悪人が登場することはない。こうした「癒しキャラ」とでも呼べる沖縄人の典型が、次節で詳しくみるように、「ちゅらさん」で堺正章が演じたヒロインの父親であり、平良とみが演じた祖母である。

---

[5] 岡田は「ちゅらさん」で、向田邦子賞(2001年)・橋田賞(2002年)をダブル受賞している。

## 3.2　テレビ版「ちゅらさん」における「さ」の使用例

　テレビ版「ちゅらさん」の「さ」(「さぁ」を含む)の使用例を具体的に見る前に、主な登場人物を確認しておきたい。ヒロイン(国仲)の家族構成は、父・古波蔵恵文(堺)、母・勝子(田中好子)、祖母(「おばぁ」)・ハナ(平良)、兄・恵尚(ゴリ[ガレッジセール])、弟・恵達(山田孝之)である。小浜島で民宿を営んだ後、一家で母の実家のある那覇市に移動をする設定である。

　では、ヒロインと彼女を取り巻く登場人物たちは、どのように語尾表現「さ」を使っているのだろうか。登場人物の性格がはっきり描かれることの多い、連続ドラマが始まった浅い回の場面から、「さ」の使用例を見てみる[6]。

(1)　「ポーク卵がただの卵になった<u>さぁ</u>」(弟)
(2)　「だからて〜がくねん(注・低学年)は嫌いな訳<u>さ</u>」(恵里)
(3)　(知人の「お客さんね?」に質問に対して)「そう<u>さぁ</u>」(父)
　　　　　　　　　　　　(以上、NHKドラマ「ちゅらさん」第1回)
(4)　「(小浜島に)ずっといればいい<u>さぁ</u>」(恵里)
(5)　「八重山の太陽(てぃだ)に当たっていれば、病気なんか治ってしまう<u>さぁ</u>」
　　　(恵里)　　　　　　(以上、NHKドラマ「ちゅらさん」第2回)
(6)　「沖縄の墓はみんな大きい<u>さぁ</u>。それにいちばんいい場所にある<u>さぁ</u>。生きている人が暮らしている場所よりいい場所で<u>さぁ</u>」(おばぁ)
　　　　　　　　　　　　(NHKドラマ「ちゅらさん」第4回)

　古波蔵家の中で、「さ」を頻繁に使うのは、ヒロイン・恵里、父・恵文、祖母・ハナ、そして兄・恵尚である。「さ」を頻繁に使う4人の登場人物を演じているのは、東京出身の堺以外は、沖縄出身の俳優・タレントである。ヒロインの小学生時代は子役(浦野未来)が務めているが、その場合でも「さ」の使用がみられる。しっかり者の母親として設定されている田中が演じた登場人物の使用はきわめて少ない。

　これらのことから、テレビドラマ「ちゅらさん」の登場人物のせりふの中の

---

[6] ドラマから聞き取ったせりふを引用しているが、表記にあたっては、2004年に新風舎から刊行された「ちゅらさん」の脚本(全7巻)で使用されている漢字仮名遣いを参考にしている。

「さ」の使用について次のようにまとめることができる。

① 明るく、陽気な沖縄人という役柄は、俳優が沖縄出身者であっても、またそうでなくても、「さ」の使用が多い。
② しっかり者という役柄は、俳優が沖縄出身者であっても、またそうでなくても、「さ」の使用が少ない。

以上のことから、語尾表現「さ」は、特定の人物を想起させる「役割語」としての役割を持っている傾向を見ることができる。それは「外部」から見た「沖縄人」イメージ――明るい、朗らか、無邪気、大雑把、のんびり屋など――に重ねられたと見ることができるだろう。

### 3.3　小説版とマンガ版の「ちゅらさん」における「さ」の使用例

前節ではテレビドラマの「ちゅらさん」の台詞を見たが、では、「ちゅらさん」の小説、マンガでは、登場人物たちのせりふはどのようになっているのだろうか。

「ちゅらさん」の小説版は、テレビの放送開始に合わせて2001年4月に出版され、全三巻である。岡田の原作(脚本)を蒔田洋平がノベライズしている。その内容は、脚本にきわめて忠実に小説化したテクストであり、中心的な登場人物たちの設定、彼・彼女らが繰り広げるエピソードや物語の展開もテレビドラマとほぼ同じである。そのためか、小説版の冒頭には、「ちゅらさん」の登場人物の紹介が、テレビでの配役と併せてされている[7]。作り手の「キャラクター」設定と見ることができるその内容には、古波蔵一家の言語の使用に関わっていると考えられる「性格」も含まれている。それは次のようなものである。

恵里(ヒロイン)「家族の愛情をいっぱい受けて育つ」
恵文(父)「生来のお調子者で「てーげー(物事に大まか)主義。」」
勝子(母)「沖縄の女性らしく、とても働き者」
ハナ(祖母＝おばぁ)「頭も足腰も口も達者で、よく働き、思ったことをズ

---

[7] 蒔田洋平(2001)『ちゅらさん』(双葉社)、p.3。

バリと言う。沖縄の格言をよく知っている知恵者、家族の難問をバッサバッサと解決する、古波蔵家の精神的支柱である」
恵尚(兄)「風来坊で、高校卒業以来、定職にもつかず、ほとんど家にいない」「大の家族思い。家族も彼を愛し、応援している」
恵達(弟)「3人兄弟で唯一の秀才」「高校入学後、好きな女の子の気をひくためロックに傾倒」

では、テレビドラマと全く同じに設定されている以上の登場人物の、小説の会話文の中で、「さ」の使用はいったいどうなっているだろうか。その使用例を、同じく物語の冒頭の箇所を中心に以下に書き出してみる。

(7)　「沖縄の女には沖縄の男が一番さぁ」(父)
　　　「そうねえ？」(恵里)
　　　「そうさぁ……」(父)　　　　　(蒔田洋平『ちゅらさん1』、p.9)
(8)　「(小浜島に)ずっといればいいさぁ」(恵里)
　　　　　　　　　　　　　　　　　　　　(同『ちゅらさん1』、p.12)
(9)　「死んだ人の魂はね、生きている人のすぐ近くにいるさ。べつに遠くに行くわけじゃないし、だからおばぁはちっとも怖くないさぁ」
　　　(おばぁ)　　　　　　　　　　　(同『ちゅらさん1』、p.26)

(8)のようにテレビ版と同じせりふもあるが((4)を参照のこと)、ここでも、「さ」は、ヒロイン・恵里、父・恵文、おばぁ・ハナとった、沖縄的な性格の持ち主と設定されている登場人物が使用している。テレビと同じく、しっかり者と設定されている、母・勝子の使用はほとんどない。

一方、マンガの「ちゅらさん」は、河あきらが岡田の脚本を原作にマンガ化した作品である。2001年6月に1巻、10月に2巻が双葉社から刊行され完結している。この場合も、テレビドラマの登場人物設定や物語の展開に忠実にメディア変換されたケースである。ここでも、沖縄的だと見なされている特定の登場人物(ヒロイン・恵里、おばぁ、父)が「さ」を使用している。

(10)　「病気なんてここにいれば治ってしまうさぁ」(恵里)

(河あきら『ちゅらさん1』、p.16)

(11) 「なによりも人の命がいちばん大切だっていう<u>さぁ</u>」(おばぁ)
(同『ちゅらさん1』、p.30)

(12) 「ゴーヤーはやめよう　せつなくなってしまう<u>さぁ</u>」(父)
(同『ちゅらさん1』、p.62)

(10)はテレビのせりふ((5)参照)と重なっているが、以上のような「さ」の使用が、ヒロイン、父、おばぁの「吹き出し」の中に見られる。

ところで、これまで紹介したヒロイン・恵里のテレビドラマでのせりふは、子役が演じた小学生時代のそれであるが、国仲涼子が演じた高校生以降のヒロインも、語尾表現「さ」を頻繁に使っている。

(13) 「そろそろ帰らないといけないかもしれないから<u>さ</u>」(テレビ)
(NHKドラマ「ちゅらさん」第150回)

同じく小説やマンガの大人になったヒロインにも、「さ」を語尾にしたせりふが見られる。

(14) 「ダメだね、私……店長は<u>さ</u>、いい人だから<u>さ</u>、私が沖縄の子っていうのもあるんだと思うけど<u>さ</u>、私のために<u>さ</u>……」(小説)
(蒔田洋平『ちゅらさん1』p.250)

(15) 「このチラシ　わたしのところに落ちてきた<u>さ</u>」(マンガ)
(河あきら『ちゅらさん2』、p.225)

こうした「さ」の使用は、ヒロインの「キャラクター」が、年齢とは変わらずに一定のものであるという前提をもとに設定されており、登場人物の「キャラクター」を重視した「ちゅらさん」という物語の特徴とも密接に関わっていると考えられる。

## 3.4　癒しの物語と「ハッピー・オキナワン」像

以上、「ちゅらさん」における「さ」(「さぁ」を含む)の使用を、テレビ、小

説、マンガという、異なったメディアでどのように使われているかを見てきた。そうした点を踏まえながら、「ちゅらさん」では、語尾「さ」を、どのような人物が使っているかという観点から整理してみると、次のようにまとめられる。

① 典型的な「沖縄人」キャラの登場人物が、特に頻繁に「さ」を使用している。
② ヒロイン、おばぁなど、女性の登場人物も「さ」を使用している。
③ 一方、しっかり者と設定されている母親の使用は少ない。つまり、「沖縄人」であっても、てきぱき用件や仕事を処理するタイプの登場人物は、男女とも「さ」の使用が少ない。
④ 東京出身と設定されている標準語の話し手が加わる会話の中で、沖縄の言葉遣いを際立たせるための「さ」の使用が見られる。
⑤ 沖縄の言い伝えや格言が、おばぁ(ハナ)のせりふの中で説明されるとき、「さ」の使用がきわめて多い。
⑥ ヒロインが東京で、沖縄出身者ではない相手と会話する場合は、「さ」を使用していない。一方、家族や沖縄の友人と話すとき、あるいは幼い長男に語りかける時に「さ」の使用が復活する。

①でいう典型的な「沖縄人」キャラというのは、恵文やハナのような人物であり、決して人とは争わない、あるいは自分の意見を強くは主張しない、そうしたキャラのことである。しかし、それは、かなり理想化された「沖縄人」像と言わざるをえない。

実は、こうした「他者」表象は、アメリカにおける「ネイティブ・ハワイアン(ポリネシア系の住民)」にも見られる。陽気なサーファーやエキゾチックなフラダンサーといった彼・彼女らの表象は、作り上げられた「ハッピーハワイアン」像としてしばしば指摘されるが、それに倣うと、沖縄人の場合も、「癒しの島」イメージの中に組み入れられた「ハッピー・オキナワン」像が作られていると言うことができるのではないだろうか。「ハッピー・オキナワン」像は、「癒しの島」である沖縄の「物語」に登場する「沖縄人」を設定するときに積極的に持ち出され、その中で、語尾表現としての「さ」は、「沖縄人」らしい言葉遣いとして捉えられて、映画やテレビドラマなどのせりふとして使わ

れていると見ることができる。

　しかし、そうした「沖縄人」と「さ」(「さぁ」)の言葉遣いを結びつける背景には、「日本語」あるいは「日本」からの、「沖縄語」あるいは「沖縄」というものに対する距離感があるように思われる。例えば、「さ」は、現代の日本女性は使わないと指摘されているが、沖縄女性の「さ」、とりわけ語尾を伸ばした「さぁ」の使用は、沖縄以外の日本語話者に、ある意味「他者」の言葉遣いの響きとして受け止められているのではないか。つまり、「さ」「さぁ」は、日本的ではないというマークとしての、「沖縄らしさ」ということである。

　加えて見逃してならないのは、「さ」の使用は、1990年代までの沖縄を舞台にした映画、テレビドラマにおいては少ないということである。しかし、「ちゅらさん」以後に製作された、「癒しの島」としての沖縄イメージに結びつく作品の中では、沖縄人と設定された登場人物のせりふの中には、「さ」の使用例がかなり多く見られる。こうしたことを考えると、ストレスの多い日本社会の「外」にある、「癒しの島」沖縄というイメージの中で、沖縄の人々の言葉遣いから「さ」が抽出され、映画・テレビドラマのせりふの中で使われていると見ることができるのではないだろうか。

　「ちゅらさん」に代表される沖縄の「癒し」の物語の影響は、年間2万人とも言われる沖縄への移住ブームの要因となっていると見られているように、肯定的に評価する人も少なくない。けれども、「ちゅらさん」制作の背景に、1995年に沖縄で起こった米海兵隊による少女暴行事件の影響があることを見逃してはならない。同事件後の沖縄の社会は、ある意味、この事件の延長線上で政治が動いている側面がある。普天間基地返還の日米合意とそれに伴う施設移転先問題しかり、また2000年に開催された沖縄サミットも、事件後のフォローを日本政府が行ったという見方も否定することできない[8]。

　しかしその一方で、1995年は、阪神・淡路大震災や地下鉄サリン事件、インターネットの急激な普及など、大きく日本社会全体が変化する出来事や事件が起こった転換点とも言われる年でもある。その後日本は、「失われた10年」と言われた経済の低迷や格差社会が表面化する時代に入っていくが、そうした

---

[8]「ちゅらさん」の関係者によると、NHK側から、このドラマでは沖縄の米軍基地については触れないということを予め伝えられたという。

流れの中で、沖縄が「癒しの島」として日本の中で再発見されるという、実に複雑かつ奇妙な関係が見られる。そうした文脈から切り離して、「沖縄人」に割り当てられた役割語としての「さ」の登場を考えることはおそらくできない。

　本稿で分析対象にした「ちゅらさん」という物語は、本質的に、観光客を(米軍基地を捨象した)沖縄に誘うための物語、つまり観光 PR のテレビドラマであると考える。それは、「ちゅらさん」のドラマ、小説、マンガのいずれも、物語が始まった早々に、小浜島に東京からやってくる家族を迎える場面(小学五年生のヒロインが、後に夫となる少年と出会う場面がそれに続く)に象徴的に表れている。テレビでは父親、小説、マンガではヒロインが、港で島に近づいてくる船を見て大声で、次のようなせりふを叫ぶのである。

（16）「ウエルカムですぅ！」

(NHK ドラマ「ちゅらさん」第 1 回)
(小説)(『ちゅらさん 1』、p.11) (マンガ『ちゅらさん 1』、p.9)

　まさしくそのせりふがこの物語の本質を語っている。つまり、「ちゅらさん」は、沖縄以外の人を、沖縄に誘い導くための物語にほかならないのである。そして、その枠組みの中で「さ」は、観光客を受け入れる役割を担う、「ハッピー・オキナワン」の言葉遣いとしての機能を果たしていると見ることができる。

　観光の場で、「沖縄人」が「見られる／演じる」という要請の中で、「ハッピー・オキナワン」像が登場し、それにふさわしい語尾表現としての「さ」(「さぁ」)が抽出され、それが沖縄に誘う、癒しの「物語」の中で、広く使われているのではないかというのが、本稿の示す仮説である。観光と役割語の関係、あるいは、おばぁのせりふとして使われることの多い語尾表現(終助詞)「ね」(「ねぇ」)についての考察は、稿を改めて論じることにしたい。

**参考文献**

上村幸雄(1961)「方言の実態と共通語化の問題点 7 沖縄本島」東条操(監修)『方言学講座』第四巻(九州・沖縄方言)、pp.334-357、東京：東京堂.

金水敏(2003)『ヴァーチャル日本語　役割語の謎』東京：岩波書店.

高江洲頼子(1994)「ウチナーヤマトゥグチ―その音声、文法、語彙について―」『沖縄言語研究センター報告3　那覇の方言』pp.245-289, 沖縄言語研究センター.

多田治(2009)「沖縄イメージを旅する、映画編―日本の映画は沖縄をどうまなざしてきたのか―」シンポジウム「沖縄映画、沖縄アイデンティティ：映画―地域／歴史研究との遭遇」資料(2009年6月, 於韓国ソウル市).

冨樫純一(2004)「「終助詞・間投助詞」の「さ」に関する覚書」第74回関東日本語談話会資料(2004年5月8日, 於学習院女子大学).

長崎靖子(1998)「江戸語の終助詞「さ」の機能に関する一考察」『国語学』192, pp.13-26.

長崎靖子(2008)「現代の終助詞「さ」の機能に関する考察」『川村学園女子大学研究紀要』19-2, pp.173-186.

本浜秀彦(2001)「1972前後における『サブカルチャー』のオキナワ表象―手塚治虫・ゴジラ・ウルトラマン―」『ユリイカ』33-9, pp.230-237.

山西正子(2003)「現代語における終助詞「さ」の性格」『目白大学人文学部紀要』10, pp.1-14.

第**11**章
# 役割語としての「幼児語」とその周辺

岡﨑　友子・南　侑里

## 1　はじめに

　ポピュラーカルチャー作品において幼児が現れた場合「ボク〜でちゅ」「かれーらいしゅ、しゅきなのー（カレーライス好きなの）」等の幼児特有の話し方が用いられている。これらの語は、実際の幼児のことばを基本としていると考えられるが、何らかの操作がおこなわれていることが予想される（例えば、実際の幼児はそれほど発しない語を多用させる）。

　そこで本論では、これらのことばについてマンガを中心に調査・分析することにより、その特徴を探っていく。そしてさらに、実際の幼児のことばと比較・分析することにより、役割語[1]としての「幼児語」の姿を示していく（今後実際の幼児語と区別するため、役割語の場合には「幼児語」とする）。

　また、実際の幼児のことばからは、かなり離れた「幼児語」や、成人間で甘える・ペットに話しかける時等に発する幼児語に近いことば（本論では「甘え語」と呼ぶ）についても調査し考察していきたい。

## 2　幼児語の研究とその種類

　幼児のことばについては、言語研究としての大久保（1967, 1973）、方言を中心とした友定（2005）等、また心理学（臨床発達心理学）における岩立・小椋（2002）等の優れた先行研究がある。

　本論は、実際の幼児のことばを考察対象としていないが、マンガ等における

---

[1] 役割語とは金水（2003: 205）で次のように定義されたものである。「ある特定の言葉づかい（語彙・語法・言い回し・イントネーション等）を聞くと特定の人物像（年齢、性別、職業、階層、時代、容姿・風貌、性格等）を思い浮かべることができるとき、あるいはある特定の人物像を提示されると、その人物がいかにも使用しそうな言葉づかいを思い浮かべることができるとき、その言葉づかいを「役割語」と呼ぶ。」

役割語「幼児語・甘え語」は、それらのことばがもととなっていると考えられることから、実際の幼児語(育児語)についての先行研究の分析をもとに「幼児語・甘え語」を分類(語彙・音声・文法)し、考察をおこなっていく。

まず語彙について、村瀬ら(1998)は育児語(養育者のことばであり、幼児語とかなり重複する。小椋 2006 等)の特徴として、オノマトペ・音韻のくり返し、やわらかさをあらわす接頭辞・接尾辞(例：おリンゴ・キリンさん)の付加や、汎用(例：うどん、スパゲティに対して両方にツルツル)を指摘する。また、窪薗(2006)は幼児語を意味的起源から考えると、オノマトペ(主に擬音語)から派生したものと、大人の語彙(本論では成人語とする)が語形変化したものに大別できるとする。

そこで本論では、「幼児語」の語彙をオノマトペから派生したもの(語彙①オノマトペ)、成人語が語形変化したものを含むその他のもの(語彙②その他)、さらにやわらかさをあらわす接頭辞「お」および人以外につく接尾辞「さん・たん・さま・ちゃん」等(語彙③接頭辞・接尾辞)に分類し、考察をおこなっていく。

○役割語「幼児語」における語彙
語彙①オノマトペ　　語彙②その他　　語彙③接頭辞・接尾辞

次に幼児の発音について、発達段階においては獲得しやすい音と獲得が遅れる音があり(小椋 2002 等)、獲得が遅い音については s、ts、dz や r であるとされる。そのため、誤りの音(不正構音)が発声され、その特徴は省略(omission)、置換(substitution)、および歪み(distortion)の3種類に分かれ、さらに音の問題として不正構音には入らないが付加(addition)と倒置(reversal)があるとされる。それぞれの指摘をまとめると以下となる。

【1】　省略：ある一つの語音が、発せられるべき位置で発せられず、抜ける[2]。例：イヌ(inu)がイウ(iu)

---

[2] 発達的にみて省略では音節省略(例シンブン→シンブ)が原初的、ついで短音省略(例：カミ→アミ)、そして(短音)置換がつづき、最後に(単音)歪みが支配的になるという(村田 1970 等)。また省略について、最も頻繁に生じるのはラ行音であるという(村田 1970 等)。

【2】　置換：日本の子どもに共通な置換の型は、サ行がタ行に入れ替わる（例：オサラがオチャラ）というように、構音点が近い音、音感の近似で置換される[3]。

【3】　歪み[4]：その言語の音声から大なり小なりはずれており、標準的でない音声により構音がなされていること。

【4】　付加・倒置：イラナイをイランナイ、オクツをオック、テレビをテベリ等という例。

そこで、「幼児語」の音声について以下のように分類する。

○役割語「幼児語」における音声
　音声①省略　　音声②置換　　音声③付加・倒置

　最後に、幼児語の研究において文法は、動詞（動詞の獲得・発達）や助詞（助詞の初出・誤用）等の分析がなされているが（大久保 1967、小林・佐々木 1997 等）、本論では特に助詞の脱落について言及していく。

## 3　マンガに見られる幼児語について

　本節では、マンガにおける役割語「幼児語」の考察をおこなう。なお、調査資料および調査対象となる幼児については章末に示す。

### 3.1　語彙的な特徴について

**語彙①オノマトペ**

　まず、語彙①オノマトペについては「ぽんぽん」「ワンワ」「メーメー」「ギーギー」等と様々な例が見いだされ、これらの語は主に物・動物、および動作を

---

[3] 置換については、「（子音省略の）つぎに多いのはサ行がタ行に入れ替わるというように、比較的近い行に移行するのである。例えば、サシスセソはタチツテト、あるいはチャ、チ、チュ、チェ、チョに変化することが非常に多い。またラリルレロはリャ、リ、リュ、レ、リョに移行するようなのもその一例である」（村田 1970 等）という指摘がある。

[4] 歪みについては、置換との間に明確な境界線を引くことは不可能とされる。実際、歪みという項目を立てない分類もあるという（村田 1970: 91）。そこで本論では、歪みという分類はしない。

示すために用いられている。

 (1)  <u>ぽんぽんすいちゃのー</u>        （赤僕、7 巻 p.91）
 (2)  <u>わんわ</u>…　いないの…      （赤僕、8 巻 p.93）
 (3)  <u>ガーガ</u>とーりまーす   （地行、2 巻 p.66）（ショベルカー）
 (4)  <u>ギーギー</u>したのー  （赤僕、3 巻 p.145）（石で道路に絵を描いた）
 (5)  ホラ　<u>チーン</u>して        （赤僕、17 巻 p.77）
 (6)  ハイっ　<u>あーん</u>         （キス、1 巻 p.14）

**語彙②その他**

 その他の語については、成人語を省略・付加することにより語形変化させたもの（例「負う」→「おんぶ」、「抱く」→「だっこ」）が最も多く、それに対し成人語からの語形変化であると考えにくい（共通性がない）もの、また成人語にはなく単独で存在するもの[5]は、あまり見いだせなかった。

 (7)  <u>どもちゃーい</u>     （赤僕、3 巻 p.57）（どうもありがとう）
 (8)  <u>ねんね</u>するのー         （赤僕、6 巻 p.12）
 (9)  うるさい　<u>おこりんぼオババ</u>    （赤僕、17 巻 p.104）
 (10) <u>おんもー</u>           （赤僕、2 巻 p.32）
 (11) …<u>めって</u>しないでー…   （地行、1 巻 p.23）（怒らないで）
 (12) <u>おねしょ</u>の事言ってるんでしゅか!?  （赤僕、14 巻 p.19）
 (13) <u>おしっこ</u>でゆー        （地行、2 巻 p.112）

 この成人語を語形変化（省略・付加）させたものは、他の語に比べて、もとの語音がいくらか残っているため、もとの語に復元しやすい。つまりこれは、子供がいない（または周りにいない）読者に対して、より意味の分かりやすい語を作者（編集者）が選択したのではないかと考えられる。また、成人語を語形変化させたものでないものについては、より分かりやすい一般的な幼児語（「おねしょ・おしっこ」等）を選んだものと考えられる[6]。

---

[5]　これらについては大久保(1973)、小椋(2006)等を参考とした。

## 第11章 役割語としての「幼児語」とその周辺

**語彙③接頭辞・接尾辞**

接頭辞「お」、および人以外につく接尾辞「ちゃん・さん」等については、「お＋体の一部」「動物・無生物＋ちゃん」「職業＋さん」等と、大人のことばにおいては付加する必要がないと考えられる対象にまで、接辞が用いられている例が多く見られた(特に、幼児を主役としない作品については、この語彙③接頭辞・接尾辞の使用が最も多いことが指摘できる)。

 (14) <u>お</u>くちボーボーしゅるー？     (赤僕、16巻 p.111)
 (15) <u>お</u>かたじゅけしゅゆー      (地行、1巻 p.54)
 (16) <u>ご</u>ほんよんでゆの？      (地行、2巻 p.10)
 (17) ねこ<u>ちゃん</u>        (赤僕、4巻 p.17)
 (18) たま<u>ちゃん</u>    (赤僕、4巻 p.57)(たま＝ボール)
 (19) はい　今日のあたしは郵便屋<u>さん</u>なの (赤僕、12巻 p.8)
 (20) <u>お</u>つき<u>しゃ</u>ま　きれーねー    (地行、1巻 p.80)
 (21) どうろの<u>お</u>はな<u>しゃん</u>たすけたの！  (ココロ、1巻 p.54)

この語彙③接尾辞・接頭辞について、大人のことばでは接頭辞「お」・接尾辞「ちゃん・さん」等を付加する対象ではないものに用いることで、幼児(または養育者)の表現のやわらかさ・あどけなさ、対象に対する愛着等を表している。このような接頭辞・接尾辞の使用は実際の幼児のことばとも共通するが、マンガにおける「幼児語」では、さらに過剰に使用することで、より強く幼児らしさを示しているのではないかと考えられる。

### 3.2 音声的な特徴について
**音声①省略**

先に述べたように(不正構音である)省略とは、ある一つの語音が発せられるべき位置で発せられず抜ける(例：イヌ(inu)がイウ(iu))といったものであり(小椋 2002)、本論の調査において多くの例が見いだせた。なお、省略される部分については、語の後半部分が多く、前半部分が省略される例は見いだせな

---

[6] また、書き手にとっても幼児と関わっていない場合には、特殊な幼児語は想起しにくいものと考えられる。

かった。

 (22) もうモトちゃんとガッコ(学校)これないんでしょお
                （虹色、1巻p.37）
 (23) にーちゃ　これ　うさ(うさぎ)ちゃん （赤僕、2巻p.137）
 (24) ゆずちゃんうれし(うれしい)??   （地行、2巻p.37）

**音声②置換**

 音声②置換は、すべてのマンガにおいて非常に多くの例が見いだせた。これについては、最も幼児らしさを表す「幼児語」であると考えられる。

 (25) アーメちゅくてッ   （っポイ！、6巻p.156）（ラーメン作って）
 (26) ちゅばきこないよ    （ココロ、1巻p.15）（椿こないよ）
 (27) 僕のちゅまは　毎日エステに　通いじゅめでしゅよ
                  （赤僕、5巻p.75）

**音声③付加・倒置**

 音声③付加・倒置について、先の音声①省略や音声②置換に比べるとマンガでの使用は少なく、特に付加はほとんど見いだせなかった。

 これについて、付加は「バス→バチス、イラナイ→イランナイ、カンコーバス→カンコロバチュ」、倒置は「オクツ→オック、テレビ→テベリ・テビレ」(村田1970等)といった一幼児に起こる個別的な現象であり、音声①省略・②置換のように、ある程度規則性があるものではない。

 つまり、マンガにおいて幼児らしさを出すために、実際の幼児が起こす個別の発音の誤りを示す必要はあまりなく、また作者自身にとっても(幼児が身近にいなければ)これらの語は想起しにくいものと考えられる。そのため音声③付加・倒置の例は、ほとんど見いだせないのではないかと予想される。

 (28) ぷ…ぷれあみ？     （赤僕、11巻p.69）（プレミア）
 (29) あのね　とうもころしおいしいの  （キス、2巻p.165）

音声①②③の調査結果を表 1 にまとめておく。

表 1：音声①②③について

|   | ① | ② | ③ |   | ① | ② | ③ |   | ① | ② | ③ |
|---|---|---|---|---|---|---|---|---|---|---|---|
| A | 342 | 649 | 1 | I | 2 | 9 | 0 | S | 3 | 8 | 0 |
| B | 15 | 41 | 0 | L | 33 | 162 | 0 | T | 2 | 7 | 3 |
| C | 13 | 1 | 0 | M | 4 | 5 | 0 | U | 28 | 10 | 0 |
| D | 34 | 10 | 0 | N | 3 | 0 | 0 | V | 20 | 112 | 0 |
| E | 20 | 7 | 0 | O | 71 | 0 | 1 | W | 35 | 73 | 4 |
| F | 3 | 13 | 0 | P | 13 | 163 | 0 | 計 | 871 | 1413 | 9 |
| G | 20 | 25 | 0 | Q | 201 | 27 | 0 |   |   |   |   |
| H | 6 | 7 | 0 | R | 3 | 84 | 0 |   |   |   |   |

注：A～W の作品名については、章末に示す。表において、①省略は「①」、②置換は「②」、③倒置は「③」と示す。J と K は 0 例。

　表 1 から「幼児語」の音声においては、音声③付加・倒置を除く音声①省略・②置換が多いことが指摘できる。

　なお、音声①②③について、調査資料のなかには、これらがほとんど現れない幼児（まったく現れない場合もある）も見られた。その多くは幼児であるにもかかわらず、大人のことばとなんら差異のないことばを話す、いわゆる「ませた子ども」「賢い子ども」である。

(30) （『赤ちゃんと僕』：藤井一加 4 歳、2 巻 p.63「おませ」と有る）
　　「昨日はあなたをライバルとして認めたけど　違ったよーね！あなたに実ちゃんを愛する資格はないわっ」（赤僕、2 巻 p.109）、「そんな見せびらかしてないで　さっさとあげたらいいでしょ!!」（赤僕、3 巻 p.54）

## 3.3　文法

　助詞の脱落について、マンガに登場する大人・子供(小学生以上)と幼児を比べると、幼児のセリフについては、助詞を脱落させた例が多いことが指摘される(以下の「スペース・下線」は助詞の脱落部分を表す)。

(31)　（マンガに登場する小学生：後藤正、男・11 歳）

「そーゆー陰険な手口を使う奴が一人いるじゃないか(中略)あいつは俺の机に「バカ」と落書きするよーな男だぜ」　　　(赤僕、2巻p.8)

(32)　(その他大人：榎木春美、男・33歳)
「お前達が眠ってから　嵐みたいに風がうるさくなったぞ　眠れやしなかった」　　　　　　　　　　　　　　(赤僕、4巻p.157)

(33)　(幼児の助詞の脱落)
　　a.「みのねー　いい子__してたの」　　　　　(赤僕、3巻p.76)
　　b.「セイくん__へいきだよ」　　　　　　　　(虹色、1巻p.68)
　　c.「ゆずちゃん　じょーず__できた？」　　　(地行、1巻p.62)

　幼児における助詞について、小林・佐々木(1997)は、助詞の始めての産出は1歳5ヵ月頃(主格表示の「ガ」)であり、およそ3歳頃までに格助詞ガ・ノ・ニ・ヲ、終助詞ヨ・ネ・カ・ネ・テ(デ)、副助詞ハ・モ、接続詞テ(デ)等の主な助詞すべてを産出し、しかも頻用するようになるとする。もちろん幼児には「第一段階：全く助詞を使えない段階」、「第二段階：限られた発話の中で助詞が正しく使える段階」が前段階としてあるとされるが、本論の調査対象における幼児の年齢を考えると、脱落の例がやや多すぎるのではないかと考えられる。

　また、現実において大人でも「(今日の昼ご飯はどうする？と聞かれて)昼ごはん__、昨日買ってきた弁当__食べるね。おまえ__何__食べる？」のように、話しことばでは助詞はしばしば脱落する。

　これについて、マンガのセリフは話しことばに近いと考えられているが、しかし実際は(書かれたものである以上)書きことばであり、上記の(31)(32)に示したように、他の書きことばと同じく、助詞を脱落させないのが無標であると考えられる。それに対して、幼児の場合には助詞を脱落させることにより、より発達段階(第一、第二)にある幼児らしいことばを表現しているものと予想される。これについては、我々の持つ幼児のイメージであり、役割語「幼児語」と考えられるのではないだろうか。

## 4　その他、特徴的な幼児について

　次に、マンガに現れる特徴的な幼児について述べていく。これについては、

第 11 章　役割語としての「幼児語」とその周辺

特に(他のマンガの幼児よりも)「年齢が実際の幼児とかなり合わない」、また「「幼児語」を多用し別のキャラクタ性を表出している」等の特徴がある。

**年齢的にかなり合わないものについて**
　まず、『ココロに花を!!』の花谷木向日葵(5歳)について、以下のように音声・語彙に「幼児語」の特徴が見いだせる。

(34)　a.「ひまわり　どうろの　おはなしゃん　たすけたの…おはなしゃん…　しんじゃうの？」　　　　　　　　　　（ココロ、1巻p.51）
　　　b.「おうちいちゅかえりゅの？」　　（ココロ、1巻p.73）
　　　c.「いらっしゃいまちぇー！」　　　（ココロ、2巻p.171）

　なお、大久保(1967)の調査において見られる5歳児のことばについては以下である。

(35)　キョウハ幼稚園デ、アノトテモアノ楽シカッタ。デ　オ人形劇　アノ　オ姉サン先生タチガミンナソロッテヤッテクレマシタ。トッテモ楽シカッタッテト先生タチガ言イマシタ。ダカラ楽シカッタデス。ソレカラソレカラダケドモサ　アノダケドモ　斎藤先生ガイナクナルノイヤ。アノ髪ノ毛ネェ　ネェ　セットシテル先生。グルグルグルットヤッテルノ。デ　丸イ顔。ソレデオメメガチョット細クナッテコッチモ　チョット細クナッテンノ。　　　　　　　　　（p.292）

　特に音声について、実際の4歳期の構音能力は極めて高い水準に達するとされており(小椋2002)、(34)は実際の幼児のことばとは合わない。これについては、「幼児らしさ」を出すための(特に音声②置換の多用が見られる)操作であると考えられる。

**幼児語(音声②置換)の多用による、他のキャラクタ性の表出**
　さらに音声②置換を多用したものに、手塚治虫作『ブラックジャック』に登場するキャラクタ「ピノコ」がある[7]。ピノコは「時形嚢腫」(1巻pp.48-66)

203

において、そのエピソードが語られているが、18年間成人の体の一部である時形嚢腫として生き、その後ブラックジャックによって3歳児程度の人型に組み立てられるというキャラクタである。

まず、ピノコがまだ成人の体の一部の頃は、以下のような成人のことばを（テレパシーの形で）話している。

(36) 「ほんとうに助けるの？どうやって？」「あなたを信用します」「あなたはどんな手術でもできる　すばらしい医者でしょう　私を助けられると思う」　　　　　　　　　　　　　　　　　　　　（1巻 p.58）

そして、3歳児程度の姿になった後のピノコのことばは、次の［Ⅰ］［Ⅱ］の特徴を持つ（なお、先の幼児語の語彙「ブーブー」「おんも」等は、ほとんど用いない）。

(37) ［Ⅰ］　過剰とも言える音声②置換の使用。かなり規則的におこる。
　　　 ［Ⅱ］　非文法的な語尾「のさ・のね」等の使用。

まず［Ⅰ］について、以下のように過剰に置換がおこなわれている。

(38) 「やっぱり、使(つか)ってあげたら、どうなの」
　　　　↓　（り→い、つ→ちゅ、ら→や、ど→ろ）
　　　やっぱい　ちゅかってあげたや　ろうなのよさ　　　（4巻 p.173）
(39) 「だって奥さんだもん」「四つ葉のクローバー入れる」
　　　　↓　（だ→ら、さ→た）（ろ→よ、れ→え、る→ゆ）
　　　「らっておくたんらもん」　　　　　　　　　　　　（3巻 p.204）
　　　「四つ葉のクヨーバーいえゆ」　　　　　　　　　　（4巻 p.76）

ピノコの音声②置換を以下の表にまとめる。

---

[7] ピノコのことばについては、ウィキペディア「ピノコ」（2009年10月22日）の記事にも見られるように、一般的に独特の幼児語を話すと認識されるようである。ピノコのことばについては一部、祐川明子さん（平成18年度・就実大学・日本語研究2）の協力を得た。

表2：ピノコの音声②置換

| 順位 | 置換（挿入） | 用例数 |
|---|---|---|
| 1 | し→ち | 138 |
| 2 | ら→や | 92 |
| 3 | る→ゆ | 91 |
| 4 | で→れ | 87 |
| 5 | だ→ら | 77 |
| 6 | れ→え | 44 |
| 7 | す・ず・つ・づ→しゅ・じゅ・ちゅ・ぢゅ | 41 |
| 7 | り→い | 41 |
| 9 | さ→ちゃ・た | 38 |
| 10 | ど→ろ | 37 |
| 11 | ろ→よ | 15 |
| 12 | せ→ちぇ | 5 |
| 12 | そ→ちょ | 5 |
| 14 | ら挿入 | 3 |

注：表以外の発音の置換は「ご→ろ」1、「う→ゆ」1、「ぢ→り」1、「つ→ち」2、「ど→よ」2、「に→ん」1、「ひ→し」1、「わ→あ・や」2、「じ→じゅ」1、「じゃ→ら」1、「で→え」1であった。その他「手術→シウツ」「大統領→ライトウヨウ」は表には入れていない。

次に［Ⅱ］について、ピノコのことばには非文法的な語尾「のさ・よさ・のね・のよ」等の使用がある。

(40) a. ピノコの通信教育の免状よのさ　　　　　　　（2巻 p.244）
　　 b. ナイチョなのよさ…　　　　　　　　　　　　（2巻 p.242）
　　 c. 火すんだら急にシーンとしちゃったわのね　　（1巻 p.159）
　　 d. 思ってないわのよ　　　　　　　　　　　　　（4巻 p.296）

以上のように（本当の幼児ではないピノコについて）、音声的な特徴を生かした巧妙な操作と特徴的な語尾の使用により、ピノコの幼児らしさと独特のキャラクタ性が表されているものと考えられる。

## 5　表記上の工夫について

マンガにおけるセリフについては、先に述べたように基本的には話しことば

中心に書かれていると考えられているが、やはり書かれたことばであり、そこにはマンガ特有の表記上の工夫がなされている。

まず、幼児のセリフにおいて用いられる漢字は「上・行」等の比較的簡単なもののみであり、ほとんどのセリフはひらがな・カタカナで書かれている。

(41) a. 「おじさん　しょたこんの上にのりこんなのね」
　　　　　　　　　　　　　　　　　　　　　　　（赤僕、8巻p.10）
　　 b. 「おとこのコは　ないちゃダメよ」　　　（だぁ、3巻p.124）
　　 c. 「ごかいでちたら　こちらにようは　ありまちぇんから」
　　　　　　　　　　　　　　　　　　　　　　　（お兄、10巻p.12）
　　 d. 「だから　こんな「ほいくえん」なんかにきたくなかったのよ」
　　　　　　　　　　　　　　　　　　　　　　　（オレ、3巻p.114）

それに対し小学生以上のセリフは、次のとおりである。

(42) （榎木拓也、男・11歳）
　　 「老けてるよっ　お向かいのおじさんなんか　五十歳で踊りながら会社行ってるよ」（赤僕、1巻p.13）、「町の人がみんな記憶喪失になったら気持ち悪いよ」（赤僕、5巻p.45）

さらに「…」「ー」等の記号の多用、また、セリフをいくつかのふきだし・コマで表しているものも見られる。

(43) a. 「まどねーあいててねー　とんでーちーたのー　でねー　おそとでねー　ふらそわーず　バクッてねー　たべちーたの　みのがめっなのー　わるいこなのー　ごめんちゃーい」（赤僕、16巻p.97）（窓が開いててね、飛んでいっちゃったの、でね、お外でねフランソワーズがバクッてね、食べちゃったの。実がダメなの。悪い子なの。ごめんなさい）（注：いくつかコマ割がされている）
　　 b. 「に…にーちゃ…」　　　　　　　　　　（赤僕、6巻p.27）

　　　　c.「みんな…　かえってくる…？」　　　　　（ココロ、1巻 p.22）

　以上のように、ひらがな・カタカナ表記による就学前の「幼さ」、またセリフのふきだし・コマの分割、セリフを最後まで言い切らない「…」、長音「ー」によって、幼児の「片言らしさ」を表していることが予想される。

## 6　幼児語の周辺

　最後に幼児ではなく、成人間またはペットに対して用いる「幼児語」（これを「甘え語」とする）について述べていきたい。「甘え語」については、マンガやインターネットの記事に、以下のような指摘と例が見られる。

　　(44)　「夫婦で幼児語を使ってしまうことはありますか？」
　　　　　（既婚の友達30人アンケート、'90・8、平均年齢29.9才）
　　　　　二人とも使う15人、妻は使う5人、二人とも使わない8人
　　　　　○成人男女の会話に見られる幼児語
　　　　　接尾語：～でちゅ、～なの、～だもーん、～だっぴょーん
　　　　　名詞：おしっこ、ねこちゃん、おべんと等
　　　　　擬態語など：ぷんすか、ペコペコ、ねむねむ、ふにゃ～等
　　　　　愛のことば：しゅき(好き)、やん(いやん)、ば～か(馬鹿)
　　　　　　　　　　　（『セキララ』[8]「幼児化」p.103、一部省略した）

　(44)から、成人間において「甘え語」を用いることがあるということが指摘される。マンガのセリフにおける例を以下にあげる(すべて恋人・夫婦間の会話)。

　　(45)　ちゅべたくてカラダちびれるぅ～　ぞくぞくしゅるよ～
　　　　　　（セキララ、p.100）(冷たくて体が痺れる、ぞくぞくするよ)
　　(46)　「わーいしゅき」「…夫のごほんは　むじゅかちーの」
　　　　　　（セキララ、p.100）(わーい、好き。夫の本は難しいの)

---

[8] 西田隆政氏(甲南女子大学)に資料のご指摘を得た。

(47)　「<u>おサルさん</u>なの〜」「わぁ〜♡<u>カバさん</u>だ<u>カバさん</u>　おっき〜い」
　　　　　　　　　　　　　　　　　　　　　　　　　　（音無、1巻 p.68）
(48)　「可憐も<u>抱っこ</u>〜」　　　　　　　　　　　　　　　（音無、2巻 p.96）

　例に示すように、発音②置換(45)(46)、語彙③接頭辞・接尾辞(46)(47)、語彙②その他(48)の特徴が見られる。このように成人間における「甘え語」には、様々な「幼児語」の特徴が見られる。
　さらに「甘え語」については、若い女性が日常的に用いることもある（上記の資料『音無』も同じ）。そこで女性タレント小倉優子のブログ「小倉優子のこりん星のお食事って？」において見られた例をあげておく。

(49)　今日は、名古屋ドームでイベントをしま<u>ちた</u>☆(2008/2/1)
(50)　<u>にゃ〜</u>にしようか<u>にゃあ</u>(*^^*)(2008/3/16)（何しようかな）
(51)　朝からいるので、良かったら遊びに来てくだ<u>しゃ</u>い(^_-)-☆
　　　(2008/3/1)
　　　　　　　　　　（すべて http://ogurayuko.cocolog-nifty.com/blog）

最後に、大人がペットに向かって話しかけるときに現れる例をあげる。

(52)　とりわけデヴィ夫人が連れてきた4頭の犬が舞台あいさつ中も他の犬に吠えまくりで、トークをさえぎられた神田うのが「うる<u>ちゃ</u>いね。うちのロケットちゃん（ヨークシャテリア）は一切吠えないの」とチクリとやるなど、にぎやかな壇上となった。（デヴィ夫人、愛犬吠えまくりで神田うのからピシャリ　映画試写会でネタバレも、3月18日6時30分配信　オリコン）

　これについては、小椋(2006)で「最近の米国の研究では、犬にはなしかける時も人はCDS（Child Directed Speech：子供にむけた発話）を使用するという報告もある」とされる。
　なお、以上のような「甘え語」については、資料も少なく、さらなる調査が必要である。

## 7　さいごに

　本論では役割語「幼児語」について、主にマンガを資料として調査、分析をおこなってきた。結果としては語彙③接頭辞・接尾辞と、音声①省略・②置換の使用の多さを指摘した。また文法においては、助詞の脱落を頻用することにより、幼児らしさを表していることを示した。

　マンガにおいて幼児が登場する作品は多く、また小説や映画(特に吹き替えの場合には「幼児語」が用いられる)も幼児が登場するものは多い。これらの幼児は幼児語を話しており、役割語「幼児語」の姿を明らかにするためには、このような作品も調査する必要がある。また今後は、歴史的資料における「幼児語」についても調査・分析をおこなっていきたい。

**追記**

　本稿は、シンポジウム・研究発表会「役割・キャラクタ・言語」(2009年3月28日、於：神戸大学百年記念館)における口頭発表の内容に修正を加えたものである。席上、その他で有益なご意見・ご教示を賜った。記して感謝申し上げる。なお本研究は、科学研究費補助金基盤研究(B)「役割語の理論的基盤に関する総合的研究」(課題番号19320060、研究代表者：金水敏)によるものである。

**調査資料**
**幼児語資料**

A：『赤ちゃんと僕』(例では「赤僕」、全18巻・羅川真里茂・花とゆめCOMICS・白泉社. 以下「花とゆめCOMICS, 白泉社」は「花とゆめ」)
B：『ココロに花を!!』(例では「ココロ」、全2巻・菅野史・花とゆめ)
C：『虹色JOKER』(例では「虹色」、全2巻・みなみ佐智・花とゆめ)
D：『ぼくはね。』(全5巻・藤原規代・花とゆめ)
E：『ディアマイン』(全4巻・高尾滋・花とゆめ)
F：『るろうに剣心』(全28巻・和月伸宏・JUMP COMICS・集英社)
G：『っポイ！』(例では「っポイ！」、1-25巻・やまざき貴子・花とゆめ)
H：『幸福喫茶3丁目』(1-10巻・松月滉・花とゆめ)
I：『桜蘭高校ホスト部』(1-12巻・葉鳥ビスコ・花とゆめ)
J：『フルーツバスケット』(全23巻・高屋奈月・花とゆめ)
K：『ANGELIC LAYER』(全5巻・CLAMP・角川コミック・エース・角川書店)
L：『地球行進曲』(例では「地行」、全2巻・林みかせ・花とゆめ)
M：『女子妄想症候群』(全10巻・イチハ・花とゆめCOMICS・白泉社)

N:『世界で一番大嫌い』(全 13 巻・日高万里・花とゆめ)
O:『キスよりも早く』(例では「キス」、1-3 巻・田中メカ・花とゆめ)
P:『だぁ！だぁ！だぁ！』(例では「だあ」、全 9 巻・川村美香・KC なかよし・講談社)
Q:『愛してるぜベイベ★★』(全 7 巻・槙ようこ・りぼんマスコットコミックス・集英社)
R:『お兄ちゃんと一緒』(例では「お兄」、1-10 巻・時計野はり・花とゆめ)
S:『ママはキャバ嬢！』(1-6 巻・森尾理奈・KC デザート・講談社)
T:『たっくんに恋してる！』(1-5 巻・森尾理奈・KC デザートコミックス・講談社)
U:『おねいちゃんといっしょ』(1-5 巻・みなと鈴・KC 別フレコミックス・講談社)
V:『ベビーシッター・ギン！』(1-9 巻・大和和紀・KC キス・講談社)
W:『オレの子ですか？』(例では「オレ」、1-5 巻・くりた陸・KC デザートコミックス・講談社)

『ブラックジャック』(文庫版)手塚治虫・秋田書店, 1993 年(以下の 1-4 巻のピノコが登場する作品を調査対象とした) 1 巻「時形嚢腫」「ときには真珠のように」「めぐり会い」「六等星」、2 巻「シャチの詩」「誘拐」「助け合い」「ハッスルピノコ」、3 巻「コマドリと少年」「B・J 入院す」「ふたりの黒い医師」「研究医たち」「ピノコ愛してる」「奇妙な関係」「赤ちゃんのバラード」、4 巻「悲鳴」「ピノコ・ラブストーリー」「肩書き」「落としもの」「ガス」「万引き犬」

**甘え語資料**

『セキララ結婚生活』(例では「セキララ」えらけいこ・株式会社メディアファクトリー)、
『おそるべしっっ!!! 音無可憐さん』(例では「音無」、全 2 巻・鈴木由美子・講談社コミックキス・講談社)

第11章　役割語としての「幼児語」とその周辺

表3：対象となる幼児について

| 作品名 | 名前 | 性 | 年 | 作品名 | 名前 | 性 | 年 |
|---|---|---|---|---|---|---|---|
| A | 榎木実 | 男 | 2〜3 | J | 草摩モモ | 女 | 不明 |
| A | 榎木拓也 | 男 | 不明 | K | 小林鳩子 | 女 | 5 |
| A | 藤井正樹 | 男 | 3〜4 | L | 鷹宮翔 | 男 | 2〜5 |
| A | 藤井一加 | 女 | 4〜5 | M | 唯木澪 | 女 | 不明 |
| A | 後藤浩子 | 女 | 2〜3 | M | 炬炯至 | 男 | 不明 |
| A | まさし | 男 | 2〜3 | M | 保科允豊 | 男 | 不明 |
| A | 菊子 | 女 | 4 | M | 保科宥豊 | 男 | 不明 |
| A | 日影学 | 男 | 4 | N | 秋吉零 | 男 | 5 |
| A | 千夏 | 女 | 5 | N | 杉本姫 | 女 | 不明 |
| A | 冬実 | 女 | 7 | N | 松岡和行 | 男 | 4 |
| A | 木村太一 | 男 | 0 | N | 秋吉十波 | 女 | 6 |
| A | 京介 | 男 | 3 | N | 秋吉一久 | 男 | 4 |
| B | 花谷木向日葵 | 男 | 5 | O | 梶鉄兵 | 男 | 4 |
| C | 城島晴 | 男 | 不明 | P | ルウ | 男 | 0 |
| D | 明智哲太 | 男 | 不明 | P | 花小町ももか | 女 | 3 |
| D | 明智あや | 女 | 4 | Q | 片倉桔平 | 男 | 不明 |
| D | ナオくん | 男 | 4 | Q | 坂下ゆずゆ | 女 | 5 |
| D | 曽根崎ルウ | 不明 | 不明 | Q | まりか | 女 | 5 |
| D | 曽根崎ウミ | 不明 | 不明 | Q | 梨谷翔太 | 男 | 5 |
| E | 和久寺寿風茉 | 男 | 4 | Q | なみこ | 女 | 5 |
| E | 中村さよ | 女 | 不明 | Q | 大賀綾 | 女 | 5 |
| E | 和久寺寿千代 | 男 | 2 | Q | 片倉皐 | 男 | 0 |
| F | 新井伊織 | 男 | 不明 | R | 宮下桜 | 女 | 2 |
| G | 天野平 | 男 | 3 | R | 甘利真琴 | 女 | 不明 |
| G | 日下万里 | 男 | 3 | S | 篠原ひめな | 女 | 3 |
| G | 天野和 | 男 | 6 | T | 向田拓也 | 男 | 4 |
| G | 漸在太良 | 男 | 不明 | U | 佐藤みのり | 女 | 3 |
| H | 高村潤 | 女 | 4 | U | 米田ヒロキ | 男 | 3 |
| H | 安倍川さくら | 女 | 6 | U | 若菜 | 女 | 不明 |
| H | 安倍川柏 | 男 | 5 | V | 浅丘翔馬 | 男 | 2 |
| H | 安倍川草 | 男 | 3 | V | 今出川亜梨珠 | 女 | 5 |
| H | 西川一郎 | 男 | 6 | V | 牧村建 | 男 | 2 |
| H | 西川二郎 | 男 | 6 | V | 牧村双葉 | 女 | 0 |
| H | 土田翼 | 女 | 6 | V | 早川沙織 | 女 | 不明 |
| H | 土田翔 | 男 | 6 | V | 西本竜太 | 男 | 5 |
| H | 高村健志 | 男 | 4 | V | 水上奈々子 | 女 | 3 |
| I | 鳳鏡夜 | 男 | 5 | V | 木下毛理 | 男 | 3 |
| I | 久瀬猛 | 男 | 6 | W | 山吹スミレ | 女 | 1 |
| I | 猫澤霧美 | 女 | 3 | W | 夏野ひまわり | 女 | 不明 |

注：表において「不明」は、作品で年齢・性別が示されていないものを表す。

211

## 参考文献

岩立志津夫・小椋たみ子(2002)『シリーズ臨床発達心理学　言語発達とその支援』京都：ミネルヴァ書房.

大久保愛(1967)『幼児言語の発達』東京：東京堂出版.

大久保愛(1973)『幼児のことばとおとな』東京：三省堂.

荻野美佐子(2002)「養育者の役割」岩立志津夫・小椋たみ子『シリーズ臨床発達心理学　言語発達とその支援』pp.35-38, 京都：ミネルヴァ書房.

小椋たみ子(2002)「第1部言語発達の基礎　第5章言語発達の概観　3構音の発達」岩立志津夫・小椋たみ子『シリーズ臨床発達心理学　言語発達とその支援』pp.88-90, 京都：ミネルヴァ書房.

小椋たみ子(2006)「養育者の育児語と子どもの言語発達」『言語』35-9, pp.68-69, 東京：大修館書店.

小椋たみ子・村瀬俊樹・山下由紀恵(1992)「初期言語発達に関する調査(1)―幼児語から成人語へ―」『島根大学教育学部紀要(人文・社会科学)』26, pp.57-63.

金水敏(2003)『ヴァーチャル日本語　役割語の謎』東京：岩波書店.

窪薗晴夫(2006)「幼児語の音韻構造」『言語』35-9, pp.28-35, 東京：大修館書店.

小林春美・佐々木正人(1997)『子どもたちの言語獲得』東京：大修館書店.

定延利之(2007)「キャラ助詞が現れる環境」『役割語研究の地平』pp.27-48, 東京：くろしお出版.

友定賢治(2005)『育児語彙の開く世界』京都：和泉書院.

友定賢治(2006)「育児語の方言地図」『言語』35-9, 東京：大修館書店.

橋田浩一・大津由紀夫・今西典子・Yosef Grodzinsky・錦見美貴子(1999)『岩波講座言語の科学10　言語の獲得と喪失』東京：岩波書店.

村瀬俊樹・小椋たみ子・山下由紀恵(1992)「育児語の研究(1)―動物名称に関する母親の使用語：子の月齢による違い―」『島根大学法文学部紀要　文学科編』16-Ⅰ, pp.37-54.

村瀬俊樹・小椋たみ子・山下由紀恵(1998)「育児語の研究(2)」『島根大学法文学部紀要　社会システム学科編』2, pp79-104.

村田孝次(1970)『幼児のことばと発音　その発達と発達障害』東京：培風館.

# 第12章
# 役割語としての片言日本語
―西洋人キャラクタを中心に―

依田　恵美

## 1　はじめに

　本稿では、漫画やアニメなどで西洋人キャラクタ[1]の台詞に用いられる「アナタハ、カミヲ、シンジマースカ？」のような片言の日本語について取り上げる。そして、それらが役割語[2]としてどのような効果をもたらすか、また、どのような成立過程を経ているかを考察する。本稿で想定する西洋人キャラクタとは、以下の特徴を有する人物を指す。

　　（1）　西洋人キャラクタの特徴
　　　　　・　アメリカ、イギリス、フランスなどの欧米諸国出身者
　　　　　・　髪は金色で肌が白く、高い鼻を持つ。

　本稿は、以下のように構成される。まず、西洋人キャラクタの役割語としてどのような表現が共有・通有されているかを概観する。次に、アリマス／アル型ピジンが異国人の話す日本語として捉えられていた時代から、上記のような表現が西洋人に特徴的なものとなるに至る過程を見て行く。そして、西洋人キャラクタの役割語がどのようなイメージを担い、また、ストーリーの中でどのような効果をもたらすかについて言及する。最後に、東洋人キャラクタに用いられる片言日本語との違いについて、歴史的な観点を加えながら考察を行う。ただし、明治時代前後の異国人の日本語については、既に金水（2008）等の先行研究で言及されている。したがって、本稿では主に昭和初期から戦後の作品を考察対象とする。

---
[1]　本稿で「キャラクタ」と言う際には、定延（2006: 118）の定義に従う。
[2]　「役割語」の定義については、金水（2000: 311）に従う。

なお、本稿で取り上げる「片言日本語」とは、あくまで漫画等のヴァーチャルな世界で、ある登場人物を他の登場人物と差異化するうえで用いられる役割語の一種を指す。現実の世界において、外国人（特に西洋の出身者）の話す日本語とはこのようなものであるとして決めつけたり、中傷したりするものではないことをあらかじめ断っておく。

## 2　役割語としての西洋人の片言

まず、我々が役割語として共有している西洋人キャラクタの日本語について概観する。現代の漫画・アニメに登場する西洋人キャラクタに特徴的なものの一端を挙げてみたい。複数の作家・作品に共通の表現について見る限り、西洋人キャラクタは概ね次節以降で挙げるような表現や表記を使う。なお、ここで漫画やアニメを観察の対象とするのは、小説等の文学作品と違って登場人物の性格や生い立ちなどを詳細に描写・説明することができないため、その代わりとして役割語が活用される環境にあるからである。

### 2.1　文法的に崩れた日本語―終助詞「ね」の誤用―

文末に置かれる終助詞「ね」に特徴的な使用が認められる。たとえば、次の(2)(3)のようなものである。

　(2)　イギリス人ジョン・エリック
　　　〔自分が離婚経験者であることを告げる〕[3]
　　　一度、結婚失敗したネ。　　　　　　　　　　　　（竜馬 6：6）
　(3)　アメリカ人ルーシィ
　　　〔自分の行方を探していた友人たちに道に迷ったことを告げる〕
　　　部屋にクッキー取りに　戻ってたら、迷って　しまいましたネ～
　　　　　　　　　　　　　　　　　　　　　　　　　　（美鳥 5：82）

本来、終助詞の「ね」は、相手に事実を確認したり、共有の事実について同意を求めたりする際に用いられる。何かの事実を、話し手だけではなく、聞き

---

[3] 〔　〕内は、論者が私に付した注であることを示す。以下同様。

手も共有していることを前提としている。そのため、聞き手の知らない事実を提示する際に終助詞「ね」を用いることは誤用とみなされる。しかし、(2)(3)ではいずれも、聞き手の知らない事実を初めて告白する文脈で「ね」が登場してきている。このように、終助詞「ね」の誤用が、西洋人キャラクタの話す片言要素として選択されている。

## 2.2　文法的に崩れた日本語—モーラの挿入、および消去—

次に、「ボロボロです」を「ボロボーロでーす」とするなど、ネイティブの日本語にはないはずのモーラを挿入したり、あるいは「ようこそ」を「よこそ」とするように、存在すべきモーラを消去したりする場合について見て行く。このような表現手段は、西洋人キャラクタの発話に使われる役割語として最も普及しているように思われる。中でも、長音を挿入する方法が生産的のようである。(7)のように促音が挿入される場合もある。

(4)　アメリカ人ジョディ・サンテミリオン
　　　この事件　わーかり　ました　かー？　　　　（コナン 42：51）
(5)　赤船の船長
　　　どんどん風船を飛ばすでーす(…)何者でーすか？　(…)用はありません[4]。　　　　　　　　　　　　　　　　（ぜんまい：12′30）
(6)　カナダ人ジョディ・ロックウェル
　　　ど…どしました、ヤワラ!!　　　　　　　　（YAWARA！ 3：219）
(7)　カナダからの留学生ケイト
　　　〔美術部の部長に掛かって来た二度目の電話を取り次ぐ〕
　　　マッタ　オデンワ　デース！　　　　　　（スケッチブック 4：84）

これに関し、興味深い例がある。次の(8)を見られたい。『8時だよ！　全員集合』の学校コントで、教師役のいかりや長介に「これは何か」と尋ねられた生徒役の志村けんが、指し示されたもの(机)を英語で答える場面である。実際には英語ではなく日本語のままで答えてしまうのであるが、(8)は日本語ネイ

---

[4] DVD中の台詞を聴き、論者が書き起こしたもの。

ティブが英語らしく（あるいは、英語ネイティブらしく）話そうとして、日本語に余剰モーラ（長音）を挿入していると見られる例である。この例からも、余剰となるモーラの挿入が西洋人らしさを担う片言要素としてみなされていることがわかる。

(8)　　先生　　　What is this?
　　　　学生志村　<u>つくーえ</u>？[5]　　　　　　　（全員集合 2005 ④：14′07）

なお、日本語ネイティブも、文尾に来る「です」「ます」の第1モーラの直後に長音を挿入し、「300円のお返しでーす。」「はい、すぐ行きまーす！」などのように言うことがある。発話することにより、明るく友好的なキャラクタの付与される話し方である[6]。しかし、本節で取り上げた長音モーラの挿入例は、日本語ネイティブのものとは以下の点で異なる。

　(4)～(7)で示した例は、いずれも英語独特の強弱アクセント（あるいは英語アクセント訛りの日本語）を模したものであると考えられる。西洋人キャラクタの発話では、「です／ます」が現れる環境ではおよそ機械的に長音が挿入され、(5)の「何者でーすか？」のように助詞が後に続く「です／ます」にも挿入され得る。しかし、(5)のような例は日本語ネイティブにはまず見られない。あくまで、「です／ます」が文尾となる際に限られる。

## 2.3　母語の出現

　西洋人に限らず、外国人キャラクタの発話にはそれぞれの母語[7]を模す例が認められる。たとえば、母語のうち、「Oh」「Ah」などの感動詞[8]や、日本語社会で一般に知られている「very」「good」「you」「Jesus」などの語句がそのまま用いられる。これらの発話では、日本語と母語が混在する。

---

[5] DVD中の台詞を聴き、論者が書き起こしたもの。
[6] そのため、謝罪会見のような厳粛な場でこのような話し方を用いると、「反省が見られない」「不謹慎である」といった印象を与えてしまうようである。
[7] 母語（第一言語）に限らず、英語を模す場合もある。
[8] 中国人キャラクタであれば、感動詞「あいやあ」など。

(9) アメリカからの留学生ベン
　　　日本語ベリー　ムズカシィデ〜ス　　　　（ギャグマンガ 5：145）
(10) シシリアンマフィアのボス　ドン・コルリオーネ
　　　オーノー　これ　おみやげ　あるよ　ぜんぶ　やる　ある
　　　　　　　　　　　　　　　　　　　　　　　　　（ひばり 2：232）

なお、鴻巣(2005: 139-140)によれば、島村抱月(1871-1918)は舞台台本の翻訳を行う際に、「一音か二音の間投詞の翻訳にも、しょっちゅう手を焼」き、「日本語には『アラ』『マア』『オヤ』ぐらいしかなくて女性的になってしまうので、やむをえないときは、原文の音をそのままあて」たという[9]。このことは、"Oh！"をはじめとする母語由来の感動詞・間投詞の類が片言日本語を印象付ける役割語となるに至る初期段階を示唆しており、興味深い[10]。

## 2.4　カタカナ表記―視覚的効果―

2.1 節から 2.3 節で見てきたものは、いずれも文法の低次元化や母語の出現といった、いわゆるピジンの応用であった。それらは、日本語の文法と相違する点を持つことが特徴である。その特徴によって、日本語ネイティブとの差異化が図られる。

一方、文法的な誤りはなくとも、その発話が片言であるということを示し得る要素も存在する。漫画などの文字媒体で用いられる、視覚的効果による片言要素である。この「視覚的効果」は表記を工夫すること[11]で実現される。たとえば、先の(7)(9)や次の(11)のようなものである。

(11) イギリス人ジョン・エリック
　　　リョーマ　………　会イタカッタ　ヨ!!……　　（竜馬 5：338）

---

[9] 既に明治大正期に、「アラ」「マア」「オヤ」の感動詞について"女性的"であるというイメージがあったこともうかがわれ、注目される。
[10] "O(Oh)＋人名"の役割語化については拙稿(2002)を参照。
[11] 表記上の工夫という点では、漫画の場合、文字種の相違だけでなく、書体による違いも何らかのキャラクタを表現する役割語となっている可能性が考えられる(金田純平氏、波多野顕博氏との談話から得たご教示による)。

このような、カタカナによる表記は西洋人キャラクタに限られた表現方法ではない。広く外国人キャラクタの片言要素として用いられている。

 （12） タイからの留学生
    牛肉ヲレアニ焼キ、　薄切リニシマス。    （美味しんぼ32：38）

　これらのカタカナ表記は、その発話の非日本語的なることを伝えている。なぜなら、日本語ネイティブの発話が主に漢字ひらがな交じりで書かれるからである。そもそも、カタカナが使用されるのは外来語やオノマトペなどを表記する程度に限られ、ひらがなや漢字と比べると使用範囲が狭い。そのため、カタカナを台詞全体や文末などの表記に用いることは本来の用い方からすれば規範外である。この点で、ネイティブの台詞との差異化を実現する[12]。

## 2.5　片言要素とその効果
　次の(15)を見られたい。これは、厳密には西洋人キャラクタの発話ではない。しかし、これまで見て来たような特徴が異国人の話す片言日本語の典型として捉えられていることがわかる例である。
　ジャングルガイドであるインド人ゴビンダは、登場当初から流暢な日本語を話す(15a)。しかし、彼は仲間に危機が迫った途端、突如"ジーザス！"という非日本語を口走り、余剰となるモーラの挿入とカタカナ表記が大半を占める日本語を話す。すると、それを聞いた日本人探検家が、ゴビンダの日本語が急に"下手にな"ったと指摘する(15b)。この、流暢な日本語が一転して「下手になる」というゴビンダの例から察するに、母語の出現、モーラの挿入、カタカナ表記は、いかにも外国人キャラクタにありそうな片言日本語のマーカーとし

---

[12] 同様にカタカナ表記が特徴的なものに、西洋人と日本人の親を持つ「(西洋系)ハーフ」キャラクタの片言日本語がある。文法的にはネイティブと特に変わりはないものの、そのごく一部(主として文末)にカタカナ表記が用いられるという特徴がある。また、台詞に占めるカタカナの割合は(7)(9)(11)などの西洋人の例に比べ低い。

 （13） アメリカ人の母と日本人の父を持つアメリカ生まれのマックス
    信じられ　ナイ!!             （爆転2：134）
 （14） カナダ人の母と日本人の父を持ち2年のカナダ留学から帰国した木々樹リン
    こうやって　（…）　差し込ミ…　（…）　波形を見るガラ…  （ワ8：20）

て使われている。

(15) a. じゃあ　ジャングルと　ターバン　1ミリも　関係ないじゃないですか　私がジャングルの　右も左も　わからないのは　それでか…　　　　　　　　　　　　　　　　（ギャグマンガ 5：135）
b. 日本人探検家　　大蛇に(…)からまれてる────！
ゴビンダ　　ジーザス！　早〜ク　タスケナイト　死ンデ　シマ〜〜イ　マ〜〜ス
日本人探検家　　どうして今ごろ　日本語下手に　なるんだよ！　　　　　　　　　　　　　　　　　　　　　　　　（同：138）

## 2.6　片言を話さない西洋人

　以上の片言表現はいずれも、発話者について「西洋人」という枠組みで括られるキャラクタであることを想起させたり、印象付けたりするものとして用いられている。しかし、同じ西洋出身の登場人物であっても、字面を見る限り、その台詞に片言さの付与されない者も見られる。

　(16)は、主人公の日本人少年が大リーグ入りを目指す青春スポーツ漫画での一場面である。ここに登場するフォックスは、アメリカ大リーグの野球選手である。彼は、過去に日本で生活した経験があり、片言ながら日本語を話すことができるという。そのため、日本からトライアウトを受けに来た主人公茂野吾郎の通訳を任される。

(16)　コーチ　　〔横書き〕[13] 確か　ちょっと日本語　できたよな、通訳して　くれないか。
フォックス　〔横書き〕え…ああ　いいですよ、　片言ですけど。(…)
吾郎　　へえ、　あんた　日本語　できんの　!?　(…)
フォックス　〔縦書き〕父親の仕事で　小学生のとき　5年間日本

---

[13] 漫画の中で、台詞が母語で発話されていることを示す表現手段。この場合、縦書きの部分は日本語での発話であることを示す。このような書き分けは、『おーい！　竜馬』（作：武田鉄矢＋小山ゆう）など、他の作品にも認められる。

219

　　　　　　　　　　　に　住んでたことが　ある。　簡単な　日本語ならな。
　　　　　　　　　　　(…)アドバイスが　ほしいときは、俺を通して　いつ
　　　　　　　　　　　でも　きいてくれ………と　(…)
　　　　　　　　　　　　　　　　　　　　　　（メジャー48：175-178）

　このように、(16)では確かに自ら"片言"だと言っているのであるが、彼の発話には前節までで確認した片言要素は現れない。その点で、これまで見て来た西洋人キャラクタとは異なっている。
　また、彼の話す日本語は文末が「です／ます」の敬体ではなく、常体になっている。2.1節から2.4節で見てきた「西洋人キャラクタ」を見ると、(2)(11)のジョン・エリック、(10)のドン・コルリオーネを除けば、他は全て敬体を用いており、常体より敬体の選択される確率の方が高くなっている。このように、文末表現の用い方においても、フォックスの発話は一般的な西洋人キャラクタとは性質が異なると言える。
　これらの相違が生じているのは、ストーリーの中で彼の果たす役回りが、いわゆる「西洋人キャラクタ」に割り振られるものとは異なるからであろう。主人公の助言者・導き役・準ヒーローとして共に夢を追うという設定上、片言日本語の担う典型的な西洋人像、あるいはいかにも西洋人らしいというキャラクタ付けが、彼の場合にはあえて避けられていると考えられる。換言すると、彼は「西洋人キャラクタ」に付随する何かしらの特定のイメージが必要とされない（あるいは、あってはならない）人物なのではなかろうか。

## 3　西洋人像とその表現―戦前から現代へ―

　本節では、片言日本語が西洋人キャラクタを担う役割語として形成されるまでの流れについて見て行く。そして、どのような表現がいつごろから西洋人キャラクタに典型のものとなるのか、また、その典型表現が担うのはどのような典型人物像であるのかについて考察を加える。

### 3.1　西洋人の表現

#### 3.1.1　戦前の西洋人

　戦前の大正から昭和初期に書かれた随筆・小説の中の西洋人の日本語につい

て見てみよう。この時期には次の(17)～(21)のような例が認められる。

　この頃の作品で特徴的なのは、「アルヨ」「アリマス」に代表されるピジン日本語の使用である。金水(2007: 202)で指摘されているように、SF小説や時代小説では、西洋人の発話に役割語的にアリマス型ピジンが用いられている(17)(18a)。それら以外にも、(19)では、西洋人の発話として「～よろしい」というアリマス／アル型ピジンを用いた例が話題に上がっている。これらからは、当時、日本人の間で西洋人とはアリマス(アル)型ピジンを話すものであるというイメージが持たれていたことがうかがえる。

　また、この時期の作品では、敬体の使用も特徴的である。ここで挙げた中では(19)を除き、いずれも西洋人の発話は敬体で書かれている。ただし、西洋人を表現する手段として各作者が意図して敬体を選択していたのかは定かでない。しかし、金水(2007: 208)等によれば、幕末から明治期にかけて西洋人の用いていたピジン日本語はアリマス型で敬体であったという[14]。そのことをふまえると、より以前から西洋人と敬体とを結びつけるイメージが形成されていたことも考えられる[15]。

(17)　イギリス人ロイド
　　　「日本の人、嘘云うあります、わたくし堪忍しません」
　　　　　　　　　　　　　（岡本綺堂〔1923〕「半七捕物帳　異人の首」）
(18)　ロシア人イワノフ博士
　　　a.「そのとおり、ありまーす、(…)」
　　　b.「そうです、イワノフです。ようこそ、正太しゃんもマリ子しゃんも来てくださーいました。(…)」
　　　　　　　　　　　　　　　　　（海野十三〔1939〕「人造人間エフ氏」）
(19)　「そりゃ日本語で間に合いますよ。(…)ペロリの奥さんなんか、あなたよろしいありがとうと、ちゃんと日本語で挨拶をするくらいです」　　　　　　　　　　　　　　（夏目漱石〔1915〕「硝子戸の中」）

---

[14] 金水(2007)等参照。
[15] 金水(2007: 208)では「現在、西洋語なまりの日本語を表現する際、(…)必ず丁寧体になる点は、アリマス型ピジン日本語の特徴を一部受け継いでいるのかもしれない」と指摘している。

(20) 西洋人バード・ストーン
  a.「……ハーイ……アリガト……ゴダイマス……」
  b.「OH……NO・NO・NO……貴女よくお聞きなさい(…)」
         （夢野久作〔1933〕「ダークミニスター」）[16]
(21)『(…)通りかかった一名の西洋紳士。(…)直ぐとお婆さんの傍へ寄って、「オモイオモイデスカ。ワタクシ、オブッテサシアゲマス」云いながら、(…)』
         （渡辺温〔1930〕「四月馬鹿」）

　一方、ピジン日本語や敬体の使用以外ではどのようであるかというと、共通して用いられていると言えるような表現は見られない。上記の各作品では、サ行子音が硬口蓋化した「しゃん」、ザ行子音が破裂音のダ行と交代した「ゴダイマス」、「無音時間の断続的な挿入」、「カタカナでの表記」等、西洋人の片言日本語の表現として種々の手段が認められる。作品ごとに表現が多岐に渡っているとも言える。そのため、この頃はあくまで、西洋人像の創出期にあると見られる。このうち、「ありまーす」、「くださーい」等、(18a)(18b)で文末に余剰となる長音の挿入が認められることは、現代の西洋人キャラクタに用いられる片言要素につながるものとして興味深い。また、現代の役割語に通じるものとしては、他に(20a)の「アリガト」など、モーラが消去された例も出てきている。

### 3.1.2　戦中の片言意識

　次に、戦後すぐに発表された漫画を手がかりに、第二次世界大戦の戦中から戦直後の状況について見て行く。
　まず、昭和29年から37年にかけて『少年画報』（少年画報社）に連載された「ビリーパック」を見よう。(22)は、戦時中（昭和20年3月）に東京上空から米兵が逃げ惑う日本人に爆撃をしかける場面である。ここで、米兵の台詞に「イノチ　ナイアル」とアル型ピジンが使われている。当時アメリカ空軍兵が上空で実際にアル型ピジンを発していたかは不明であるが、異国人の台詞にアリマス／アル型ピジンが充てられている。

---

[16] 初出：大正9(1920)『呉井嬢次』→改稿：昭和8年(1933)

(22)　爆撃機の音　　キューン
　　　アメリカ兵　　フフフ…　アノヒト　イノチ　ナイアル　…(…)
　　　爆撃機の音　　ゴー
　　　研一　　　　　ああっ　おとうさん　あぶないっ　!!
　　　　　　　　　　　　　　　　　　　　　　(河島光広「ビリーパック」)[17]

　先に前節でみた戦前の小説の例などもふまえると、西洋人がアリマス／アル型ピジンを話すというイメージは、戦中から戦後すぐの頃まで引き続き共有されていたようである。当代の西洋人のイメージを反映したものであるというよりは、時代小説などの時代物に登場する西洋人のイメージ[18]が、この頃に至ってもそのまま共有されていたのであろう。その場合、戦時中も中国人と日本人とのやり取りの中で実際にアル型ピジンが使用されていたらしいこと[19]が支えになっていたのではなかろうか[20]。
　(22)と同様に、西洋人を含め異国人全体の話す日本語のイメージとしてアリマス／アル型ピジンが共有されていたことを示唆するのが次の(23)である。これは戦後すぐの1945年11月6日に発行された雑誌『主婦之友』昭和20年11月号(主婦之友社)に掲載された漫画である。
　敗戦の日から一カ月後の1945年9月15日に誠文堂新光社から『日米会話手帳』という英会話本が出版された(清水1995: 124)。この本の初版の30万部は発売とほぼ同時に売り切れ、同年末までに350万部が売れるほどのベストセラーとなり、1981年まで日本最高の販売冊数の記録を破られなかったという(ダワー 2004: 224-225)。このように、当時、日本の人々の間で英会話本

---

[17] 河島光広・うしおそうじ・手塚治虫・桑田次郎(1971)『少年漫画劇場 第7巻』東京：筑摩書房、16頁より。
[18] 金水(2008: 55)には、「ピジン日本語はまず外からやってきた「異人」という他者を表す記号として機能してきた」とある。
[19] 金水(2008: 30-34)参照。
[20] 4節でも触れるが、日本語のシステムとして戦前から「敬体＝失礼のないように配慮する必要のある相手に使う」、「常体＝配慮の不要な相手に使う」という区別があるとすると、敵が敬体を使う、あるいは、敵に対して日本人が敬体で話すというイメージは成り立たなかったのではあるまいか。その結果、異国人キャラクタを表すアリマス／アル型ピジンのうち、ここでは常体「アル」が選択され、米兵が敵国の日本人に向けて常体の「アル型ピジン」を発している(あるいは、心中でつぶやいている)場面となったと考えられる。

がもてはやされたのは、米軍の進駐により、英語を話すとよい仕事を得るチャンスにつながる時代になったからである(清水 1995: 112)。ここに挙げた(23)からは、英語を話すことで米兵とうまくやっていこうとしていた進駐初期の日本人の様子が垣間見える。

(23)　ハナ子さん　〔本を見ながら英会話を口に出して練習〕
　　　　　　　　アイラブユー　アイラブユー　(私は貴方を　愛します)
　　　　　　　　あら、坊やたち　どこへ行つたの　ボーヤ、ボーヤ
　　　　　　　　〔子供が米兵の肩に乗っているのを見て〕
　　　　　　　　まあ、そんな　高い所に　ゐたの
　　　　　　　　〔米兵ともども招き入れる〕
　　　　　　　　プリーズ　カム　オン　マイ　ハウス　(<u>どうぞ私の家　来るよろし</u>)
　　　アメリカ兵　サンキュー
　　　(杉浦幸雄〔1945〕「ハナ子さん一家　珍客の巻」『主婦之友』昭和20年11月号、主婦之友社：15)

　主人公のハナ子さんは、英会話本を手に簡単な英会話を勉強していたところ、ひょんなことから突如、米兵とコミュニケーションを取らなければならなくなる。この漫画では、彼女の口にする英語には(　)で括られた日本語訳が付されている。この日本語訳を見ると、英会話本に書かれた例文を読み上げている部分では標準語が充てられているのに対し、ハナ子さんが米兵を前に自力で英語を話している部分ではアリマス／アル型ピジンが充てられており、注目される。この違いにより、英会話本の読み上げ部分は正しい英語であり、自力で話している部分は片言の英語であるということが表現されている。このことは、発話者が非日本語ネイティブであるか否かにかかわらず、あるいは、日本語に限らずどの言語を話していようとも、アリマス／アル型ピジンが「片言」[21]のマーカーになっていることを示している。この例を基に考えると、当時の日本人に

---

[21] 子供(日本語ネイティブ)のたどたどしい日本語がこれに含まれるかについては調査が及んでいない。

とって、非日本語ネイティブの話す片言の日本語といえばアリマス／アル型ピジンが想起されたものと考えられる。

なお、この「ハナ子さん」の漫画は10コマで構成され、(23)で引用した部分の後は、招き入れた米兵に対し、ハナ子さんの義父母までもが何とかして英語で挨拶をしようと奮闘する場面が描かれる。そして、義母が"はい今日は──　いゝお天氣様で　アイラブユー"(同：15)という、日本語もまぜこぜになったなんともおかしな挨拶をしたところで終幕となる。このように、この漫画では、米兵は母語を話し、片言を用いて異国人とコミュニケーションを取ろうとしているのは敗戦国の日本人である。また、笑いの対象となっているのもあくまで日本人であるという点にも注目しておきたい。

### 3.1.3　戦後の日本─西洋人をどのように見たか─

これまで3.1.1節、3.1.2節において、大正期から戦中にかけては「異国人＝アリマス／アル型ピジン」というイメージが共通の理解となっていたことを見た。しかし、戦後、進駐軍を間近に目にし、高度経済成長を経て日本が他国と肩を並べるようになると、それは徐々に変化していくようである。

先に(17)でも確認したように、戦前の時代小説においては西洋人の台詞にアリマス／アル型ピジンの使用が典型的であった。しかし、同じ時代物であっても、戦後10～20年ほどの間に書かれた漫画を見てみると、アリマス型／アル型ピジンが必ずしも登場しなくなる。

(24)(25)は、室町時代から江戸時代頃が舞台の時代劇漫画に登場する西洋人の例である。(24)は昭和24年から30年まで『少女』(光文社)に連載された「あんみつ姫」の例であり、(25)は昭和27年から30年代にかけて『おもしろブック』(集英社)に連載された「さいころコロ助」の例である。

(24)　英語教師カステラ先生(倉金章介「あんみつ姫」)[22]
　　　<u>オー</u>　レディに　たいして　ぶれい　<u>あります</u>
　　　　　　　　　　　　　　　　　　(杉浦・倉金・原 1971: 195)
(25)　宣教師クロテガ(益子かつみ「さいころコロ助」)[23]

---

[22] 杉浦茂・倉金章介・原一司(1971)『少年漫画劇場　第5巻』東京：筑摩書房より。
[23] 武内つなよし・益子かつみ・白土三平(1972)『少年漫画劇場　第6巻』東京：筑摩書房より。

a. それは　きけん　で—す　　　（武内・益子・白土 1972: 181）
b. お—　しんぱい　ありがと　ころんで　すりむき　ました

（同: 192-193）

　(24) の「あんみつ姫」では、アリマス型ピジンが何箇所かで見受けられる。発話者は金髪で鼻が大きな西洋婦人のカステラ先生[24]である。それに対し、(25) の「さいころコロ助」では、西洋人クロテガの台詞にアリマス／アル型ピジンは出てこない[25]。代わって、文末表現に余剰となるモーラが挿入されている例がいくつも見られる。"ありがと"といった、モーラが消去された例も認められる。この2作品に見られる相違からは、時代物であっても、この頃には「異国人＝アリマス／アル型ピジン」というイメージが必ずしも想定されなくなってきていることがわかる。

　両作品には共通点もある。第一点目は、「お—」という母語の感動詞がどちらにも使用されていることである。第二点目として、文末表現が主として敬体になっていることが挙げられる。これらはいずれも、現代の役割語に通じるものであり、他の片言要素に比べると早い段階から西洋人に特徴的な表現となりつつあったことが推察される。戦前から西洋人に敬体のアリマス型ピジンが充てられていたことも含めると、最も早くから定着していたのは敬体の使用ということになろう。

　次に、当代を舞台にした漫画を見てみる。以下は、先に挙げた「ハナ子さん一家」の作者が『漫画読本』昭和37年4月号（文藝春秋新社）に発表した漫画の例である。西洋人らしき鼻の高い外国人が観光で日本を訪れ、主人公のトト子に観光案内を頼んでいる。

(26)　外国人　ヘ—イ　ニッポン　ムスメ　サ—ン
　　　トト子　ハロー
　　　外国人　ワタクシ　観光ニッポンノ　オ客サマデス。
　　　トト子　ウエル　カムだわ（…）
　　　トト子　ジスイズ　ダンチよ。モダーン　ライフオブ　庶民ね

---

[24] 設定上はアメリカ人であるらしい。
[25] 時代設定が江戸よりさらに遡るためかもしれない。

外国人　オー　ダンチハ　モウミマシ　タ
　　　　（杉浦幸雄〔1962〕「れんさいまんがトト子　観光外人の巻」）[26]

　ここで注目したいのは、"外国人"が母語ではなく日本語を片言で話していることである。日本人が英語を口にしているのは先の「ハナ子さん」の例と同じであるが、ここでは"外国人"も非母語を用いて異国人とコミュニケーションを取ろうとしている。"外国人"の台詞には、「ヘーイ」や「オー」などの母語由来の感動詞以外に、「ムスメサーン」の「サーン」のような余剰モーラを挿入した例が登場してきている。アリマス／アル型ピジンは用いられていない。文末はいずれも敬体である。表記はひらがなのない漢字カタカナ交じりになっている。終戦から10年以上が経った1960年代になると、漫画で描かれる西洋人のキャラクタ、ひいては現実世界の西洋人と日本人の関わり方にも変化が現れてきたと言えよう。

　なお、この漫画の続きは以下のようである。まず、上掲の"外国人"が他にも日本の文化を見たいと言って旅館にトト子を連れ込む。しかし、日本人の恋愛を教えてほしいという口実を使って押し倒そうとしたところでトト子に投げ飛ばされてしまう。そして、警官に"日本生れの札つきの不良の外人"として逮捕されてこの話は終わる（同: 175）。この漫画で笑いの対象となっているのは"外国人"である。しかも、彼は"不良"として扱われ、主人公である日本人にやり込められている。このように、日本人ではなく外国人（西洋人）を笑いの対象として描いていることからも、西洋人に対する日本人の意識や態度が戦直後の「ハナ子さん」の頃とでは変化してきていることがうかがえる。

　同様に、1971年から1974年にかけて『少年ジャンプ』（集英社）に連載された「侍ジャイアンツ」[27]を見よう。(27)はアメリカ大リーグから日本の球団に入団したポポの例である。

(27)　阪神タイガースのアメリカ人選手ポポ
　　　ポポ　　　　　ハ〜〜イ　ゴ声援　アリガト　ゴザイ　マ〜〜ス!!

---

[26] 杉浦幸雄・清水勲（1984）『昭和マンガ風俗史——杉浦幸雄漫画でたどる五十年』東京：文藝春秋、173頁より。
[27] 梶原一騎・井上コオ（2002）『侍ジャイアンツ2・6』東京：講談社より。

| | |
|---|---|
| 実況 | (…)天性の　陽気な　スポーツマン　なのです！ |
| ポポ | ダイジョウブ　デスカ？　(…)オ〜〜アナタ　ワタシゴノミノ　イイ男ネ！　プリティ(…) |
| 日本人選手 | ア〜〜レ　〜〜〜　へんた〜〜い!! |

（侍ジャイアンツ 6：103）

　ポポの台詞には、母語の出現、余剰モーラの挿入、モーラの消去、カタカナによる表記、敬体の使用という5つの片言要素が見られる。(26)の「トト子」に登場した"外国人"の例と同様に、アリマス／アル型ピジンは見られない。一方、「ハ〜〜イ」等の感動詞に加え、形容詞「プリティ」なども母語として出現している。これは、それ以前の資料にはなかった新しい要素である。そして、これはまた、2節で見た現代の役割語に通ずる表現である。したがって、感動詞以外の母語の使用とは、敬体の使用などに比べると、西洋人キャラクタの役割語としてより新しい表現形態であると言えよう。

　このような片言要素を用いて話すポポは、野球の実況担当者から"陽気な"人物として紹介されている。また、同性の日本人選手にセクハラを働き、変態呼ばわりされている。このように、彼は陽気で笑いを誘う、おかしな人物として描かれている。このように、笑いを誘う人物として描かれている点も、(26)の"外国人"と同様である。

　しかし、片言を話す西洋人が笑いの対象になるという点では、同じ「侍ジャイアンツ」の登場人物であっても、次の(28)の例は当てはまらない。(28)は大リーグのドジャースの監督オルストンが、同チームの所属選手が犯した危険行為や妨害行為について読売ジャイアンツに弁明をする場面である。

(28)　ドジャース監督オルストン
　　a.　ワタシ　答エマショウ　大リーグ野球　ムシロ　プロレスヨリ　荒ッポカッタノ　デース　　　（侍ジャイアンツ 2：112-113）
　　b.　オー　ノー!!　故意ニ…　ワザトヤッタ　トイウ証拠　ドコニモ　アリマセーン！　　　　　　　　　　　　　　　　（同：130）

　このオルストンの台詞も、片言要素として母語の出現、余剰モーラの挿入、

カタカナによる表記、敬体の使用の4つが用いられ、ポポの場合とほぼ同様である。(26)の"外国人"とも変わりがない。このうち、オルストンの台詞では、文末の「です・ます（ません）」に機械的に余剰モーラが挿入されている点が特徴的である。しかし、彼の発話は、日米野球のプレー中に起きたトラブルに伴う交渉の場で発せられており、笑いの対象となる状況にはない。

この(27)と(28)、および先の(26)の例からわかることは次の2点である。まず、この頃には、片言日本語を話す西洋人キャラクタが「陽気で笑いを誘う」というイメージと結びつきつつあることである。そして第2に、より優先的なイメージとして、西洋人キャラクタと文末が「でーす／まーす／ませーん」になることとが結びつけられるようになっていたことである[28]。

以上をふまえると、外国人の指標として戦前から用いられていたアリマス／アル型ピジンは、漫画を見る限り、1950年代から1960年代初め頃までには西洋人キャラクタの台詞から切り離されたと見てよさそうである。

### 3.2　西洋人キャラクタと片言──能ある鷹は片言で爪を隠す？──

前節では、西洋人の台詞としてどのような表現が用いられていたかについて歴史的に見た。そして、戦前から用いられていたアリマス／アル型ピジンが次第に用いられなくなったこと、戦前から敬体が使用されてきていること、戦後は母語の使用や余剰モーラの挿入が特徴的となることを確認した。

本節では、片言を話す西洋人にどのようなキャラクタが想定されてきたのかについて、映画の中で西洋人キャストに充てられる台詞や、小説に見られる記述を手がかりに見て行くことにする。また、片言で表現される西洋人キャラクタが、どのような効果に応用されるかについても考察を加える。

#### 3.2.1　西洋人キャストの日本語をめぐって

特撮物で名高い円谷英二氏が加わって1950〜60年代に製作した複数のSF実写映画を見ると、興味深い事実に気がつく。

---

[28] ポポやオルストン監督と同じドジャース所属のアメリカ人選手であっても、インディアンのウルフ・チーフの台詞は、常に「常体」であり、他の選手と異なっている。彼は野生的な運動能力を持ち、殺人的なプレーをする恐ろしい選手として描かれている。

(29)　ウルフ・チーフ　フッフッフ　！　(…)スコシバカリ　ユ̇ー̇ヲ　ミソコナッタ
　　　　　　　　　　ヨウダナ
　　　　　　　　　　　　　　　　　　　　　　　　　(侍ジャイアンツ2：84)

『地球防衛軍』(1957年公開)では、地球侵略を目論む宇宙人ミステリアンから地球を守るため、日本で日本人科学者を中心に地球防衛軍が組織される。そして、そこに2人の外国人博士が呼ばれる。インメルマン博士とリチャードソン博士である[29]。2人は片言の日本語を話すが、リチャードソン博士の日本語はおよそ聞き取れない。一方のインメルマン博士はそれと比べるとはるかに日本語の話せる役者[30]を使っており、会議でも積極的に発言をする。しかし、彼の話す日本語はあくまで片言であり、緊迫した作戦会議も彼の発言が組み込まれると途端に滑稽に映ってしまう。

　たとえば、次の(30)のようなものである[31]。彼の台詞には余剰モーラが挿入されていると感じられる箇所が何度も出てくる。

（30）　Good news! Good news!　皆さーん、よーろこんでくーださーい。
　　　　あたらしいきっかいでーす。　　　　（『地球防衛軍』DVD：64′01″）

　音声学・音韻論においては、各モーラを等時的に発音できることが日本語らしさであり、日本語学習者が等時的に発音できるようになればその日本語は上手に聞こえると言われている[32]。これは、余剰モーラが挿入されればされるほど、日本語らしさからかけ離れることを意味している。そのため、そのような特徴を持つ台詞は、受容者の自己同一化を妨げると考えられる。

　金水(2003: 51, 72)によれば、ヒーローは標準語を話し、日本語の母語話者は標準語話者に自己同一化できる。ここで問題にしているインメルマン博士も、ヒーローか脇役かと言えば、共に敵のミステリアンと戦う地球防衛軍の一員、すなわちヒーローのうちの1人(少なくとも準ヒーロー)である。また、インメルマン博士の話す日本語には特に方言的な要素は見受けられず、話している

---

[29] 他にも外国人キャストは複数登場しているが、一切台詞を与えられていない。
[30] 正しくは、「日本語の台詞を覚え、日本語らしく言える役者」か。
[31] DVD中の台詞を聴き、論者が書き起こしたもの。
[32] たとえば、杉藤(1984: 39)では、特殊拍も他の拍と同様の持続時間を保証されること(論者注、各モーラが等時的に発音されること)が最も日本語らしい特徴であるとする。鹿島(1989: 276)には、"'日本語の一番の特徴は、断音的なリズムにある。聴覚的な印象としてはどの文をとってみても、だいたい同じくらいの長さに聞える断片が連続して一つのパターンを形づくっている'と観察する学者は多い"とある。

第 12 章　役割語としての片言日本語

のは標準語である。したがって、理屈の上ではインメルマン博士は受容者にとって自己同一化の対象になり得る。

　しかし、彼の日本語は、たとえ標準語を話しているにしても、日本語らしさの枠から外れているため、受容する側[33]にとっては自己同一化を行いにくい。地球が征服の危機にあるため、受容者には主人公たちに自分を投影し、手に汗握りながら見入ることが期待される。しかしながら、インメルマン博士の日本語は余剰モーラの挿入が多々あり、受容者の自己同一化を阻む。その結果、受容者は彼の発話のたびに緊迫感の持続を中断させられることになる。このような、期待される緊迫感との「ズレ」、あるいはその緊迫感から「浮いた部分」が、「滑稽さ」として感じられるのではあるまいか。

　また、先に 2.2 節で少し触れたが、このような余剰モーラの挿入と似た話し方は日本語ネイティブでも行われる。「了解でーす」「また来まーす」のようなもので、この話し方により発話者には明るく友好的、あるいは、くよくよ悩まないといったキャラクタが付与される。この話し方の特徴は、「です」「ます」の「で／ま」の後に長音が挿入されることである。

　この「です」「ます」が「でーす」「まーす」となる特徴は、インメルマン博士の台詞(30)でも見られ、上記の友好的キャラクタの付与環境が成立していると言える。そのため、インメルマン博士の台詞は友好的キャラクタの付与により、明るく楽しそうな話し方として聞こえることになる。それは単に、非ネイティブが日本語を一生懸命話した結果として余剰モーラが現出しているだけであるにもかかわらずである。もとより、『地球防衛軍』の他のキャスト（日本人）は一様に真剣に、また必死に防衛策を練ろうとしている（と感じられる演技をしている）。そのため、友好的キャラクタの付与されたインメルマン博士は、『地球防衛軍』の中で、あたかも一人だけ浮いた特殊なキャラクタのようになっている。これも映画を観ていて彼の発話が滑稽に感じ取られてしまう一要因ではなかろうか。

　『地球防衛軍』の姉妹作とされる『宇宙大戦争』（1959 年公開）では、地球を植民地化しようと企む遊星人ナタールから地球を守るため、全世界が一丸となって戦うべく、東京の宇宙科学センターで緊急対策会議が開かれることになり、

---

[33] ここでは、日本語ネイティブに限らない。非ネイティブの日本語学習者も、ネイティブの標準語を耳で聴き、身につけるわけであるから、同様であると考えられる。

世界中から科学者が招集される。ここにも、インメルマン博士は引き続き登場する。演者は『地球防衛軍』の俳優と同一人物である。しかし、本作では彼の台詞はすべて日本語ネイティブによる吹き替えになっている。この作品では、インメルマン博士役の俳優をはじめ、日本語を話せる外国人キャストの商品価値がなくなっている。国際会議のシーンでも、外国人キャストの発言はいずれも吹き替えになっている。この作品の中で片言を聞くことはない[34]。そして、その一方で、発言者がごく一部の者に限られて規模もこぢんまりとしていた前作と比べると、会議に招集されて発言する外国人キャストも増え、より国際会議らしく演出されている点が指摘できる。『宇宙大戦争』では、外国人キャストの人数や発話シーンを増やすために、外国人の片言日本語が排除されたということになろう。

『地球防衛軍』、および『宇宙大戦争』と同じスタッフによって製作された『妖星ゴラス』(1962年公開)は、質量が地球の約6000倍もある妖星ゴラスとの衝突を避けるため、人類が知恵を結集する映画である。ストーリーの中盤では、日本宇宙物理学会の呼びかけにより、国連科学委員会が招集される。しかし、この作品に前出のインメルマン博士は登場していない。その代わりに『地球防衛軍』でリチャードソン博士(日本語をおよそ話せない)を演じた役者が復活している。本作では、外国人キャストの台詞はすべて英語などの母語で通され、日本人キャストが英語と日本語を使い分けることで彼らとコミュニケーションを取っている。しかも、日本語以外で話される台詞には日本語字幕(標準語)が付される。このことにより、『妖星ゴラス』では、『宇宙大戦争』よりも外国人キャストの数が一層増え、国際会議もよりリアルで大掛かりなものになっている。また、片言日本語が排除され、代わりに英語の飛び交うストーリーは、前作『宇宙大戦争』、前々作『地球防衛軍』に比べ、自己同一化を行いやすい。なぜなら、日本語字幕を目で追う限り、受容者は自己同一化を阻まれることがないからである。そのようにして、外国人に日本語を話させるのを手放したことにより、『妖星ゴラス』はリアリティーと緊迫感の獲得に成功し

---

[34] ただし、中国の科学者の吹き替えは、どうやら日本語ネイティブによるものではない。中国語話者によってなされているようである。仮にそうであるとすれば、西洋人による日本語吹き替えは「避けられている」とも考えられる。西洋人と中国人(東洋人)の片言の持つイメージの違い(滑稽・陽気 vs 滑稽ではない)を反映しているとも考えられ、興味深い。

ている。
### 3.2.2 片言がもたらすイメージ

前節の特撮映画シリーズに見られる外国人キャストの「変化」を見て行く上で参考になる例がある。昭和初期の小説・戯曲に現れた次のような箇所である。いずれも、西洋人の片言日本語を聞いて当時の日本人（少なくとも作者）が感じていたことを表していると見られ、注目される。

(31)　ことに言葉がわからないところに、<u>多少の片言が利くものだから</u>、(…)それが<u>一層の愛嬌になってしまいました</u>。
　　　　　　　　　　　　　　　　　　（中里介山〔1928〕「大菩薩峠　Oceanの巻」）

(32)　日本の風俗とかを調べに来た学者なんだつていふけれど、学者みたいなとこは、ちつともなかつたわ。それに、(…)誰に教はつたか、<u>片言の日本語を時々使ふの</u>。だから、<u>なほ、悧巧には見えないわ</u>。
　　　　　　　　　　　　　　　　　　（岸田國士〔1932〕「モノロオグ」）

ここでは、片言日本語を話す西洋人は、愛嬌のある、悧巧には見えないけれども憎めない存在として描かれている。先の特撮映画で西洋人の日本語が排除された背景には、このような西洋人の片言日本語に付随する「愛嬌のある存在」としてのイメージが関与しているのではなかろうか。言い換えれば、インメルマン博士をはじめとする西洋人役のキャストは、「愛嬌のある存在」であってはならなかったということである。

折しも、戦後の日本では、西洋人（特にアメリカ人）を優しく陽気な異国人として受け入れよう（受け入れさせよう）という大々的な動きがあった。当時発行されていた婦人雑誌『主婦之友』（主婦之友社）からも、そのことがうかがえる。『主婦之友』は戦前より発行されていた雑誌であり、当時婦女を中心に広く読まれた[35]。たとえば、戦直後の次のような例が挙げられる。

---

[35] 当時の雑誌出版状況をうかがい知る数値としては、たとえば尾崎(1989: 127)には「『キング』が創刊されたのは、大正十四年一月である。(…)この雑誌が計画され始めた頃、最大の部数を誇っていたのは『主婦之友』で、約二十三、四万部、つづいて『婦女界』『婦人世界』となり、『講談倶楽部』は一五、六万部を記録していた」とある。

(33) 話せば解るアメリカ人
中野　アメリカ兵は一般に非常に無邪気で、暢気で、茶目つ気があつて、一口に言へば陽気な性質なんですから、(…)
(『主婦之友』昭和20年9・10月号、「座談会　連合軍進駐を迎へて——日本婦人の心得を語る」: 8)

(34) 〔列車が満員で乗れずにいた親子を米兵が助けた話を受けて〕
アメリカ兵の親切からはじまつた陽気な一連の場面に幕が下されると、客車の中には、また疲労と倦怠の重苦しい気分が(…)
(『主婦之友』昭和20年11月号、石坂洋次郎「変な小説」: 23)

　これらはいずれも、アメリカ人を"陽気"という言葉と結びつけて描いている。当時は戦直後であったため、数ヵ月前まで敵であったアメリカ人について、(33)(34)を読んで読者も共感するという状況にはまだ至っていなかったと考えられる。したがって、このような記事を掲載することで、読み手に「アメリカ人は陽気で優しくて親しみやすい」というイメージの植え付けを行っていたものと推察される[36]。
　また、当時、駐留する米兵に関心の目を向けることが一般に見られたようで、米兵について話題にしたり、その話す言葉に興味を示していたりしたこともうかがわれる。

(35) 日本語(にっぽんご)
近くへ進駐してきた米兵を見てゐた坊や、
『母ちゃん、あのアメリカの兵隊ちやん、日本語で笑つたり、咳したりしてるよ。』　　　　　　　　　　　　　　　　　（北海道　鐵雄）
(『主婦之友』昭和21年10月号、「笑ひの窓(しよう・ウインドウ)」: 23)

　このような時代を背景に、戦後、「片言日本語を話す西洋人＝もはや敵では

---

[36] 戦争下ではどのようであったかというと、ジャンルにかかわらず雑誌の表紙には戦意高揚を図るスローガンが掲げられ、それは『主婦之友』も同様であったが、同誌は特にアメリカを敵と名指しし、「ぶち殺せ！」「生かしておくな！」等の、他の雑誌にはない「狂的に過激な」スローガンも掲げていたという(高崎 1984: 178-206)。

第12章　役割語としての片言日本語

ない・怖くない・親しみやすい・場を和ませる」というようなイメージ（結びつき）が形成されて行ったと推測される。

### 3.2.3　片言の役割―イメージと効果―

しかし、先の映画に話を戻すと、各作品の中で外国人キャストには、外国人が登場することによって実現される「国際性」や「リアリティー」が求められているのであって、西洋人のキャラクタが陽気であることは特に必要とされていない。あるいは、西洋人が片言で日本語を話すことがもたらす「滑稽さ」や「親しみやすさ」のようなものも無用である。彼らが日本語を話すと宇宙人が攻めてこなくなるなどというわけでもない。外国人に日本語を表現させる手段として、片言日本語・日本語吹き替え・母語＋日本語字幕の3タイプがある。映画の中でそれらが順に試みられ、滑稽さなどのイメージの伴う片言日本語を避ける形で模索が進んだのであろう。このことは、西洋人にまつわるステレオタイプを考える上で一つの手がかりとなる。

先に見た(25)では、キリシタンの宣教師クロテガには文法の低次元化や母語の出現、および敬体の使用が認められた。そして、それらがクロテガの発話の片言らしさを担っていると考えられた。しかし、その彼が片言日本語を使わず、主人公（日本語ネイティブ）と同等の標準語を話す場面がある。それは、彼が主人公コロ助と戦う(36)の緊迫した場面である。これは、(16)で見た野球選手のフォックスが片言日本語を話さないこととも関連している。つまり、片言日本語が担う「陽気」「親しみやすい」といったイメージが、この場面にはふさわしくないため、排除されていると考えられる。

(36)　クロテガ　　こ・こ　これは　（…）　ころん　だんだ！　（…）
　　　　　　　　　あっはっは　ひめさまは　ゆかの　したで　ぺちゃん
　　　　　　　　　こ　だぞ　　　　　　（武内・益子・白土 1972: 204）

この場面を機に、宣教師という身分は世を欺く仮の姿であり、クロテガが実は薬物の密輸を企てる悪者であることが露呈する。すなわち、それまでの彼は悪という本性を、片言日本語を話して陽気な西洋人を演じることで、隠していたと言える。「能ある鷹は爪を隠す」の構図である[37]。西洋人キャラクタの片言日本語に付随する「陽気・友好的・笑いを誘う」等のイメージを利用し、そ

れらのイメージとは似付かない「非道さ・有能さ・任務のシリアスさ」といった登場人物の本性を隠す効果が図られている。

## 4　「敬体西洋人」と「常体東洋人」

　以上、西洋人キャラクタの役割語について形成過程を見てきた。本稿では再度現代に視点を戻し、紙幅の都合上ごく簡単にではあるが、東洋人キャラクタの片言日本語について触れる。そして、外国人キャラクタに無意識のうちに使い分けの施されている「常体」と「敬体」について考察する。

### 4.1　東洋人キャラクタの日本語とその背景—ネイティブの目・ことば—

　これまでに見てきた台詞にも現れていたが、西洋人キャラクタの発話は「です・ます」のつく「敬体」で書かれている場合が大半である。それに対し、東洋人キャラクタはどのようであるかというと、「です・ます」を用いない「常体」で描かれているイメージがある。たとえば次のようなものである。

(38)　コンテナに乗ってアジアから来た黒髪で色の黒い少女
　　　ソノ　カイジュウ　火　噴クカ？　　　　　　　　　　（絶望2：128）
(39)　黒髪の外国人女性ジュニタ・ラジバンダリ
　　　〔日本人の芸人が外国人女性ラジバンダリに扮して行うコント〕
　　　パソコンの画面の反射で私の体見るな！　（…）じろじろと何見てる？　だめよー（…）分かたか？[38]　　　　　　　（ダブル：2′57)

---

[37] 『名探偵コナン』（作：青山剛昌）に登場するアメリカ人女性ジョディ・サンテミリオン（陽気な西洋人と見せかけて実はFBIの捜査官）などにも同様の構図が見て取れる。また、(18)で挙げた「人造人間エフ氏」のロシア人イワノフ博士も、悪者という本性が暴かれた後では片言的な要素を一切用いない。

(37)　「ふふふふ、今ごろ気がついたか。もうおそいわい。わしがイワノフ博士としられたからには、もう帆村も正太も、ゆるしておけない。（…）」
　　　大木老人に変装しているイワノフ博士は、いよいよ悪人の本性をあらわして、（…）　　　　　　　　　　　　（海野十三〔1939〕「人造人間エフ氏」）

[38] DVD中の台詞を聴き、論者が書き起こしたもの。

これらはなぜ、敬体を用いた「火噴きますか？」や「私の体見ないでください！」「何見ているのですか？」「分かりましたか？」とはならないのであろうか。考えられる理由として、まず西洋人キャラクタと区別する意識が働いているということが挙げられる。その場合、東洋人キャラクタと西洋人キャラクタは、同じ外国人であってもそれぞれの担う役割が違うと捉えられていることを示唆する。また、外国人が話す日本語の実態を反映した結果、常体が充てられているということも考えられる。

　この点に関し、下川(1992)は、いわゆる「3K」の職場では話す必要のある日本語が限られるため、そこで働く外国人の日本語は貧しいと指摘する。日本語の習得のためではなく、働くために日本に来ており、仕事で使う言葉以外に日本語が必要とされないからだ[39]という(同: 42)。また同様に、接客業であれば、日本語ネイティブとの会話から日本語を身につけるため、日本語学校で学ぶようなフォーマルなものではなく、助詞の省略や「辞書形」の使用を覚えてしまうという(同: 43)。

　ここで、外国人労働者と日本社会の関わりについて触れておきたい。そもそも、接客業や肉体労働に従事する目的で外国人が日本に入国することは法律上認められていない。そのような中で、東南アジア諸国からの入国者の大半が、興行や観光などの資格で入国し、本来の入国資格とは別の活動を行う不法就労の形で、安い労働力として働いて(働かされて)いる。

　この「資格外活動」は必ずしも入国者自身の意思によらない。たとえば、興行資格であれば、祖国でダンスや歌のレッスンを受け、資格審査をパスし、日本側のオーディションに受かって初めて興行ビザを申請できる(石山 1989: 78-79)。しかし、興行資格者(歌手・ダンサーなどの芸能人)として入国したのであっても、実際には本人の希望とは関係なく、ホステスとしての接客を期待されるケースが多い(同: 80-81)[40]。

　入管統計研究会(1990)によると、昭和27(1952)年の統計調査開始以降、日

---

[39] 松井(1988)には、フィリピンから来日し建設会社で働いていた男性のケースが挙げられている。

(40)　工事現場では、日本語の指示がわからずいつも「コノヤロ」「バカヤロ」と怒鳴られた。「シャチョー」「シゴト」「ドカタ」「サムイ」などの日本語を覚えていく。
(内海・松井 1988: 184-185)

本への入国者数は伸び、当初25,597人だったものが昭和45(1970)年には66万人を超え、昭和63(1988)年には当初の約100倍の241万人強となった(同: 6 第2-1図)。この昭和63年に就業目的で新規に入国した者のうち、ダンサーや歌手などの資格を指す「興行活動者」は71,026人おり、その内訳はフィリピンからの入国者が41,357人と最も多く、全体のほぼ6割を占めている。次いで、米国からが8,107人、中国からが3,105人となっている(同: 53 第6-21表)[41]。全体に占めるアジア出身者の割合、特にフィリピンからの入国者が他と比べてどれほど多いかが察せられよう[42]。

しかし、ここで注意しておきたいのが、興行資格入国者であれば誰でもが上述のような不法就労を強いられるというわけではないことである。同じ興行資格者であっても"欧米からの入国者とフィリピンをはじめとした第三世界からの入国者との間では、その中身に天と地ほどの差があ"り、(石山 1989: 80) "欧米からの入国者の多くは、ロックバンドや著名な歌手など一回の来日で何十万ドルと稼ぐスーパースターたち"であるという(同: 80)。このことからは、西洋人と東洋人を分けて捉える日本人の意識がうかがえる。また、日本を基準に、西洋人についてはスターとして崇め、東洋人については自分たちより下位の者と捉える序列の意識も見て取れる。

では、「3K」の職場における外国人の就労状況はどのようであるかというと、バブルを背景とした人手不足を反映して1980年代後半から男性不法入国者の数が増大し、建設作業員や生産工程作業者として働く「ジャパゆきくん(男性ジャパゆきさん)」の存在が外国人労働者の問題として取り沙汰されるようになる(鈴木 2009: 82, 123-124)。財団法人入管協会発行『出入国管理関係統計概要』[43]によると、昭和63(1988)年の不法就労判明者14,314人のうち男性は

---

[40] いわゆる「ジャパゆきさん」の問題である。詳しくは石山(1989)、DAWN(2005)などをご参照いただきたい。

[41] 昭和63年末の時点で在留している興行活動者は合計14,792人に留まる(同: 52-53 第6-20表)が、国籍別にみるとフィリピン人が最多で13,243人と全体の約9割を占めており、次いで中国人が744人、米国人が194人、韓国人が183人と続く(同: 54)。

なお、同じく昭和63年末の時点で、日本に在留しているフィリピン人全体に占める興行活動者の割合は41.4パーセントに上り、諸々の在留資格の中で最多となっている(同: 75-76 第7-5表)。

[42] 近年では、立場の弱い不法就労者をめぐり、不当な扱いや人身売買等が危惧されることから、法が改正され、興行資格の取得はより厳しく審査されてはいる。

8,929人で全体の6割強を占め、女性は5,385人(4割弱)である(駒井 1994: 95 第2表)。しかし、1990年代に入ると不法就労者の増大に伴い、全体に占める男性の割合がさらに多くなり、平成4(1992)年になると不法就労判明者62,161人[44]のうち女性が14,640人[45]で全体の2割強であるのに対し、男性は47,521人[46]で約8割を占めるに至る(同: 96 第3表)。同年の不法就労判明者の就労職種の内訳を見ると、建設作業員が24,402人(39.3%)で最も多く、次いで生産工程作業者[47]が15,813人(25.4%)、ホステスやホスト等の接客が5,209人(8.4%)となっている(同: 105)。建設作業員と生産工程作業者を合わせると全体の64.7%となり、いわゆる「3K」の職場が就労先の大半を占めることがわかる。同年の不法就労判明者の国籍が76か国であるうち、アジアからの入国者が60,533人で全体の97%となっている(同: 94)ことから、「3K」の職場でもアジア出身者が大勢を占めることが推察される。

これらから判断すると、アジアから日本へ出稼ぎに訪れた労働者が下川(1992)の指摘する「"貧しい"日本語を身につける職場」と切っても切り離せない関係にあることには、疑いの余地がないと言える。

このような当時の状況を反映してか、1991(平成3)年にとんねるずがアルバム『みのもんたの逆襲』(ポニーキャニオン)の中で「愛のフィリピーナ」(作詞　秋元康)を発表している。この歌の歌詞は、"フィリピーナ"が独白する形を取っており、観光ビザで入国し、祖国にいる家族に仕送りをし、冷蔵庫も買うことができたという内容を綴っている。また、間奏では以下のような常体の台詞を吹き込んでいる。

(41)　A：「わたし、日本に来て四ヶ月。田中課長さん、とてもやさしくして<u>くれた</u>。」
　　　B：「秋葉原、電器、<u>安いねー</u>」
　　　A：「とても<u>うれしかったよ</u>」

---

[43] 駒井洋(1994)『外国人労働者問題資料集成　上巻　政府関係編』東京：明石書店、96-106頁より。
[44] 1988年の約4倍。
[45] 1988年の約2.7倍。
[46] 1988年の約5.3倍。
[47] これには女性も含まれる。ホステスに次いで女性の就労職種の第2位である。

　　　　　B：「日本人、みんないい人」　　　　　（愛のフィリピーナ：1´38）

　この歌で注目したいのは、「フィリピーナ」というモチーフに対し、「仕送り」や「電化製品の安さ」といった、金銭にかかわる話、あるいは生活レベルの話が歌われていることである。これは、彼らを受け入れる日本人にとって、フィリピン人といえば「貧困国からの出稼ぎ」「収入を家族に仕送りする」「金さえ出せば従う」というようなイメージが先行していた現実を示す例ではなかろうか。たとえ、フィリピン人がそれぞれどのような資格で入国していようともである。我々は、フィリピン人をはじめとする東洋出身者に対し、出稼ぎのイメージを結びつけるステレオタイプを持っているようである。すなわち、アジア人のことを、日本へ金を稼ぎに来る余所者・自分よりも下層の者と見るステレオタイプである。

　アジアからの入国者を見下すこのような我々の偏見[48]こそが、下川（1992）で指摘された"貧しい"日本語や"辞書形"の原因であると考えられる。なぜなら、日本語ネイティブは自分より上でない相手には「常体」を使うからである。それは、アジア人出稼ぎ労働者に対する差別はもちろん、時にはあくまで自分を優位者と捉えたうえでの憐れみに由来するものもあろう。また、低賃金で働く彼らに職を奪われかねないという、日本人にとっての不都合も要因の一つとなっていよう。いずれにしても、日本語ネイティブが彼らのことを、敬意を示す対象として捉えてはいないことを意味する。その、自分たちに対して発せられる「ネイティブ」の日本語を手本とする格好で、肉体労働や接客に従事する外国人労働者が常体の日本語を身につけるということには容易に推測が及ぼう。そして、そのようにして身につけた日本語が、彼らと常体話者とを結びつけるステレオタイプの形成につながって行く。

## 4.2　「常体」「敬体」の使い分けと二次的ステレオタイプ

　「常体」と「敬体」の違いについて、益岡・田窪（1992: 216）には次のようにある。

---

[48] ゴウ（1999）参照。

(42) 1節　敬語表現の種類
1　敬語表現には、表現の相手に対する敬意を表す「対者敬語」と、表現される事態の中に登場する人物に対する敬意を表す「素材敬語」がある。
このうち、「対者敬語」はさらに、表現の相手に敬意を表するために丁寧な表現を用いる「丁寧表現(例(1))」と、表現者自身が主体となる事態をへりくだって表現することによって相手に敬意を表する「謙遜表現(例(2))」に分かれる。(…)
2節　丁寧表現
1　丁寧さの有無により、丁寧さを有する「丁寧体」[49]の文と、そうでない「普通体」[50]の文が区別される。(…)

　日本語社会では、発話者はこの(42)で指摘されている"丁寧さ"の要・不要を、聞き手と自分との人間関係がどのようであるか、相手に敬意を示す必要のある関係か否かを指標として選択しなければならない。その際に注意しなければならないのは、これはあくまでも発話者の立場からみた「要・不要」であり、発話者が常体で話したからといって、聞き手も同様に常体で話すことが許されるかというと必ずしもそうではないということである。発話者が敬体を選択した場合も然りである。この切り替えに対応できなければ、不完全な日本語とみなされる。たとえ、それが日本語ネイティブの発話であっても、切り替えに対応できていない場合には、切り替えが必要であると考える立場の人から「失礼である」「偉ぶっている」「なれなれしい」「よそよそしい」「慇懃無礼」などのマイナスの評価をされることが多々ある。
　このような状況下においては、「3K」の職場や接客業で働く外国人労働者が身につける常体の日本語は「不完全な日本語」である。彼らはあくまで耳で聞いて学んだ日本語をそのまま一生懸命話しているだけであるのだが、いつ、誰に対してであっても、自分がネイティブと接して身につけた日本語、すなわち常体を用いる。それは、そもそも他のヴァリエーションを身につけていないために、常体以外に使いようがないというだけの理由である。しかしながら、そ

---

[49] 本稿で「敬体」と呼ぶもの。
[50] 本稿で「常体」と呼ぶもの。

れでは常体と敬体の切り替えに対応できていないことになる。

　そのため、外国人労働者の「不完全な日本語」を聞いた日本語ネイティブは、自分の日本語と照らし合わせて違和感・ズレ(自分・自分たちとの違い)を覚え、「外国人労働者(東洋人)＝常体」というイメージを持つに至る。そして、そのイメージは漫画やアニメ、コントなどで用いられることでメディアを介して伝播し、受容者にインプットされ、日本語ネイティブの間に一つのステレオタイプを形成していくと考えられる。このように、東洋人と常体話者とを結びつけるステレオタイプとは、彼らに対して日本語ネイティブの取った言語行動が契機となり、副次的に生み出されたものである。

　その一方で、日本人はアメリカ人をはじめとする西洋人には「敬体」で接する。敗戦後の日本にとって、西洋人は戦勝国であり、経済や文化、国政の面においても先駆的な存在であった。「劣っている」我々にとって、西洋は「優れている」存在として捉えられた。以下の(43)～(45)に挙げるように、雑誌『主婦之友』に戦後、我々に仕事を提供し、かつ労働に対する報酬を支払う側であるアメリカに思いを馳せる内容の投稿が寄せられたり、ある製品について外国でも使われているから品質が優れていると主張する広告記事が掲載されたりしているのもその現れであろう。中には、日本について評価する基準として西洋を比較対象とする記述も見られる。これらから見て取れるのは、西洋が上で日本は下であるとする序列の意識である。

(43)　▼　總選擧の結果、婦人候補が(…)立派な成績で當選。アメリカでも婦人代議士は今僅か九人だが、日本では一擧に三十数名は世界的の記録。　　　　(『主婦之友』昭和21年5月号、「十字路」:95)

(44)　アメリカでは　お化粧前にアスト　リンゼンを使う！　(…)
　　　世界的に流行しています。明色アストリンゼンは欧米品に劣らぬ新しい強力化粧水です。
　　　(『主婦之友』昭和25年10月特大号、「広告　明色アストリンゼン」:6)

(45)　輸出向手袋編みつゝアメリカの主婦の生活を思ひ見るかな
　　　(『主婦之友』1953年7月号、「短歌　秀逸」香川県沼野愛子:444)

第**12**章　役割語としての片言日本語

　このように、日本人にとっては憧憬を覚えこそすれ、西洋とは目下と捉えるべき存在ではなかった。それよりもむしろ、失礼のないように配慮して付き合う必要のある相手であった。そのため、西洋人とコミュニケーションをする際には敬体を選択してきたと考えられる。

　また、清水(1981)によれば、時代が下り、高度成長期を経た80年代になると、アメリカにとって日本はもはや好奇心の対象ではなくなっていたという。生産性の低下したこの頃のアメリカ産業にとって、日本の産業はその高生産性から手本とすべき存在となっていた。そして、連合軍として支配する国と支配される国という関係は消え、ビジネスパートナーとしてともに歩む関係になっていた(同: 100-101)。当時の日米関係については、増田(2004: 153)にも、日本の経済成長と日米間の経済摩擦、さらには冷戦の終結を時代背景として、1980年代のアメリカ映画では"真剣にアメリカと対峙する国として、日本を見つめた結果、映画の中においても、日本人サラリーマンやヤクザがそれまでの興味本位な精神性でとりあげられるのではなく、より詳細に描写されるようになっ"たとの指摘がある。このような日米関係の変化を経ても、依然として日本もアメリカと対峙し、ビジネスパートナーとして関係を構築・維持していく必要があった。国の利益にかかわる相手であるため、引き続き西洋人には失礼のないよう、配慮して接する。そして、コミュニケーションを図る際には、日本人は彼らに対して敬体の日本語を用いる。そのような状況下において、西洋人も「ネイティブ」の日本語を学ぶ形で敬体の日本語を身につけたのではあるまいか。あるいは、パートナーとしてよりよい関係を築いていかなければならない、より日本を知り、分析しなければならないといった必要性から、西洋人が自ら敬体を学習・選択したということもあろう。その結果、敬体の習得・使用がもっぱらになり、「西洋人は敬体で話す」というイメージが、先に見た東洋人の場合と同様に、二次的ステレオタイプとして日本人の中で作られることになったと考えられる。実際に西洋人キャラクタに敬体が充てられることは、本稿でこれまで見てきたとおりである。

　以上が現代において「常体東洋人」と「敬体西洋人」という二項対立的イメージ(ステレオタイプ)が存在している背景であると考えられる。そこには、出稼ぎ労働者としての東洋人、およびパートナーとして国の利益を左右する西洋人という、日本人側から見た価値や関わり方の違いが認められた。

### 4.3　東洋でもなく西洋でもない

　前節では、日本語ネイティブが外国人との関わり方の違いによって常体と敬体のどちらかを選択すること、そして、それが要因となって外国人にまつわる二次的ステレオタイプが形成されることの2点を確認した。しかし、これは、戦後に限ったことではなく、より以前から日本語をとりまく環境の中でなされてきたのではなかろうか。

　そのように考えた場合、(46)(47)でインディアンの台詞に「常体」が用いられていることも説明がつく。これらは、戦直後のいまだ東洋人入国者も少なかったであろう1950〜60年代に描かれた漫画の例である。インディアンは、古くは東洋にその源を持つようであるが、アメリカという西洋国で生きる人間である。そのため、単に西洋人と東洋人で分けるのであれば、「敬体話者」として登場してもよいはずである。すでに確認してきたように、歴史的には、早い時期から、西洋人キャラクタに主に敬体が充てられてきた。しかしながら、彼らは「常体話者」として描かれ、「敬体」の使用は見られない。

(46)　〔主人公のサボテン君に唐辛子の粉を撒かれて〕
　　　　インディアンA　　クワッ　プップッ　メガ　<u>ミエ　ナイッ</u>
　　　　インディアンB　　ヒーッ　トウガラシ　ノコナ　<u>アル</u>！
　　　　　(手塚治虫〔1952〕「サボテン君　黄色いリボン」『少年画報』)[51]
(47)　インディアン　ナンテモヤテ　ミナケレバ　<u>ワカ　ラナ　イ</u>
　　　　(…)　ソレ　ワタシノ　イウコト　パヨ……[52]
　　　　　(白土三平〔1963〕『死神小僧キム』東邦図書出版)[53]

　戦後、日本人にとって西洋人(白人)は序列において上の存在であり、憧憬の

---

[51] 手塚治虫・杉浦茂・白土三平(1971)『少年漫画劇場 第8巻』東京：筑摩書房、82頁より。
[52] (47)で用いられる「コトパ」のような半濁音の日本語は朝鮮系の人々を模しているようである(呉智英氏がシンポジウム「役割・キャラクター・言語」〔2009年3月28日、神戸大学百年記念館、兵庫県〕において行った基調講演の中でのご指摘による)。1970年代前後には「在日」の人々を想起させるとして、それらを使用した漫画の掲載中止や修正が求められたという(梁 2008: 140-141)。朝鮮系の人々についても「常体話者」として括ってきた日本人の「目」が、ここからうかがえる。
[53] 手塚治虫・杉浦茂・白土三平(1971)『少年漫画劇場 第8巻』東京：筑摩書房、421-422頁より。

対象であった。一方、その西洋人に討伐を受けるインディアンは、戦時中に西洋と敵対した、かつての日本人と同じである。したがって、優れた西洋人に対する劣位者であり、また、日本人にとってみれば憧れの西洋人に歯向かう敵でもあり、「上」の存在ではないため、気を遣う必要はないとみなされたと考えられる[54]。ここで、すでに以前より、「関わり方の違いによる常体話者と敬体話者の二項対立的イメージ」ができあがっているとすれば、日本への入国者数が増大した1980〜1990年代よりも早い時期ではあるが、(46)(47)では既成のイメージに沿ってインディアンに常体が充てられたと解釈できる。そして、このことは、先に挙げた(22)で、アメリカ兵が「イノチ　ナイアル」と常体で話す例にも適用できよう。

　なお、このことはさらに、金水(2007: 196, 208)で指摘されている、幕末から明治時代初期の横浜開港場で使用されたピジンに語尾が「〜あります」となるものと「〜ある(よ)」となるものの2種があり、後者は中国人との間のコミュニケーションに限られていたという点とつながるように思われる。これについては別に論じたい。

### 4.4　まとめ

　今後はさらに調査を進め、「常体」と「敬体」の対立について明らかにしたい。過去に外国人がどのような日本語を話していたかという視点だけでなく、日本人がどの言葉を選んで異国人とコミュニケーションを図っていたか——それは、それぞれの国や文化に対する日本人の認識・態度を反映する——という観点からの調査・考察も、今後欠かすことのできない課題である。

### 5　おわりに

　本稿では、以下のことを述べた。
- 西洋人の話す片言日本語は、戦前・戦中まではアリマス／アル型ピジンが

---

[54] 論者が子供のころにテレビで見ていたドリフターズのコントでは、しばしばインディアンの登場する西部劇が取り上げられた。そこでドリフターズはもっぱら、インディアンから街を守る守備隊を演じており、インディアンに扮して守備隊と戦うということはなかったように記憶している。もともと西洋人でもインディアンでもないのであるから、どちらの側を演じようとも「演じること」に変わりはないはずである。しかし、演じるのは決まってヒーローである守備隊であった。このことも、日本人から見た序列意識を反映していよう。

- 用いられるものと捉えられていた。
- 現代の我々がイメージするような西洋人の話す片言日本語には、その形成において、その響きと、戦後という時代背景が影響している。
- 西洋人キャラクタを敬体話者、東洋人キャラクタを常体話者として二項対立的に表現する背景には、日本語ネイティブの言動がもたらした二次的ステレオタイプが関与している。

今後は、1970年代以降の状況、および「敬体」「常体」の持つイメージの対立の歴史について明らかにしたい。また、時を遡り、西洋人をはじめとする異国人がどのように表現されてきたか、たとえば浄瑠璃や洒落本の中ではどのようなイメージ・台詞で描かれているかについても調査を行いたい。

## 付記

本稿は、若手研究者交流ワークショップ2005「イメージとしての〈日本〉」(2005年6月25日、大阪大学中之島センター、大阪府)、および「役割・キャラクター・言語」研究発表会(2009年3月28日、神戸大学百年記念館、兵庫県)で行った口頭発表の内容をまとめ、大幅な加筆・修正を加えたものである。発表の席上、また発表後に貴重なご教示を賜った先生方や若手研究者の方々に厚くお礼を申し上げます。また、本稿の内容に関し、2009年12月7日、および2010年1月15日に神戸YWCA学院(兵庫県神戸市)で行った日本語教師養成講座(文法Ⅱ)の講義中、受講生の皆様より種々の有益なご指摘をいただいた。この場を借りて心より感謝を申し上げます。

## 調査資料[55]

**宇宙大戦争** 本田猪四郎監督(2004)『宇宙大戦争』. 東京:東宝. **美味しんぼ32** 雁屋哲・花咲アキラ(2007)『美味しんぼア・ラ・カルト32―野菜を食べよう! サラダ―』ビッグコミックススペシャル. 東京:小学館. **ギャグマンガ5** 増田こうすけ(2004)『増田こうすけ劇場 ギャグマンガ日和 巻の5 渚のハイソックスの巻』ジャンプコミックス. 東京:集英社. **コナン42** 青山剛昌(2003)『名探偵コナン42』少年サンデーコミックス. 東京:小学館. **スケッチブック4** 小箱とたん(2007)『スケッチブック 4』. 東京:マッグガーデン. **絶望2** 久米田康治(2005)『さよなら絶望先生 ②』講談社コミックス. 東京:講談社. **全員集合2005 ④** ザ・ドリフターズ出演(2005)『TBSテレビ放送50周年記念盤8時だヨ!全員集合2005 ④(レンタル用)』. 東京:ポニーキャニオン. **ぜんまい** m&k原案・やすみ哲夫監督(2006)『ぜんまいざむらい〜あくとり代官の人生相談

---

[55] 本文中に出典を挙げたものについては省略した。

〜』. 東京：アニプレックス. **ダブル** ダブルダッチ(2008)『とんだり はねたり ダブルダッチ 〜漫才したり コントしたり ラジバンダリ〜』. 東京：ビクターエンタテインメント. **地球防衛軍** 本田猪四郎監督(2007)『地球防衛軍』. 東京：東宝. **爆転2** 青木たかお(2002)『爆転シュート ベイブレード2』てんとう虫コミックス. 東京：小学館. **美鳥5** 井上和郎(2004)『美鳥の日々5』少年サンデーコミックス. 東京：小学館. **ひばり2** 江口寿史(1995)『ストップ!! ひばりくん！2』双葉文庫名作シリーズ. 東京：双葉社. **メジャー48** 満田拓也(2004)『MAJOR 48』少年サンデーコミックス. 東京：小学館. **YAWARA！3** 笹原 博(1998)『YAWARA！3』. 東京：小学館. **妖星ゴラス** 本田猪四郎監督(2004)『妖星ゴラス』. 東京：東宝. **竜馬5** 武田鉄矢＋小山ゆう(2002)『お〜い！竜馬5』. 東京：小学館. **竜馬6** 武田鉄矢＋小山ゆう(2002)『お〜い！竜馬6』. 東京：小学館. **ワ8** 藤崎聖人(2005)『ワイルドライフ8』少年サンデーコミックス. 東京：小学館.

特に注記のないものについては青空文庫(http://www.aozora.gr.jp/)より引用した。

## 参考文献

石山永一郎(1989)『フィリピン出稼ぎ労働者―夢を追い日本に生きて―』東京：柘植書房.

松井やより(1988)「三 人権侵害に泣く―アジア人男性出稼ぎ労働者」内海愛子・松井やより(編)『アジアから来た出稼ぎ労働者たち』pp.183-191, 東京：明石書店.

尾崎秀樹(1989)『大衆文学の歴史 上 戦前篇』東京：講談社.

鹿島央(1989)「日本語の等時性について」『言語文化論集』2-1, pp.267-276.

金水敏(2000)「役割語探求の提案」『国語論究』8, pp.311-351, 東京：明治書院.

金水敏(2003)『ヴァーチャル日本語 役割語の謎』東京：岩波書店.

金水敏(2007)「役割語としてのピジン日本語の歴史素描」金水敏(編)『役割語研究の地平』pp.193-210, 東京：くろしお出版.

金水敏(2008)「日本マンガにおける異人ことば」伊藤公雄(編)『マンガのなかの〈他者〉』pp.14-60, 京都：臨川書店.

ゴウ, リサ・鄭暎惠(1999)『私という旅』東京：青土社.

鴻巣友季子(2005)『明治大正 翻訳ワンダーランド』新潮新書138, 東京：新潮社.

定延利之(2006)「言葉と発話キャラクタ」『文学』7-6, pp.117-129.

清水勲(1995)『漫画にみる1945年』東京：吉川弘文館.

清水昌夫(1981)「米国 もはや好奇心の対象にあらず 『将軍』と高生産性で『日本ブーム』呼ぶ」『世界週報』62-1, pp.100-101.

下川裕治(1992)「どえらつ、だいぶじ、しかし池袋 数十万異邦人の不思議の国

NIHONGO」『月刊 asahi』1992年5月号, pp.40-43.

杉藤美代子(1984)「日本語の音節(拍)にはどういう日本語らしさがあるか」『国文学解釈と教材の研究』29-6, pp.32-39.

鈴木江里子(2009)『日本で働く非正規滞在者　彼らは「好ましくない外国人労働者」なのか？』東京：明石書店.

高崎隆治(1984)『「一億特攻」を煽った雑誌たち─文藝春秋・現代・婦人倶楽部・主婦之友─』東京：第三文明社.

ダワー, ジョン(著), 三浦陽一・高杉忠明(訳)(2004)『増補版 敗北を抱きしめて(上)』東京：岩波書店.

入管統計研究会(1990)『我が国をめぐる国際人流の変遷』東京：大蔵省印刷局.

益岡隆志・田窪行則(1992)『基礎日本語文法─改訂版─』東京：くろしお出版.

増田幸子(2004)『アメリカ映画に現れた「日本」イメージの変遷』大阪：大阪大学出版会.

依田恵美(2002)「「西洋らしさ」を担う役割語」『語文』79, pp.54-64.

梁人實(2008)「日本のマンガにおける他者との遭遇」伊藤公雄(編)(2008)『マンガのなかの〈他者〉』pp.132-163, 京都：臨川書店.

DAWN(編著)(2005)『フィリピン女性エンターテイナーの夢と現実─マニラ、そして東京に生きる─』東京：明石書店.

# 第13章
# 大阪大学卒業論文より（2002〜2010）

金水　敏、田中　さつき、小島　千佳、津田　としみ、仲川　有香里、
中野　直也、三好　敏子、東　雅人、伊藤　怜菜（著）
岩田　美穂、藤本　真理子（要約）

## 1　はじめに（金水 敏）

　役割語は、大学の学部生レベルでもその概要を短時間で理解し、自分の親しんでいるポピュラーカルチャー作品を資料として調査することができる。またその調査結果をまとめて発表した成果がそのまま最先端の研究として評価される場合がある。このような特徴を持つ研究対象は、人文科学の領域ではあまり多くない。しかも（日本語の）役割語の研究は日本語学のみならず、日本史、日本文学、比較文学、社会学、人文学等の他領域にまたがるので、役割語研究を入り口としてさまざまな分野へと発展させることも可能である。

　本稿では、金水が指導を担当した大阪大学文学部卒業生の卒業論文から、役割語をテーマとしたものを選び、その内容を要約して示したものである。そのことによって、学部生の卒業論文も第一線の研究成果としての評価に価することが明らかになるであろう。収められた論文は下記の通りである。

田中さつき（2002）『「お嬢様言葉」成立─「ロミオとジュリエット」の翻訳を視座として─』平成13年度大阪大学卒業論文

小島千佳（2004）『役割語としての「僕」と「俺」の差異─歌謡曲を中心に─』平成15年度大阪大学卒業論文

津田としみ（2007）『母親の呼称の役割語』平成18年度大阪大学卒業論文

仲川有香里（2008）『黒人登場人物の〈田舎ことば〉』平成19年度大阪大学卒業論文

中野直也（2009）『社会階層に対応する役割語─翻訳作品を中心に─』平成20年度大阪卒業論文

三好敏子（2009）『「おばあさん」の役割語』平成20年度大阪大学卒業論文
東 雅人（2009）『〈ヤクザことば〉について』平成20年度大阪大学卒業論文
伊藤怜菜（2010）『〈お嬢様〉の変容―少女小説・少女漫画に見る〈お嬢様ことば〉話者の変遷―』平成21年度大阪大学卒業論文

　これらの卒業論文の指導に先だって、各執筆者はすべて通年の「国語学演習」を受講し、他の演習参加者とともに自分の選んだ役割語の題材について調査・発表を行っている。発表の際には、金水からの指導・助言のほか、参加者とのディスカッションも活発に行われた。調査者以外の演習参加者が、自分の知識に基づいて積極的にディスカッションに加われる点も、役割語ならではの特徴と言えよう。
　なお、各論文の要約は、岩田美穂と藤本真理子が分担して当たった。

## 2　「お嬢様言葉」成立（田中さつき）

　本論文では、「〜てよ」「〜だわ」「〜かしら」など「お嬢様」がいかにも使用しそうな言葉遣いを「お嬢様言葉」と呼び、明治期以降、本格的な翻訳がなされた「ロミオとジュリエット」のヒロイン、ジュリエット、さらに明治・大正期を中心とした日本の文学作品や女学雑誌を用いて、役割語としての「お嬢様言葉」の成立と変遷が考察される。人々に共通して思い浮かべられる、お嬢様の典型、ジュリエットだが、明治43年の坪内逍遥訳では、歌舞伎の影響を受けたと考えられる次のような台詞が見られる。

　　①　「なう、これ、どうぞ聞かいてたも。」
　　②　「名が何ぢゃ？薔薇といふ花は、他の名でも、善い香がする」

　当時は、「お嬢様」と呼ばれるような、家柄のよい若い女性のイメージがまだ浸透していなかったのに加え、西洋文学の翻訳自体が模索段階であったため、上記のように、近世のお姫様の言葉を取り入れるなど、翻訳者によって様々な試みがなされていた。しかし、身分や階級が固定して「お嬢様」というクラスが確定した大正期には、②'のような「お嬢様言葉」の典型ともいえる訳（久米正雄訳：大正5年）が現われる。

②' 「今私たちが薔薇と云つてゐる花は外の名でも佳い匂がして<u>よ</u>。」

「お嬢様言葉」の変遷において、実際の「お嬢様」の存在を考え合わせると、明治期は「お嬢様言葉」の【形成期】、大正期・昭和前期は【固定期】と位置づけることができる。さらに華族制度の崩壊から実際のお嬢様も消えた昭和戦後期は【崩壊期】として捉えられ、現代に至ると、「お嬢様言葉」の使用は不自然なこととして笑いの要素が見出されるようになっている。これに関しては、明治から昭和にかけての文学作品の調査からも支持できる。

また、明治・大正期の女学雑誌の調査により、この時代すでに「てよ」「だわ」といった「お嬢様言葉」が、実際の「お嬢様」による運用と架空の「お嬢様」の演出(「お嬢様」ではない女性が自らを「お嬢様」らしく見せるための使用)の中間にあったことを指摘でき、当時からこれら「お嬢様言葉」が役割語としての性格を有していたことが分かる。

本論では、明治期には芸者言葉などのような下層社会の出自と考えられたために①②のような翻訳では使用されていなかったテヨダワ言葉が、次第に「お嬢様言葉」として成立し、さらには崩壊していく様を分析した。残された課題として、テヨダワ言葉に代表される「お嬢様言葉」が、「お嬢様」の役割語として用いられる一方で、その出自が下層女性の言葉であるという二重性を持っていること、すなわち「お嬢様言葉」の〈上昇〉と〈下降〉という二つの側面の影響を考慮する必要があるだろう。

## 3 役割語としての「僕」と「俺」の差異(小島千佳)

「僕」と「俺」の二語はいずれも専ら男性が用いる一人称である。両者は混在しつつも、場面や人によって使い分けがなされている。本論では、歌謡曲を対象に、「僕」と「俺」がどのように使用されているかを調査し、この二語のステレオタイプの違いを明らかにすることを目的とする。

まず、戦前・戦中の歌謡曲における「僕」と「俺」の差異は次のようにまとめられる。

① 「僕」は社会に馴染んでいる人物の歌が多いのに対し、「俺」は社会から一歩かけ離れた人生を送っている人物の歌が多い。それを受けて、

戦争の歌以外では、「僕」使用の歌詞は明るく朗らかな印象を持ち、「俺」使用の歌詞は暗く沈んだ印象を持つ。
② 「堪える、愚痴を言わない、涙を見せない」という感情を抑え、精神的にタフな男性像が歌われるのは「僕」ではなく「俺」である。

以上から、戦前から「僕」と「俺」はある程度のステレオタイプを持って使い分けられていたことがわかる。男らしい男性という点で、「僕」よりも「俺」の方が、より理想の男性像を描いていると考えられる。

次に戦後の歌謡曲の二語の差異を見てみると、次のようになる。

③ 子供向けの歌には専ら「僕」が用いられる。
④ 「戦う男」の場合、常に「俺」が使用される。
⑤ 学校・社会に反発する歌詞には「俺」が使用される。「俺」の使い手は「僕」に比べて反発心の強い、攻撃的性格がうかがえる。
⑥ 「僕」を使用する歌詞の語尾は「〜だね」や「〜下さい」など丁寧であるのに対し、「俺」を使用する歌詞の語尾は「〜だぜ」や「〜してくれ」のように乱暴である。
⑦ 「俺」は哀愁を表す「海」のイメージや「旅」といった言葉としばしば結びつき、「孤独な男」を表現する際に用いられる。

以上の特徴をみると、戦前からの「僕」と「俺」の基本的なイメージは、戦後も保たれていると言える。子供向けの歌には「僕」が専ら使われ、社会に反発する歌詞には「俺」が使われることから、「僕」は「幼い、軟弱な、飼い慣らされた」男性であり、「俺」は「社会に反発する、力強い、男らしい」男性である、というステレオタイプの違いがあることがわかる。

しかし、上記のような基本的なイメージを持ちつつも、1970年代頃から「俺」が「僕」と同じように世間的にも認められる恋愛の歌にも使われはじめる、という変化が見られるようになる。この変化は、「僕」「俺」と共に使われる対象代名詞の変化からもうかがえる。1970年代以前は、「僕」には「君」、「俺」には「お前」という関係が一般的であった。それに対し、1970年頃から「僕と君」「俺とお前」の関係だけでなく、「僕」と「お前」、「俺」と「君」の

関係が現れ、年代を追うごとに徐々に増えていく。このように、「僕」と「俺」の差異は近年縮まってきていると見られる。この差異の縮小は、近年の若者の間で「力強い、男気溢れる、寡黙な男性」よりも「家庭的で優しい男性」が理想とされる傾向が強くなってきていることが一つの要因として考えられる。

## 4 母親の呼称の役割語（津田としみ）

現在、母親の呼称には、"おかあさん"という一般的な呼称だけでなく、小説や漫画などの創作物には"お母さま"や"おっかさん"など様々な呼び名が見られる。本論文では、「現在、自分の母親に対する呼びかけ語として最も普通の言い方」である"おかあさん"という母親の呼称を取り上げ、"おかあさん"という呼称が一般的になった時期、またその他様々な母親の呼称の意義を考察している。

第一章では、標準語教育の現われと考えられる国定教科書第一期『尋常小学読本』（明治37年度）までの母親の名称表記が「ははさま」（尋常小学読本（文部省編輯局）：明治20年）→「母さま」（国語読本（坪内雄蔵）：明治33年）→「オカアサン」（尋常小学読本：明治37年）と変化していることを押さえた上で、以後の「国定教科書」第一期から第六期における母親の呼称を比較している。その結果、六期全てにおいて"おかあさん"という名称表記が、"はは"や"おかあさま"などその他の表現と比べ、群を抜いて多いことから、編纂者に一貫して"おかあさん"を一般的な名称表現に推す意図があったと結論付けている。

さらに当時の実態を把握するべく、児童文学作品における母親の呼称を調査した第二章によると、明治期の作品には様々な母親の呼称は見られるものの"おかあさん"と表記しているものは見当たらない（例："おかっさん"（泉鏡花『海戦の余波』））。大正期になって徳田秋声『めぐりあひ』など庶民生活を描いた作品内に"おかあさん"の表現が見られるようになり、"おかあさん"という呼称が一般家庭に広まったことが窺える。昭和に入ると、広い範囲で"おかあさん"が用いられ、他の呼称が用いられる際には著者により意図的に使い分けられた例も見られるようになる。例えば、手塚治虫『ブラックジャック』「幸運な男」（石油の爆発事故で生きながらえた男が、事故死した御曹司に成りかわる話）からは次のような例が指摘できる。

【A：男が実母を回想する場面】
　　「おれのおふくろはまるで鬼だった」
【B：Aと同じ男が御曹司に成りかわったのち、母親に呼びかける場面】
　　「ママそれ買ってきたよ」
　　「はやくはけよママ」

　この昭和期の、階層によって母親の呼称が使い分けられるようになる流れは、資料を大衆小説に移した第三章でも認められる。
　以上、"おかあさん"という呼称が、"おっかさん"や"お母さま"など他の様々な呼称とともに用いられていた明治・大正期から、昭和に入ると、一般的な呼称として浸透したこと、そしてそれ以外の様々な呼称は特定の人物像を思い浮かべる助けとなる働き、すなわち、役割語としての意義を持つようになったことを述べた。

## 5　黒人登場人物の〈田舎ことば〉（仲川有香里）

　翻訳映画などには次のような〈田舎ことば〉を話す黒人が登場することがある。

　　字幕：考えても無駄ですだ
　　原文：Ain't no good thinkin' about that.

　本論文では、なぜ黒人の登場人物が〈田舎ことば〉を使うのかについて次の3点から考察している。

①　黒人登場人物の〈田舎ことば〉使用の歴史的展開。
②　黒人登場人物の〈田舎ことば〉に使われる語。
③　英語の視覚方言（非標準的綴り）と日本語の〈田舎ことば〉表現との相違点。

　まず、歴史的展開を追うと、これら黒人登場人物による〈田舎ことば〉は、明治期末頃の欧米小説翻訳（山縣五十雄訳『宝ほり』（明治35年））から見られ

るようになり、19 世紀末から 20 世紀にかけてステレオタイプ化されている。また描かれる黒人像には、『少年倶楽部』などにおける冒険譚の仲間、『アンクル・トムの小屋』に始まるメロドラマ的悲劇の人物という二つの流れが確認できる。

　次に、実際に使用される語について、『黄金虫』の翻訳を複数調査した結果をまとめた。

|  | 目的格サ | (する)ダ | ガス | ベエ | 江戸語音韻変化 | オル | 九州方言 |
|---|---|---|---|---|---|---|---|
| 1902 山縣 |  |  | ○ | ○ | ○ |  |  |
| 1908 永原 |  | ○ |  | ○ | ○ | ○ |  |
| 1929 乱歩 | ○ | ○ | ○ | ○ | ○ |  | ○ |
| 1951 佐々木 |  | ○ |  | ○ |  |  |  |
| 1961 中野 |  |  |  |  | ○ |  |  |
| 1976 丸谷 |  | ○ |  | ○ | ○ |  |  |
| 2006 八木 | ○ | ○ |  | ○ | ○ | ○ |  |

　永原鉦斎訳(1908)『日本及び日本人』川戸道昭編(1996)『明治文学翻訳全集 19 新聞雑誌編』大空社、江戸川乱歩訳(1929)『世界大衆文学全集 第 30 巻』改造社、佐々木直次郎訳(1951)『ポオ小説全集 第三巻』第一書房、中野好次訳(1961)『世界文学 100 選』河出書房、丸谷才一(1976)『ポオ全集 2』東京創元社、八木敏雄訳(2006)『黄金虫、アッシャー家の崩壊　他 9 編』岩波書店

　この調査から、黒人登場人物の〈田舎ことば〉は、当初から様々な方言を混ぜたものでありながら、どの時期にも「べえ」「(する)だ」「でがす」など、同じような語が選択されているという定型性のあることが明らかとなった。

　③については、まず英語では主として音韻脱落に、語や文法の誤りが合わせて使われている。一方、日本語訳では、「わし」「おら」といった一人称を用いたり、登場人物が教育を受ける前と後を丁寧表現の有無で表したりすることによって、白人登場人物のことばとの差を出していることが調査から導き出された。そして、それらが、英語では話者の教養の程度を表すために、日本語では性別や忠実性を示すために、それぞれ用いられているという違いが見られた。

## 6 社会階層に対応する役割語（中野直也）

　本論文では、男性の言葉を中心に、身分などの社会階層に起因して翻訳の際に現われる、原文とは対応しない言葉遣いの差を考察し、その役割語的特徴を述べている。調査対象とした資料は、文学の新しい傾向や文体、翻訳法などが次々と提示された明治20年代以降に生まれた児童文学作品の『ロビンソンクルーソー』と『小公子』であり、これら口語体の文章にあらわれる役割語から、現代につながる言葉と意識の変遷を捉えることを目的としている。特に、若松賤子訳『小公子』（明治23〜25年）は、言文一致運動がおこり、新たな文体を模索していた明治期に、口語訳の新たな可能性を示す画期的な翻訳として注目を集めた作品である。

　ここでは、『小公子』の主人公セドリックと主人公の祖父、侯爵、侯爵に仕える弁護士ハヴィシャムの3人の台詞を取り上げて、明治23年の若松訳に始まり、昭和45年出版のものまでを比較した結果を一部、表にして示す。

|  | 侯爵 | | | セドリック | | |
|---|---|---|---|---|---|---|
|  | 自称 | 呼称 | 特徴的な語尾 | 自称 | 呼称 | 特徴的な語尾 |
| A 明治23年 | おれ＊ | 貴様 | 〜か？、〜な | 僕 | あなた | です・ます調、〜よ |
| B 大正13年 | おれ | 貴様 | 〜か？、〜な | 僕 | 貴方（あなた） | です・ます調、〜よ |
| C 昭和10年 | わし | お前 | 〜か、〜らう、〜ぢや | 僕 | あなた 祖父様 | です・ます調 |
| D 昭和45年 | わし | おまえ | 〜か？、〜な、〜かね | ぼく | あなた、おじいさま | です・ます調 |

A：若松賤子訳『小公子』　　B：太宰衛門訳『(新訳名著叢書)小公子』
C：東京放送童話研究会訳『ラヂオ世界名作物語(二)小公子』
D：三浦冨美子訳『(外国名作20)小公子』

　一貫して丁寧な表現で話す人物として明治期から変わらない主人公セドリックと異なり、侯爵の言葉づかいには変化があることがこの表からも分かる。「おれ」から「わし」という自称の変化にともない、それ以外の文末表現に現れていた〈老人語〉の要素も変化していく。同時期に見られるセドリックからの呼びかけ「おじいさま」という表現とも合わせて、「老侯爵」における「老人」という役割を「わし」という語に特に大きく担わせているように見える。

このような変化の背景として、貴族などの権威的上層身分の人間が基本的に存在せず、階層性が希薄になった日本社会における「侯爵」というイメージの捉えられ方という問題も考えられるが、これらについては、各時代の社会的背景をさらに検討する必要があろう。

## 7 「おばあさん」の役割語（三好敏子）

本論文では、金水（2003）で提示される〈博士語〉〈老人語〉に対し、〈老人語〉の特徴あることば遣いをする「おばあさん」と、その枠におさまらない「おばあさん」の存在を認め、後者の「おばあさん」の用いることば遣いを役割語として提案している。

まず、1940年代～2000年代の作品の調査により、この「おばあさん」の役割語は、「〈わし～じゃ〉系おばあさん」「〈あたし(ゃ)～だよ〉系おばあさん」という、大きく分けて2つのタイプがあることを示した[1]。この2つのタイプには、以下のような典型的文型が確認できる。

|  | 「〈わし～じゃ〉系おばあさん」 | 「〈あたし(ゃ)～だよ〉系おばあさん」 |
|---|---|---|
| 一人称 | わし | あたし(ゃ)／わたし(ゃ) |
| 断定 | じゃ | だよ |
| 打ち消し | ん・ぬ | ない |
| 進行・状態 | ―ておる・とる | ―ている・てる |
| 命令・依頼・禁止 | 動詞の命令形／―ておくれ系 | 「お＋連用形＋(よ／な)」・―ておくれ系 |
| 疑問 | か・かの | かい・かね(え)・だい |
| 終助詞 | わい・のう／ぞ | さ |
| オプション | 形容詞・動詞の音便 |  |

次に、明治後期から昭和前期の児童文学を中心に、それぞれのタイプの起源を求めたところ、「〈わし～じゃ〉系おばあさん」が、西日本方言の特徴を持ち、金水（2003）で述べられるところの、江戸語の第二次形成から第三次形成に見られた上方語的表現と東国語的表現に関する階層的対立の、世代間対立としての写し取りであり、近代以降も受け継がれてメディア発達の中で老人を表す典型表現として用いられてきた〈老人語〉であることを確認した。一方の「〈あたし(ゃ)～だよ〉系おばあさん」には江戸語的特徴が確認でき、近代〈女

---

[1] 日本語の役割語にとって特に重要な指標は、人称代名詞またはそれに代わる表現、および文末表現である（「役割語の定義と指標」（金水 2003: 205-207））。

性語〉の成立と定着の過程で、古い形式となった表現が、「おばあさん」のことば遣いとして用いられ、役割語となったことを示した。様々な「おばあさん」のことば遣いを調査する中、次のような小学3年の少女（まる子（『ちびまる子ちゃん』））に「おばあさん」くささを感じるのもまた、この話者のことば遣いによるところが大きいと考えられ、これも「おばあさん」の役割語の存在を認める一つの事例と言えるだろう。

① 「若いうちからこんないい目にあってもいいもん<u>かねェ</u>」　　（5：42）[2]
② 「<u>あたしゃ</u>愛の重さに負けそうだよ／おせちなら<u>あたしゃ</u>くりきんとんや伊達巻が<u>ありゃ</u>いいよ」

（TV アニメ 2008.12.28.18:00 〜 18:30）[3]

今後の課題として、特に〈あたし(ゃ)〜だよ〉の文型について考察する際、近代以降の〈標準語〉〈女性語〉〈男性語〉の成立と展開、また〈女性語〉の中でも〈山の手ことば〉と〈下町ことば〉といった、歴史的、多角的な視野が必要となるだろう。

## 8　〈ヤクザことば〉について（東　雅人）

本論文は、「やくざ」の言葉づかいの観察・分析を目的としている。特に、いわゆる「股旅もの」に登場する渡世人ややくざの言葉づかいと、方言と〈ヤクザことば〉の役割語的関係の二つの観点から論じる。

まず、股旅ものやくざの言葉づかいについて考察する。『アンパンマン』（原作：やなせたかし）に出てくる「おむすびまん」や『北風小僧の寒太郎』（NHK みんなのうたシリーズ）の「寒太郎」などは「あっし」「ござんす」といった語彙を特徴的に使用する。このおむすびまんや寒太郎のキャラクター性は、「股旅もの」と呼ばれる作品群に登場する主人公のやくざにモチーフを求めることができる。「股旅もの」のやくざは次のような特徴を持つ。

---

[2] さくらももこ(1989)『ちびまる子ちゃん』5　りぼんマスコットコミックス、集英社
[3] ©さくらももこ、さくらプロダクション・日本アニメーション　製作：フジテレビ・日本アニメーション

① 世間一般の規範から外れたやくざではあるが、徒党を組んで行動することはほとんどない。
② 旅をしている。
③ 博徒である。
④ 剣などを使うことが非常にうまく、またケンカや戦いにめっぽう強い。
⑤ 三度笠・道中合羽を身に着けている。

「股旅もの」は1920年代の長谷川伸の「沓掛時次郎」に端を発する（ほか、子母沢寛『弥太郎笠』(1931年)、笹沢佐保「木枯し紋次郎」シリーズ(1971年)など）。上記の作品では、主人公のやくざが話す言葉に「あっし」や「ござんす」といった語彙が特徴的に見られる。様々な作品に共通して見られるこれらの言葉は、「股旅ものやくざ」の言葉づかいにおけるステレオタイプとして認識されていたと考えられる。さて、これら「股旅もの」に影響を与えたとされるのは昭和初期の講談・浪曲であるが、ここに登場するやくざは「あっし」や「ござんす」をへりくだる場面・丁寧表現として使用している。このようなやくざ言葉の特徴が、股旅ものやくざに受け継がれたものと考えられる。さらに近年では、おむすびまんの例のように「あっし」や「ござんす」が丁寧表現を用いる必要のない場面でも使用されるようになっており、丁寧表現という本来の用法を超えて、股旅風というキャラクター性を特徴づけるためだけに用いられる「キャラ語尾」へと変化してきていることがわかる。また、股旅ものやくざの言葉づかいには、「あっし」「ござんす」以外にも次の表に挙げるような特徴があり、〈股旅ヤクザことば〉という役割語として提示した。

表1：〈股旅ヤクザことば〉の特徴

| 一人称 | あっし（「俺」や「おいら」が選択されることもある） |
|---|---|
| 文末表現 | ござんす |
| その他の語彙 | 「やす」、「なする」（特に促音形「なすっ」）、おくんなさい |
| その他 | アイ→エー（連母音の長音化） |

次に、方言とやくざの関係を役割語の観点からみると、現在、やくざと結びついている方言には、関西弁と広島弁の二つがある。「関西弁＝暴力、やくざ」というステレオタイプの形成については、金水(2003)に詳しい。近年では、作品中で特に背景を説明されない脇役のやくざが関西弁を使用する例が多く見

られ、関西弁がやくざの役割語として広く浸透してきていることがわかる。また、この他に、やくざや暴力的なキャラクターを示すために広島弁が使用されている作品も多く見られた。このことから広島弁にも〈ヤクザことば〉というステレオタイプが形成されていることを確認した。広島弁が〈ヤクザことば〉のステレオタイプとなった過程には、映画「仁義なき戦い」(1973年)の影響が考えられる。「仁義なき戦い」は、広島のやくざの抗争を描いた作品であり、この作品以降、抗争や暴力シーンを特徴とするものがやくざ映画の主流となっていく。「仁義なき戦い」の大ヒットと、その後のやくざ映画への影響を考えると、「広島弁＝〈ヤクザことば〉」のステレオタイプの形成にこの作品が大きく寄与している可能性が高い。「仁義なき戦い」以前の作品は今回調査が及んでおらず、これ以前の作品と〈ヤクザことば〉の関係については、今後さらに検討する必要があろう。

## 9　〈お嬢様〉の変容（伊藤怜菜）

　金水(2003)では、女性語の一つとして〈お嬢様ことば〉について言及している。お嬢様ことば、とは、文字通りお嬢様の話す言葉であるが、一口に「お嬢様」と言っても、そのイメージは時代によって変化していると考えられる。本論では、明治期から現代までの〈お嬢様ことば〉の話者がどのように変化し、読者が〈お嬢様ことば〉をどのように受け止めていたのか、という二点を問題として、お嬢様キャラクターの変遷について考察している。〈お嬢様ことば〉は、女性的・敬語的表現が過剰なほどであること、現代の女性語にはほとんど見られない文末表現「〜てよ」「〜こと」「〜あそばせ」「〜（っ）て（？）」が用いられること、の二点を指標として認定する。

　第2章では、〈お嬢様ことば〉が「少女文化」と共にどのように広がってきたのか、という点をまとめている。明治初期、『少女界』『少女世界』を始めとした「少女雑誌」において、「少女」は独自の文化を築いていく。まず、読者投稿欄において、「〜（です・ます）の／わ／もの・こと」「〜てよ」「〜だわ」といった文末や「あそばせ」といった語彙を特徴とする〈女学生ことば〉が頻繁に用いられ、これらは、女学生というキャラクターの語り口として次第に定着していく。また、少女雑誌に連載された少女を主人公とする小説(『花物語』(1916年)、『乙女の港』(1937年)など)にも〈女学生ことば〉は多用される。

このように明治以降、少女雑誌を通じて〈女学生ことば〉が広まり、〈お嬢様〉の原型を作っていく。戦後、女学校という分類は失われ、一般的な小説における女性の発話からは「～てよ」「～ことよ」などの表現は姿を消す。しかし、少女雑誌においては、依然として少女の言葉遣いに「～てよ・だわ」が用いられている。さらに、戦後1950年前後から少女雑誌の中心が小説から漫画へと移行していき、少女漫画の中で〈女学生ことば〉を基盤とした「～てよ、だわ」「～こと」「あそばせ」などを用いる〈お嬢様ことば〉を話す〈お嬢様〉キャラクターが確立していくことになる。

　第3章では、少女漫画を中心に〈お嬢様ことば〉を話す〈お嬢様〉キャラクターがどのように変遷していくかを考察している。現在、我々が思い浮かべる〈お嬢様〉キャラクターは、家柄がよく裕福な家庭で育ち、金髪巻き毛を典型とした人目を惹く容姿をしており、プライドが高く、才能に恵まれている、などの特徴をあげることができる。これらの特徴に加え、主人公の憧れで周囲からも慕われるお姉様タイプの〈善玉お嬢様〉と、いじわるで、主人公を陥れようとする〈悪玉お嬢様〉、という二つのタイプのお嬢様が存在する。

　1950年代以降の戦後少女漫画を調査すると、まず、少女漫画の隆盛とともに、〈お嬢様ことば〉を話す〈お嬢様〉が1960年代頃から見られるようになることがわかる。さらに、1960年代までの少女漫画に登場する〈お嬢様〉は〈悪玉お嬢様〉のタイプが大半を占めるが、1970年代になると、〈善玉お嬢様〉のタイプが頻繁に登場するようになった。この調査結果から、現在我々が思い浮かべる〈お嬢様〉というキャラクターの確立は、1970年代に求められることがわかった。これは、1960年代後半以降の少女漫画において、何の取り柄もない主人公が恋を成就させるという恋愛サクセスストーリーが主流となったことが要因として考えられる。このようなストーリーにおいて、富・名声・美貌の全てを手に入れている〈お嬢様〉は、主人公と対峙する恋のライバルとして登場する。このような〈お嬢様〉に打ち勝つ主人公に読者が自己投影するために、〈お嬢様〉はその非現実性がキャラクターとしてうまく機能していたのだと考えられる。

　1980年代に入ると、この〈お嬢様〉や〈お嬢様ことば〉の現実との〈ずれ〉が、意識的に笑いの要素として扱われるようになり、〈お嬢様〉はトリックスターの役割を担うようになる。このようなトリックスター的〈お嬢様〉は、1980年

代後半からのバブル経済期における日本の過剰な消費社会を背景として生まれたと考えられる。さらに現在では、〈お嬢様〉は新たに〈萌え〉の対象としても受け入れられるようになってきている。

　このように、〈お嬢様ことば〉そのものは、明治期に〈てよだわ言葉〉と呼ばれていた頃から現在に至るまでそれほど大きな変化は見られない。それに対し、〈お嬢様ことば〉を話す〈お嬢様〉キャラクターが読者に与える印象は、時代によってかなりの差異がある。この差異は、当時の社会背景や、経済状況、教育制度抜きには説明し得ないものであることが、本論の調査により明らかになった。

# 第5部

# ツンデレをめぐって

第14章　**役割語としてのツンデレ表現**
　　　　　　—「常用性」の有無に着目して—
　　　　　　**西田　隆政**

◎

第15章　**ツンデレ属性における言語表現の特徴**
　　　　　　—ツンデレ表現ケーススタディ—
　　　　　　**冨樫　純一**

# 第14章
# 役割語としてのツンデレ表現
―「常用性」の有無に着目して―

西田　隆政

## 1　ツンデレとは

　今現在、2011年において、マンガやアニメやゲームやライトノベル等の愛好者にとって、ツンデレという用語は、一般常識となっている。それらに登場するキャラクターのなかに、ツンデレの性格的要素(以下属性を使用)をもつ者がいるのが普通であり、いないと逆に奇異な感がするほどである。このツンデレにおいては、(1)のように、場面的もしくは時間的にツンツンとデレデレの両面が表出するとかんがえられている。また、その後(2)のように、恋愛関係に限定せずに使用されるようになり、適用範囲が拡大している。

(1)　ツンデレ(つんでれ)：いつもはツンツンしているのに、2人になるとデレデレしちゃう。または、付き合う前はツンツンだが、仲が深まるとデレデレになってしまう状態。普段とのギャップに萌えの感情が刺激される属性。ツンとデレの割合はツンデレファンの間でも定説はない。ただ、中庸よりもツンかデレかどちらかの割合が多いほうが好まれるようだ。　　　　　(萌え用語選定委員会編 2005、p.87)

(2)　ツンデレ：普段は生意気で反抗的な態度をとっているが、ある出来事をきっかけにしおらしく好意的になる、女の子のタイプのこと。今では広く使われているツンデレの定義は明確にはなく、見解も人によってさまざまだが、一般的に広まっているのは前述のタイプといっていいだろう。　　　　　　(コンプティーク編 2007、p.121)

　そして、このツンデレの属性をもつキャラクターは、特定の言語表現を使用することが知られている。次の(3)(4)が典型的な例とされる(下線は著者が付

加)。

(3) 　　し、心配なんてしてないんだからね！

(釘宮 2007、「し」の読み札)

(4) 　　アーニャ 「さっきのアレは全然違うんだからねっ!?　事実無根よ！」

(赤松健『魔法先生ネギま！』⑳講談社 2007 年 10 月、p.47)

　これらにおいては、発話頭の「つっかえ」、接続助詞カラによる「言いさし」、終助詞ネ・ヨ、発話末への促音要素の付加などが特徴であり、その点については、冨樫(2008)に指摘があり、その言語上の機能についても分析がおこなわれている。

　そこで、本稿では、役割語という観点からみたばあい、このツンデレ表現がどのような位置づけにあるのかということを、男性読者を対象としたマンガでの、年少(高校生)の女性キャラクターの例により検討する。役割語については、金水(2000, 2003)以来、博士語、お嬢様ことば、アルヨことば等、着実に研究がつみかさねられており、それらと対照することで、ツンデレ表現への理解がよりふかまるものとかんがえる。

　なお、本稿では、ツンデレ表現と典型的なツンデレ表現[1]について、(5)(6)のように定義しておく。

(5) 　　ツンデレ表現とは、ツンデレとされる(強気で不器用な)キャラクターが、特定の相手に対して、自分の心が動揺したときに、それをごまかすために使用する表現。

(6) 　　典型的なツンデレ表現とは、接続助詞カラによる「言いさし」を使用することで、ツンデレキャラクターが、自分の心の動揺がしたときに、特定の相手に自分の本心とはことなったことばを発して、自分の本心をかくそうとする表現。

---

[1] 典型的なツンデレ表現については、西田(2009)を参照。なお、接続助詞カラの「言いさし」を典型的な例とするのは、この表現が使用する人物が、おおくの作品でツンデレキャラクターと評されていることによる。

## 2　ツンデレの定着

　ツンデレという語の発生と定着については、いまだ定説をみない。そのなかで注意されるのは、可愛編(2005)での記述と、いわゆるマニア向けの用語辞典での掲出項目である。

(7)　ツンデレという言葉は、ここ数年で急速に広まったものだ。オタク界隈で一般的に用いられるようになったのは、およそ去年(2004年、西田注)あたりからであろう。その発祥には諸説あるが、少なくとも、21世紀に入ってから、インターネット上で生まれた言葉だということは確かだろう。
　　　　(「ツンデレという言葉がなかった時代」可愛編2005所収、p.64)

(8)　…通告文(つうこくぶん)・つるぺた・ティアズマガジン・DoS攻撃／ディーオーエス攻撃(でぃー・おー・えす攻撃)…（窪田2004）

(9)　…釣り［つり］・つるぺた・ツンデレ［つんでれ］・DoS攻撃(デイーオーエス攻撃)［でぃーおーえすこうげき］…
　　　　　　　　　　　　　　　(萌え用語選定委員会編2005)

(10)　…伊達眼鏡【だてめがね】・ツンデレ【つんでれ】・ツッコミ【つっこみ】…
　　　　　　　　　　　(黒石翁と彼女のレンズにうつり隊2005、p.18)

　(7)は、ツンデレの発生はインターネット上からで特定しにくいものの、2004年ごろから一般化したと推測する。ただ、用語辞典類の掲出項目からすると、2004年8月に出版された(8)にはまだ「つ」の項目にツンデレがないのに対して、2005年8月と10月に出版された(9)と(10)には「つ」の項目にツンデレがあることがわかる。

　また、次の(11)(12)も、ツンデレの定着時期を示唆する記述である。

(11)　ツンデレ系って何だよ？　といぶかしがる方も多いだろうが、ツンデレとは
　　　・交際前、もしくは人前ではツンツンしている
　　　・交際をスタートすると、もしくは2人きりになると、デレデレ

してくる

という性格の萌えキャラを意味する。

(本田 2005、引用は同 2008、p.531)

(12) ひらたく言えば、物語が要求する人物像の構築以前に、まずはキャラクターの類型の流行を分析し(たとえば、<u>二〇〇六年の前半であれば「ツンデレ」が流行している</u>など)、そことの関係で「キャラクターを立てること」が作品製作の大きな課題となっていくのである。

(東 2007、p.40)

(11)は 2005 年 3 月に出版されたマニア向けの著書からの引用であるが、2005 年前半までの時点では、「いぶかしがる方も多いだろう」という認識もあったことになる。(12)は一般向けの新書での記述であるが、2006 年流行のキャラクターの類型として、とくに説明なく使用されているのが理解される。

これらの(7)から(12)までの例から判断すると、2005 年の後半というのが一つの定着のポイントであるとかんがえられる。2005 年 11 月には、可愛編(2005)の『ツンデレ大全』という、ツンデレをテーマにした特集本が出版されたことからしても、現時点では、この 2005 年後半を、ツンデレという用語がマンガやアニメ等の愛好者の間で、共通理解される語彙と意識されたものとしておきたい。

## 3　ツンデレ表現の使用例―恋愛(対男性)

3、4 節では、ツンデレ表現の使用例を検討する。2 節でみたように、ツンデレの定着期が 2005 年後半の可能性があることから、それ以前のものを対象とする。ツンデレ定着以降は、ツンデレ表現が定型化してしまう可能性があるからである。

まず、男女の恋愛での使用例として、『美鳥の日々』(井上和郎作『少年サンデー』2002 年 9 月～2004 年 7 月連載、2004 年アニメ化)をとりあげる。可愛編(2005)でも、マンガでのツンデレ登場作品としてあげられている。

これは、ケンカ最強の高校 2 年生の主人公、沢村正治の右手のこぶしが、ある日突然彼をしたっている春日野美鳥という女の子になってしまう、ラブコメ[2]作品であるが、登場人物の 1 人、綾瀬貴子が注目される。彼女は、まじめ

な委員長タイプで、つり目、短髪という、強気で正義感のあるキャラクターの風貌をもっている。

彼女は、クラスの風紀を重視するまじめな生徒として、当初沢村を不良として毛ぎらいしており、それをクラスメイトにも公言する。

(13) 　貴子　「人を殴って強さを主張したがる奴なんて…」
　　　　　貴子　「人として最低よ。」
　　　　　　　　　　　（井上和郎『美鳥の日々』①小学館 2003 年 2 月、p.62）

それが不良にからまれているところをたすけられて、沢村をみなおすものの、仲間をたすけるために、また、ケンカにでかけたときいて、みなおしたことを後悔する。このときは、すでに好意がめばえつつある状況である。(14)は、彼女がケンカの現場にむかう際の、心内でのおもいである。

(14) 　貴子　（心内）「どうして？　どうしてなの!?　またケンカに行くなんて!!」
　　　　　貴子　（心内）「昨日、私の事助けてくれたのは何だったのよ!!」
　　　　　貴子　（心内）「ただ腕力を見せつけて自分の強さを主張するような…そんなくだらない不良連中とは違うと思ってたのに…」
　　　　　貴子　（心内）「………………………………」
　　　　　貴子　（心内）「沢村のバカ!!」　　　　　（『美鳥の日々』①、p.86）

しかし、仲間が不良たちと報復のやりあいになるのをさけるため、沢村が不良になぐられても反撃せず、我慢しているのを目撃して、大きく見方をかえてしまう。そして、翌日の教室では、彼の横に机をよせて、(15)のようにほほをそめて彼にいってしまう。さらに、(16)の映画にさそうときには表情もデレデレになっている。

(15) 　貴子　「カンチガイしないでよね。私は、机を元の位置に戻しただ

---

[2] ラブコメディの略。「恋愛を主題にしたコメディ要素の強い作品」のこと。詳細はWikipedia の「ラブコメディ」の項目を参照。

けなんだから。」　　　　　　　　　　（『美鳥の日々』①、p.93）
(16) 貴子「映画のチケットが2枚あるんだけどさ……　一緒に行くハズだった子が、急にいけなくなってね…」

（『美鳥の日々』①、p.144）

(15)では、まず「カンチガイしないでよね」が注意される。これは、釘宮(2007)(2008)でも、採用されている、ツンデレの定番のセリフである。

(17) <u>勘違いしないでよね</u>　別にあんたのために　やったわけじゃ　ないんだから　　　　　　　　　　（釘宮2007、「か」の読み札）
(18) 「<u>か、勘違いしないでよ</u>。暇そうなのがあんたしかいなかったから、しょうがなく誘っただけなんだからね！　折角だから私の水着姿をあんたに見せてあげるって言ってるのよ！　ラッキーと思いなさい！」　　　　　　　　　　（釘宮2008、清水みつば）

さらに、接続助詞カラの「言いさし」、終助詞ヨ（ヨネ）の使用もあり、発話頭と発話末の音声的特徴をのぞくと、現在の典型的なツンデレ表現とほぼおなじものといえる。そして、みずからの行為を恋心からであることをかくすための表現という点では、「勘違いしないでよ（よね）」を使用する(17)(18)と同様であり、強気なセリフで心の動揺をごまかそうとする点でも通じている。

(15)は、表現の機能という点では、現在の典型的なツンデレ表現と同様とみなせるものである。ツンデレ表現の祖形にあたるものは、ツンデレが一般的に認識される前から、マンガなどで使用されていたことがわかる[3]。また、この例は(1)での「時間的にツンツンからツンデレに移行する」例と理解しうるものであり、時間的なツンデレとみることができる。

## 4　ツンデレ表現の使用例―友人（対女性）

(2)の説明にもあるように、現在では、ツンデレは男女の恋愛だけには限定されず、同性の友人同士でも、ツンデレ表現の使用例がみられる。

---

[3] 冨樫(2008)では、さらに以前のツンデレ表現の萌芽となる例がしめされている。

第**14**章　役割語としてのツンデレ表現

　ここでとりあげる『らき☆すた』（美水かがみ作『コンプティーク』2004年1月～連載中、2007年アニメ化）は、いわゆる「萌え系4コマ」[4]とされる作品である。この作品には、柊かがみというツンデレキャラクターが登場する。神社の神主である柊家の4人姉妹の3女で、高校2年生である。双子の姉で妹は4女のつかさである。

　かがみは、努力家で成績優秀、つり目、ツインテールと、強気なキャラクターの風貌である。その彼女がツンデレ属性を発揮するのは、妹のつかさとおなじクラスの泉こなたに対してである。こなたは典型的なオタクという設定で、かがみに対して、つねにちょっかいをだしてくる。

(19)　こなた　「バレンタインの思い出なんてゲームのなかだけかな？」
　　　かがみ　「私は時々あんたの将来が本気で心配になるわ　フラグとか好感度とか言ってないでさぁ…」
　　　　　　　（美水かがみ『らき☆すた』①角川書店 2005年1月、p.12）
(20)　（こなたがアルバイトをはじめたときいた際の感想）
　　　かがみ　「よくあいつを採用するところがあったなぁ…って」
　　　　　　　　　　　　　　　　　　　　（『らき☆すた』①、p.38）

　(19)では、こなたがゲーム大好きなオタクとして発言しているのに対して、するどいつっこみをいれている。この作品中では、かがみは常識人の視点で正論をいうキャラクターとなっており、(20)のように、きびしい批評をする毒舌系のキャラクターでもある。しかし、一転して受身になると、(21)のように、ツンデレになってしまう。また、(22)のように、すなおにデレデレをしめす例もある。

(21)　こなた　「つかさ達は何かお祈りとかしたの？」
　　　つかさ　「そういえばお姉ちゃんさっき何か熱心にお祈りしてたね？」
　　　かがみ　「ばっ　またあんたは余計なコトを…」

---

[4] 「萌え系4コマ」については、ゲームラボ特別編集 2006 所収の湊谷夏「萌え系4コマ年代記（クロニクル）」（pp.120-125）を参照。

かがみ 「<u>ちょ</u> ちょっと今年くらいはつかさやみゆきと同じクラスがいいなって思っただけ<u>よっ</u>」
こなた 「ふー〜〜ん」
つかさ 「お姉ちゃん こなちゃんは…？」
こなた 「かがみってさ 実は結構かわいいよね その抵抗がまた何とも」
かがみ 「うるさい<u>なっ</u> そうやって茶化されるから言いたくなかったのに<u>っっ</u>悪いかよう<u>っ</u>」

(『らき☆すた』② 2005年8月、p.16)

(22) かがみ 「え？ お見舞い？ あんたが？」
かがみ 「で でもいいって うつしたら悪いしさ 気持ちだけ貰うわよ」
こなた 「まぁほら いろいろ心配だし――」
かがみ （心内）「ちぇ……何よ嬉しいじゃない 新型ウィルスとか流行ってるから心配してくれてるのか……」
かがみ （心内）「いつもゲームとかアニメの事しか考えてないかと思ってたけど… ちょっと感動しちゃったじゃない」

(『らき☆すた』①、p.19)

(21)が、かがみのツンデレ表現の例で、コンプティーク編(2007)でもかがみのツンデレ発言の代表例としてあげられている。発話頭での「つっかえ」や終助詞ヨや発話末での促音の使用と、ツンデレ表現の要素が多用されている。これは、『コンプティーク』誌2005年2月号掲載で、ツンデレがひろまる予感のある時期の例でもある。

(22)は、かぜをひいたときに、こなたが見舞いにきてくれたのに感動してのセリフであり、すっかりこなたに心をゆるしたデレデレの様子がしめされる。このように、女性同士でのツンデレにおいては、対男性と比較すると、恋心のような本心をかくすというものではないものの、心の動揺をごまかそうとしている点では通じるものがある。

また、かがみは、異性にはツンデレ表現を使用しないものの[5]、ツンデレキャラクターとして、作品中に位置づけられている。キャラクター紹介では、「仲

よくなると情に厚いツンデレ系」(『らき☆すた』②、p.21)とあり、このころには、対異性以外でもツンデレ表現を使用する、ツンデレキャラクターがありえたということになる。

以上、3節と4節とでは、ツンデレキャラクターの使用例をみてきた。3節の綾瀬貴子は時間的なツンデレであり、4節の柊かがみは場面的なツンデレである。これらのマンガでのツンデレキャラクターは、ほほをそめながらツンデレ表現を使用することで、そのキャラクターの特性を発揮している。

ただ、注意すべきは、ツンデレキャラクターがツンデレ表現をつねに使用しているわけではないことである。(13)(19)(20)のようなツンツンをしめす表現、(16)(22)のようなデレデレをしめす表現も使用される。その点からすると、ツンデレキャラクターには、(1)でも指摘するように、ツンツンとデレデレの2つの属性があり、当然それらに該当する表現がある。そして、ツンデレ表現は、このツンツンからデレデレへと移行するところで、使用されているとかんがえられる。

## 5　役割語としてのツンデレ表現

以上のようにみてきたツンデレ表現ではあるが、従来の役割語とは同一視できない面がいくつかある。ネ言(2006a)にも指摘があるように、博士語やお嬢様ことばのようには一般の読者に理解されていない点からすると、定延(2007)のいう「キャラ助詞」にちかいとするのも首肯される。また、4節でみたように、複数の属性をもつという点も視野にいれる必要がある。

そこで、ツンデレ表現のように、従来の役割語の定義からずれてしまうものを検討するために、役割語を考える枠組みについて、仮説の提示をこころみる。まず、金水(2003)の役割語の定義からみていく。

(23)　ある特定の言葉づかい(語彙・語法・言い回し・イントネーション等)を聞くと特定の人物像(年齢・性別・職業・階層・時代・容姿・

---

[5] こなたの妄想のなかでは、かがみが異性にツンデレ表現を使用する例がある。
かがみ　「はい　コレ　あげるわよ　言っとくけど義理よ？　義理だからね!?　かっ!!　形がいびつで悪かったわねっ」　　　　　　　　　　(『らき☆すた』②、p.36)
かがみがバレンタインデイに男子生徒に手づくりチョコレートあげたと妄想した例である。

風貌・性格等)を思い浮かべることができるとき、あるいはある特定の人物像を提示されると、その人物がいかにも使用しそうな言葉づかいを思い浮かべることができるとき、その言葉づかいを「役割語」と呼ぶ。　　　　　　　　　　　　　　（金水 2003、p.205）

(23)で注意されるのは、2 行目の人物像の具体例である。これらをみると、「年齢」から「階層」までは、その人物の社会的な属性をしめしているものといえる。それに対して、ツンデレが属するとかんがえられる「性格」は、その人物の社会的地位等とは直接的にはむすびつかない、性格的属性とでもいうべきものである[6]。

本稿では、役割語を、社会的属性に関するものと、性格的属性に関するものとにわける。また、役割語が、当該人物により常時使用されるか使用されないか、という観点から、常用性の有無という側面からもわけてかんがえることにする。

この役割語の常用性の問題については、金水(2008)で言及がある。

(24)　例えば先に挙げた〈兵隊ことば〉を例に採れば、〈兵隊ことば〉を使う兵士は戦闘場面における<u>その場限りの登場人物</u>であることが多く、その個人が<u>他の場面でどのような言葉を用いるかという問題は考える必要がない</u>。つまり場面と発話者の属性は一体となっているのであり、スタイルか方言かという問い自体あまり意味をもたない。
　　　　　　　　　　　　　　　　　　　　　　　（金水 2008、p.210）

兵士は「その場限りの登場人物」であるから、当然想定される「他の場面でどのような言葉を用いるかという問題」は、当該作品では回避されているということになる。兵士であることは、社会的属性ではあるものの、その人物の社会的属性の一部にすぎない。他の例では、金水(2005)が指摘する、清水

---

[6]「時代」については今回の検討が現代に限定されるために検討対象外とする。「容姿」「風貌」については、ツンデレのツインテールやつり目など、性格的属性が外面にあらわれた例とも関連するが、制服やひげなど、社会的属性と密接にかかわる例もあり、本稿では検討を保留する。

(2000)での上司のことばがある。上司も会社で部下にだけ特定のことばを使用するものであり、同様の例である。

一方、博士やお嬢様は、その作品内では原則として役割語を常用している。彼らの社会的属性は、その人物の属性の大部分をしめるものであり、スタイルシフト(スタイル切換え)[7]の必要がないからである。その点からすると、社会的属性の役割語では、常用性のあるものとないものとに、わけてかんがえるべきである。

性格的属性の役割語でも、マンガやアニメに登場する、ボクっ娘(こ)ともいわれる、少年のようなことばづかいをする少女の例[8]では、常用性があるとかんがえられる。一人称の「ぼく」をはじめとして、少年のようなことばを日常的に使用する例がおおいからである。それと比較すると、ツンデレ表現は常用性がないものといえる。

以上を、属性・常用性・人物という観点から整理すると、(25)のようになる。

(25) a. 社会的属性　　常用性アリ　　博士・お嬢様等
　　　b. 社会的属性　　常用性ナシ　　兵士・上司等
　　　c. 性格的属性　　常用性アリ　　ボクっ娘等
　　　d. 性格的属性　　常用性ナシ　　ツンデレ等

このなかで、注目されるのは、bとdの共通性である。bの代表である兵士が兵隊ことばを使用するのは、軍隊で上官と話をする場面である。また、dのツンデレ表現が使用されるのも、そのキャラクターが特定の相手に心の動揺をさとられまいとする場面である。ともに、その人物のもつ属性が前提としてあるものの、それ以上に使用する場面に制約がある。兵士が同輩の兵士に「あります」を使用したり、ツンデレキャラクターであっても心の動揺がないときに

---

[7] スタイルシフト(スタイル切換え)については、渋谷(2008)を参照。
[8] ボク少女とも。Wikipedia「ボク少女」、はてなキーワード「ボクっ娘とは」の項目参照。近年の例としては、時雨沢恵一のライトノベル『キノの旅』(メディアワークス・電撃文庫2000年7月～刊行中)の主人公キノ、ピーチピット『ローゼンメイデン』①～⑧(幻冬舎2003年3月～2007年6月)の蒼星石、桜場コハル『今日の5の2』(講談社2003年11月)の平川ナツミなどがあげられる。少年のような一人称「ボク」を使用するだけでなく、運動神経がよく、短髪でボーイッシュな風貌のキャラクターがおおい。

ツンデレ表現を使用することはありえないからである。

　3節と4節で検討したように、ツンデレキャラクターと目される人物は、基本的に不器用で強気な性格である。そして、特定の相手に心が動揺したとき、それをごまかすために、ツンデレ表現を使用する。とすると、ツンツンからデレデレへの狭間にあらわれる、ツンデレ表現を使用することは、これらのキャラクターにとっては、自身の属性を反映する表現の極一部分にすぎないことになり、ツンデレ表現は他の表現の使用を前提とする表現と位置づけられる。

　ツンデレ表現は、「常用性」がない点で、お嬢様ことばのような役割語とは相違するものである。また、兵隊ことばとは、「常用性」のない点では同様であるものの、一般の読者に理解されるかどうかという点では相違する。従来、検討されることのすくなかった、性格的な属性の役割語の研究が、今後進展されるべきであるとかんがえる。

## 6　おわりに

　ツンデレキャラクターとツンデレ表現は、現在その使用範囲を拡大しつつある。ツンデレキャラクターの存在そのものをテーマにした作品[9]、歴史上の人物をツンデレキャラクターとする作品[10]、神様や幼馴染がツンデレキャラクターである作品[11]、作品内の別属性のキャラクターがツンデレ表現を使用する作品[12]など、多種多様である。

　また、今回検討対象とした接続助詞カラによる「言いさし」のような特定の表現がなぜツンデレを代表する表現となったのか、ツンデレキャラクターでもなぜ典型的なツンデレ表現を使用しないキャラクターがいるのか[13]、男性のツンデレキャラクターはどのようなツンデレ表現を使用するか、など、ツンデレ表現については、数おおくの検討課題がある。ツンデレキャラクターやその使用する表現についての研究には、さらなる可能性があるのである。

---

[9] 篠房六郎『百舌谷さん逆上する』講談社2008年6月～刊行中。
[10] かかし朝浩『暴れん坊少納言』①～⑦ワニブックス2007年8月～2010年9月。この作品では歴史上の人物である清少納言をツンデレキャラクターにしている。
[11] 武梨えり『かんなぎ』一迅社2006年9月～刊行中。
[12] 久米田康治『さよなら絶望先生』⑩講談社2007年9月第98話「恩着せの彼方に」で、加害者意識過剰のキャラクターの加賀愛（かが・あい）がツンデレキャラクターになる。
[13] 西田（2009）では、待遇性の側面から検討をこころみた。

**参考文献**

東浩紀(2007)『ゲーム的リアリズムの誕生　動物化するポストモダン2』東京：講談社.
可愛零(編)(2005)『ツンデレ大全』東京：インフォレスト株式会社.
金水敏(2000)「役割語探求の提案」佐藤喜代治(編)『国語論究8　国語史の新視点』pp.311-351, 東京：明治書院.
金水敏(2003)『ヴァーチャル日本語　役割語の謎』東京：岩波書店.
金水敏(2005)「わしは役割語を研究しておるのじゃ」『文藝春秋　言葉の力　生かそう日本語の底力　特別版』83-4, pp.118-119, 東京：文藝春秋.
金水敏(編)(2007)『役割語研究の地平』東京：くろしお出版.
金水敏(2008)「役割語と日本語史」金水敏(編)『シリーズ日本語史4　日本語史のインタフェース』第7章, pp.205-236, 東京：岩波書店.
釘宮理恵(2007)『ツンデレかるた』東京：株式会社DEARS.
釘宮理恵(2008)『ツンデレ百人一首』東京：株式会社DEARS.
窪田光純(2004)『同人用語辞典』東京：秀和システム.
黒石翁と彼女のレンズにうつり隊(2005)『眼鏡っ娘大百科』東京：二見書房.
ゲームラボ(特別編集)(2006)『現代視覚文化研究』東京：三才ブックス.
ゲームラボ(特別編集)(2008)『現代視覚文化研究』vol.2, 東京：三才ブックス.
コンプティーク(編)(2007)『らき☆すた公式ガイドブック陵桜学園入学案内書』東京：角川書店.
定延利之(2007)「キャラ助詞が現れる環境」金水敏(編)『役割語研究の地平』pp.27-48, 東京：くろしお出版.
渋谷勝巳(2008)「言語変化のなかに生きる人々」金水敏(編)『シリーズ日本語史4　日本語史のインタフェース』第6章, pp.177-203, 東京：岩波書店.
清水義範(2000)『日本語必笑講座』(2003年講談社より文庫版), 東京：講談社.
冨樫純一(2008)「ツンデレ属性と言語表現―役割語的アプローチとケーススタディ―」第6回現代日本語文法研究会発表資料(2008年10月25日・26日, 於筑波大学).
本田透(2005)『電波男』(2008年講談社より文庫版, 引用は文庫版), 東京：三才ブックス.
萌え用語選定委員会(編)(2005)『萌え萌え用語の萌え知識』東京：株式会社イーグルパブリシング.
西田隆政(2008)「役割語としてのツンデレ表現―「役割表現」研究の可能性―」土曜ことばの会発表資料(2008年10月18日, 於大阪大学).
西田隆政(2009)「ツンデレ表現の待遇性―接続助詞カラによる「言いさし」の表現を中心に―」『甲南女子大学研究紀要　文学・文化編』45, pp.15-23, 神戸：甲南女子大学.

## 参考サイト

ネ言(2006a)ツンデレ言語論(1)
http://d.hatena.ne.jp/negen/20060607/1149675022
ネ言(2006b)ツンデレ言語論(2)
http://d.hatena.ne.jp/negen/20060612/1150081951
ネ言(2006c)ツンデレ言語論(3)
http://d.hatena.ne.jp/negen/20060627/1151385886
ネ言(2006d)ツンデレ言語論(4)
http://d.hatena.ne.jp/negen/20061121/1164097139
ネ言(2006e)ツンデレ言語論(5)
http://d.hatena.ne.jp/negen/20061122/1164182910
ネ言(2008)ツンデレ言語論(6)
http://d.hatena.ne.jp/negen/20080723/1216746778
はてなキーワード　クーデレとは
http://d.hatena.ne.jp/keyword/%A5%AF%A1%BC%A5%C7%A5%EC
はてなキーワード　ボクっ娘とは
http://d.hatena.ne.jp/keyword/%A5%DC%A5%AF%A4%C3%CC%BC
Wikipedia ツンデレ
http://ja.wikipedia.org/wiki/%E3%83%84%E3%83%B3%E3%83%87%E3%83%AC
Wikipedia ボク少女
http://ja.wikipedia.org/wiki/%E3%83%9C%E3%82%AF%E5%B0%91%E5%A5%B3
Wikipedia　ラブコメディ
http://ja.wikipedia.org/wiki/%E3%83%A9%E3%83%96%E3%82%B3%E3%83%A1

# 第15章
# ツンデレ属性における言語表現の特徴
―ツンデレ表現ケーススタディ―

冨樫　純一

## 1　問題の所在

　"ツンデレ"と呼ばれる概念は、2002年後半にインターネット上のスラングとして登場し、おおむね2004～2005年を境として、一般層にも普及しつつあるといえる。昨今のサブカルチャー作品において、ツンデレキャラクターは、ある意味、必要不可欠な存在となっており、作品そのものに言及する場合においても、ツンデレの存在が意識されないことはないと言って過言ではない。
　サブカルチャーの世界において、ツンデレキャラクターは次のような特徴的な言葉づかいをするものである、という共通認識がある。

(1)　<u>べ、別に</u>、あんたのことなんか何とも思ってない<u>んだからねっ</u>!!
(2)　<u>し、心配なんてしてないんだからね</u>！　（釘宮2007、読み札「し」）[1]
(3)　そんなに言うなら…花火大会　<u>い、い、一緒に行ってあげてもいい</u>わよ？　<u>か、勘違いしないでよ</u>！　<u>ひ、暇だっただけよ</u>!?
（釘宮2008b、読み札「そ」）
(4)　「そういえば今日はあんたの誕生日だったわよね…昨日たまたま偶然…ほーーーーーんとうに偶然、頭の片隅のほうで思い出しちゃったから」
　　　「<u>しょうがないから</u>プレゼントいきおいで間違って買っちゃったんだけど、ほしいならあげるわよ！　と、とりあえず受け取りなさいよ！」
（釘宮2008a、君津妙子）

---

[1] 実例については出典を明記してある。出典のないものは全て作例である。

これらを見ると、表現のつっかえ、言いさしの「から」等が多く用いられていることが分かる。こういった言葉づかいをさせることで、そのキャラクターの偏った人物像が想起できる。これらの"ツンデレ表現"は、ツンデレキャラクターを特徴付けるものとして用いられている。逆に、作品内でツンデレキャラクターを目にすれば自ずと上記のような特徴的な言葉づかいが想起される。博士語やお嬢様言葉といった、典型的な役割語[2]ほどではないにしろ、役割語との類似性が、ツンデレ表現には認められるといえる[3]。
　本稿では、ツンデレキャラクター(属性)と密接に結びつく言語表現の分析を試み、何故ツンデレ属性を想起させるのかを探っていく。

## 2　ツンデレとは何か―概念規定―
### 2.1　ツンデレ属性

　ツンデレ表現の分析に先立って、ツンデレに関する概念規定を行っておく。以下の(5)(6)はそれぞれ、ホームページ上での記述、一般書での記述の引用である。

>     (5)　「1.　気が強いため、恥ずかしがっているところや照れを隠そうと、好意を寄せている相手を突き放すような態度(ツンツン)をとってしまう性格のこと。
>     2.　主人公に対して刺々しい態度を取っていたヒロインが、何かのきっかけでツンツンの中にも隠し切れない照れを見せる、あるいは反転して急速に好感度を上昇させていくストーリーおよびそのヒロインのこと。」
>     いずれの意味でもそのギャップによるかわいさから萌え属性の一つ

---

[2] 役割語とは、以下のように規定される。
  (a)　「ある特定の言葉づかい(語彙・語法・言い回し・イントネーション等)を聞くと特定の人物像(年齢・性別・職業・階層・時代・容姿・風貌・性格等)を思い浮かべることができるとき、あるいはある特定の人物像を提示されると、その人物がいかにも使用しそうな言葉づかいを思い浮かべることができるとき、その言葉づかいを「役割語」と呼ぶ」　　　　　　　　　　　　　　　　　　　　(金水 2003: 205)
[3] もちろん、現実の日常生活でツンデレ表現が用いられることがほとんど無いことも、役割語との共通項といえる。

に挙げられている。
（はてなキーワード―ツンデレとは（http://d.hatena.ne.jp/keyword/、2008/10/15時点の記述））

(6)　「「普段はツンツン、二人っきりの時は急にしおらしくなってデレデレといちゃつく」（…中略…）当初は見ての通り「二人っきりの時は〜」というかなり厳密な条件がついていたのだが、ツンツンとデレデレの落差が魅力になっているキャラ全般をくくる概念としてあまりにも便利なことばだったため、（…中略…）現在では「外面ツン内面デレ」の状態ギャップ表現と、「ツンからデレ」への時間推移の表現をひっくるめた用語として使われている」

（可愛零（編）2005: 92）

(5)(6)から見て取れるのは、"ツンツン"という要素と"デレデレ"という要素の、相反する二つの要素が混在している状態である。これがツンデレと呼ばれる属性の基本的性質であるといえる[4]。ストーリー全体としてみた場合、

(7)　特別な感情《無》→《有》

という感情の転換がその登場人物に起こっている。「ストーリーを俯瞰した結果、このキャラクターはツンデレだ」といった捉え方であり、時間の流れ（ストーリー展開）を基準とした"ギャップ"の存在が前提となっている。

しかし、(6)の記述で分かるように、ギャップの存在のみがツンデレの主たる要素として注目されるようになった。現在では、ツンデレ属性は特定の人物に対する特別な感情を素直に表現しないキャラクターである、と単純化された捉え方がなされている。(6)で示された、状態ギャップと時間推移をまとめた形で図1に表すと以下のようになるだろう。

---

[4] 最初期のツンデレという概念は、ゲームの登場人物の性格を表そうとして作り出されたものである。"ツンツン"はゲームスタート時の属性（主人公／プレイヤーに対して何の感情も持っていない状態）であり、"デレデレ"はいわばゲームクリアの目標条件（主人公／プレイヤーに恋愛感情を抱いている状態）である。

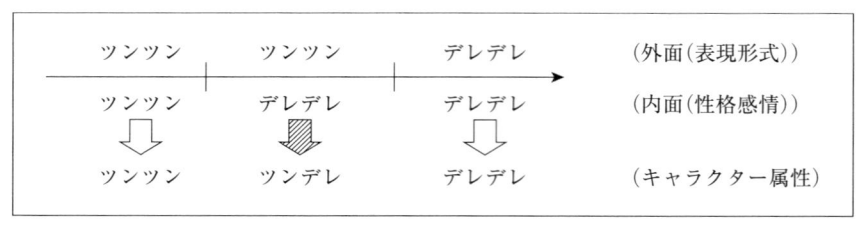

```
  ツンツン    |  ツンツン    |  デレデレ     →   （外面（表現形式））
  ツンツン    |  デレデレ    |  デレデレ          （内面（性格感情））
    ⇩       |    ⇩       |    ⇩
  ツンツン    |  ツンデレ    |  デレデレ         （キャラクター属性）
```

図1：ツンデレ属性発現の概念

ストーリー展開上のギャップが図1の横の流れであり、状態そのもののギャップが図1の縦の関係であるといえる。状態そのもののギャップとはすなわち、外面と内面の不一致であり、端的に言えば、表現と感情のギャップである。言葉づかい（表現形式）はツンツンしているが、内にある感情は別（デレデレした感情）であるのが、典型的なツンデレ属性といえるだろう。

## 2.2　普及・遡及・波及

ギャップの存在という点に特化した捉え方により、ツンデレ属性は、キャラクターへの適用範囲が飛躍的に拡大していく。ストーリー展開という要素は次第に捨象され、特定の時点・場面におけるギャップの存在のみが、ツンデレの主たる要素として注目されるようになった[5]。その結果、

　　（8）　特別な感情《有》→それを表現できない

という、特別な感情の存在を前提とした捉え方が可能となった。この場合、感情という内面と、表現という外面とのギャップを持つ。おそらく時期的には、『ラブひな』のヒロイン、成瀬川なるがツンデレ属性を普及させたキーキャラクターであると考えられる。

---

[5] この変化は、おそらく、ゲームというメディアと、マンガ・小説・アニメというメディアの、媒体としての差が影響していると思われる。ゲームは、主人公＝プレイヤーであり、主観的視点で描写されるが、マンガ等は、主人公≠読者であり、読者は客観的視点に立っている。ツンデレキャラを主観的視点で見るか、客観的視点で見るかは、描写の違い・解釈の違いに大きな影響を与えているはずである。

(9) 成瀬川 「なっ なんで私が あんたなんかにチョコやんなきゃいけないのよ!!」
「大体受験生のくせに ちょっと みんなにチョコ もらったからって ヘラヘラしてんじゃないわよ!」
(赤松健『ラブひな』第7巻、講談社、2000年4月、p.111)

(9)は「本当はチョコをあげたい」という感情とは裏腹に、実際の表現「なんであげなければいけないのか」がその逆となっている、典型的なツンデレ表現である。

また、ツンデレの定着に伴い、それ以前(2004〜2005年以前)の作品においても、キャラクターにツンデレ属性を当てはめる動きが出てくる。『新世紀エヴァンゲリオン』の登場人物、惣流・アスカ・ラングレーがその典型例といえる。『新世紀エヴァンゲリオン』発表時[6]はツンデレという概念はもちろんなかったものの、現在ではツンデレ属性を持つ典型的キャラクターとして位置付けられている。鮎川まどか(まつもと泉『きまぐれオレンジ☆ロード』、集英社、1984〜1987年)、音無響子(高橋留美子『めぞん一刻』、小学館、1980〜1987年)等、遡及してツンデレ属性であると認定されるキャラクターが数多く存在する。

しかし、遡っていけばきりがなく、例えば、

(10) モズク 「どうして そうムキになるんだい なぜ あたいを追い払うんだい? ヘンよ……」
「あんたも いんこ好きなのね …そうだったの?」
万里子 「じょ じょ じょうだんでしょっ あ あたし刑事よっ いんこは犯人よーっ」
(手塚治虫『七色いんこ』講談社全集版第6巻、1994年11月、p.87(初出は1982年2月))

このような比較的古い作品に登場するキャラクターにさえ、ツンデレ属性を認

---

[6] ここではブームのさきがけとなったテレビアニメ版(1995〜1996年放映)を指す。

めることが可能となってしまう。

　現在では、ツンデレ属性を持つキャラクターを登場させることが、ある種、作品としてのステータスを高めることになっているともいえる。西田(2008, 2009b)に詳しく述べられているが、(11)のようにツンデレキャラクターが主人公となっている作品も多く存在する。

(11)　清少納言　「か…　勘違い　しないでよね」
　　　　　　　　「私ね　生まれた時から　"面白い事だけやる"って決めてるの!!」
　　　　　　　　「面白いと　思ったから　付き合ったのよ!!」
　　　　　(かかし朝浩『暴れん坊少納言』第1巻、ワニブックス、2007年8月、p.62)

　一方で問題も存在する。西田(2008)も指摘するとおり、こういった性格の把握は主観的にしか行われず、受け手によって性格の解釈が異なってくる。あるキャラクターがツンデレ属性を持つかどうかの判断が分かれるのはこの理由による。どこにギャップを認めるかという基準に統一性が無いのである。

　さらに、「特別な感情」も非常に曖昧である。一般的には恋愛感情を指すのであるが、これも捉え方がさまざまであり、友情や親子愛を含む解釈も可能である。そうなると、海原雄山(雁屋哲原作・花咲アキラ作画『美味しんぼ』、小学館、1983年～)や碇ゲンドウ(『新世紀エヴァンゲリオン』)のような人物(いずれも主人公の父親である)までツンデレキャラクターとして認定されてしまいかねない[7]。

　ツンデレは「素直になれない」という側面を持っているが、だからといって「素直になれない」キャラクターが全てツンデレ属性を持つとは言えないはずである。どこまでをツンデレ属性として認めるかどうか、さらなる検討が必要であろう。

---

[7] 事実、インターネット上ではこれらが果たしてツンデレであるのかという議論が時折見られる。

## 2.3　ツンデレ表現とは

「感情が素直には表現されていない」状態を言語形式で明示的に表すのがツンデレ表現であると定義できる。したがって、ツンデレ属性を言語的に分析するには、如何にギャップが表現されているのかを見る必要がある。

ツンデレ表現には、性質の異なる二種類が認められる。次の二例を比較してみよう。

(12)　これは、<u>あんたのために着てきたわけじゃない</u>んだからね！

(釘宮 2008a、木佐貫桃花)

(13)　お…お化けなんか　怖くないもん…怖くないもん…こっ、怖くなんかないけど…そ、<u>そばにいてもいい</u>んだからね…

(釘宮 2008b、読み札「お」)

(12)の言表内容の核は「あなたのために着てきたわけではない」であり、ツンデレキャラクターが持つ特別な感情とは正反対の、《裏》に相当している。一方、(13)の核は「そばにいていい」であり、特別な感情そのものに起因している、《表》に相当している。

このように、ツンデレ表現には、(a)特別な感情の裏側を表した《裏》と、(b)特別な感情をそのまま表した《表》、の二種類が存在するといえる。特に《表》の場合、特別な感情を隠し切れていないのであり、ギャップの存在というツンデレ属性の中心的概念と矛盾をきたす可能性がある。

《表》《裏》の区別が、ツンデレ属性の概念規定にどう組み込まれるかについては今後の課題であるが、ひとまず、両方ともツンデレ表現と捉えておき、図2のようにまとめることにする。

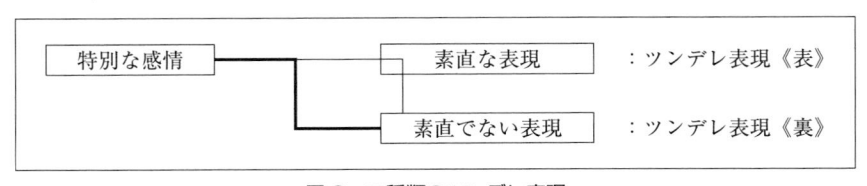

図2：二種類のツンデレ表現

ツンデレキャラクターは、ある特定の他者に対し特別な感情(大抵の場合、恋愛感情)を有してはいるものの、それを素直に表現しない。特別な感情を素

直に表現するという、感情表出の流れが回避され、結果として素直でない表現が現れる。これがツンデレ表現の典型である(図2の太線の流れ)。しかし、(13)のような、言表内容の核が素直な表現となっているものも見受けられる。単純に素直な表現となっているのではなく、「〜てもいい」等が付加されて、ツンデレらしさを生み出している。一旦、素直な表現を経由して、素直でない表現に変化しているといえる(図2の細線の流れ)。

　ツンデレ表現の二種類は、素直な表現をどのような経路で回避するかによって分けることができ、《表》か《裏》かでツンデレ表現の形式選択に偏りがみられると考えられる。

## 3　ツンデレ表現分析―ケーススタディ―

　前節での概念規定を土台としつつ、ツンデレキャラクターのさまざまな言葉づかいを見ていくと、ツンデレ属性と結びつくと思われる言語表現には以下のようなものが挙げられる。

(14)　つっかえ
(15)　接続助詞「から」による言いさし
(16)　「〜てあげる」「〜てもいい」
(17)　終助詞「ね」「よ」
(18)　とりたて詞「だけ」
(19)　発話末の強調(促音要素「っ」や記号「！」の付加)
(20)　副詞類(「別に」「勘違いしないで」等)

　本稿では、この中から「つっかえ」「言いさしの「から」」「〜てあげる、〜てもいい」の三つの表現を取り上げ、これらが何故ツンデレ表現たりうるのかを検討する。

### 3.1　つっかえ

(21)　あ、あ、あんたの前でしか　着るつもりないんだからね！　は、恥ずかしいけどちゃ、ちゃんと見ときなさい…

(釘宮 2008b、読み札「あ」)

(22) す、好きでこんな格好してるわけじゃないんだからね… あんたの
前だけよ… もう…バカ…　　　　　　（釘宮 2007、読み札「す」）
(23) 成瀬川「ち ちがうわよ ただそのっ‥」
「れ 練習しただけよ チョコ作りの」
（赤松健『ラブひな』第 7 巻、講談社、2000 年 4 月、p.114）

図3：成瀬川なる
（赤松健『ラブひな』第 7 巻）

　つっかえがツンデレ属性を想起させる表現であることは疑いようがない。ツンデレ属性の大きな特徴の一つとして捉えていいだろう。事実、釘宮（2007, 2008a, 2008b）[8]に見られるツンデレキャラクターはつっかえることが非常に多い。

　そこで、釘宮（2007, 2008a, 2008b）における、つっかえの使用数を調査した。

表1：つっかえ使用数

|  | つっかえ（とぎれ型 語頭戻り方式） |
|---|---|
| 釘宮（2007） | 10 |
| 釘宮（2008a） | 150 |
| 釘宮（2008b） | 37 |

　全体の約四割の発話につっかえが現れており、その全てが「とぎれ型・語頭戻り方式」であった。つっかえとツンデレ属性の親和性の高さが窺える。では、

---

[8] 釘宮（2007, 2008a, 2008b）は、ツンデレキャラクターの描写・言語表現に対象を絞った作品である。カルタや百人一首の体裁を取り、さまざまなツンデレキャラクターを表現している。『ツンデレカルタ』は「あ」〜「ん」までの 45 札から成っており、ほぼ一札一発話に相当する（総再生時間：約 12 分）。『ツンデレ百人一首』は、「上の句」「下の句」の対が 100 首あり、発話量は『カルタ』に比べるとかなり多い（総再生時間：約 70 分）。

何故つっかえが多用されるのか。まず、定延（2005）の記述を見てみよう。

(24)　「とぎれ型・語頭戻り方式は、「自分がいま発言することばに集中していてつっかえてしまい（とぎれ型）、そのことばを初めから言い直す（語頭戻り方式）」ことだと考えることができる」

(定延 2005: 62)

　つっかえは、単なる心の動揺ではなく、背後に《集中》という心的操作が存在している。ツンデレ属性の場合、その《集中》は特別な感情を覆い隠そうとする操作に伴って発現するといえるだろう。
　覆い隠す行為の根底には、素直になれない（素直になることが恥ずかしい）という、ツンデレ属性特有の性格が認められる。

| 特別な感情の存在 | → | 素直に表現できない | → | 表現を取り繕う《集中》 | → | 《集中》の表示としてのつっかえ |
| --- | --- | --- | --- | --- | --- | --- |

図４：つっかえとツンデレ属性

　そこから図４のような過程が想定できる。ツンデレキャラクター自身が持つ自己矛盾への対応の表示として、つっかえがもっとも適切なのであろう。

(25)　「おっほっほっほっほっほ！　あなたみたいなダメ人間は将来どこにも就職できないだろうから私の執事としてやとってあげてもいいわよ！　あなたはきょうからセバスチャンよ！　セバスチャンと呼ぶわよ！　おっほっほっほっほ！」
「セバスチャン！　私のかばんをもちなさい。セバスチャン！　私の肩をもみなさい。……セ、セバスチャンさえよければ、わ、私のとこへ永久就職でもいいのよ…」　　　（釘宮 2008a、大豪寺姫子）

　また、(25)の例から分かるように、つっかえが現れるポイントがツンツン属性とツンデレ属性の境界線となっている。(25)の下線部以降はツンデレ表現《表》であるが、素直な表現をそのまま表現しようとしない意図が見て取れ

る。素直な表現の回避操作の開始点でつっかえが行われていると考えられる。開始点はツンデレ属性への移行ポイントであり、単なる動揺の表示とは性質を異にしていることが分かる。

　このことは、例えば、

（26）「あ、あなたは、わ、私にほ、包囲されているんです…だ、だから、お、おとなしく、つ、つかまりなさい…もう、に、逃げられませんよ」
「つ、つ、つつかまえた…あ、あなたには、も、黙秘権がありますけど次の質問だけは黙秘権がありません…わ、私のこと、どどど、どう思っていますか…」　　　　　　　　　　　（釘宮2008a、大川内菜々華）

(26)のようにつっかえを多用しすぎると、却ってツンデレ属性の想起が阻害され、単なる動揺の表示という解釈のほうが強くなってしまうことからも明らかである。

### 3.2　「のだから」による言いさし

（27）　電話なんかしてこなくても…寂しくなんてないんだから…
　　　　　　　　　　　　　　　　　　　　　（釘宮2007、読み札「て」）
（28）　さよならなんて言ってあげないんだから！
　　　　　　　　　　　　　　　　　　　　　（釘宮2007、読み札「さ」）
（29）「あ、明後日は…私と日直だから、一緒に登校なんだよ…あなた、ぜったい遅刻するんだから…ダメなんだから…よ、夜更かしとか禁止なんだから…」
「明後日、家まで起こしにいってあげてもいいよ…。遅刻常習犯のあなたがおくれると、あたしがこまるからだよ…、それだけなんだから…私に任せておけばいいんだから…」
　　　　　　　　　　　　　　　　　　　　　（釘宮2008a、九十九二葉）

さよならなんて言ってあげないんだから！

図5：ツンデレカルタ読み札「さ」

接続助詞「から」を用いた言いさしもまた、ツンデレ属性を想起させる代表的な表現である。釘宮(2007, 2008a, 2008b)で用いられた、言いさしの「から」は表2の結果となった[9]。

表2：言いさしの「から」使用数

|  | 言いさし「から」 | 言いさし「のだから」 |
| --- | --- | --- |
| 釘宮(2007) | 4 | 11 |
| 釘宮(2008a) | 25 | 54 |
| 釘宮(2008b) | 2 | 19 |

特筆すべきは、「のだから」(「のだ」+「から」)の割合の高さである。(27)〜(29)でも「のだから」による言いさしが用いられている。

野田(1995)では、「のだから」は「聞き手が知っているはずの事態を十分に認識させる」という意味を有していると指摘している。

(30) 「「のだから」の文の話し手は、相手(ときには話し手自身)が前件の事態を知ってはいるはずだが後件の判断に至るほど十分には認識していないとみなし、十分認識させるために前件の事態を改めて示している」
(野田 1995: 242-243)

また、日本語記述文法研究会(編)(2008)では、

(31) 「「のだから」(…中略…)は、従属節の事態を確かな事実として示し、そこから必然的に導き出されるものとして主節の事態を示すという

---
[9] ツンデレ属性の想起と無関係であると判別した言いさしはカウントしていない。

特徴を持つ」　　　　　　（日本語記述文法研究会（編）2008: 130-131）

と説明しており、「聞き手が十分には認識していないと話し手が見なしている事態を従属節に示」すとしている。結果、「のだから」文には、「非難のニュアンス」「話し手の不満」が表出されるとしている。

ツンデレ表現の「のだから」文は言いさしであるため、後件との関係は考慮する必要がない。したがって、前件の事態についてのみ考えると、そこには「確かな事態」として聞き手に認識させるという意味があるといえるだろう。

では、何が確かな事態となるのか。「のだから」はツンデレ表現《表》にも《裏》にも用いられる。《表》の場合には特別な感情を素直に提示し、《裏》の場合には素直でないことを押しつけて内面の感情を隠そうとする意図が読み取れる。内容の核がツンデレキャラクターにとって事実であろうが嘘であろうが、相手に確かな事実として押しつけることで、自身の特別な感情の直接的表現を回避する。そして、さらには、"背後の特別な感情についてはとやかく言うな"といった、踏み込まれることを拒否する態度をも表出することになる。

```
特別な感情の   →   素直に表現   ↗  表の感情を確かな   ↘
　存在　　　　　　　できない　　　　事態として提示　　　　「のだから」
　　　　　　　　　　　　　　　↘  裏の感情を確かな   ↗
　　　　　　　　　　　　　　　　　事態として提示
```

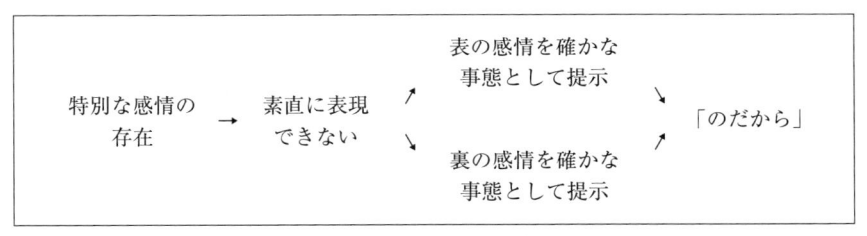

図６：「のだから」とツンデレ属性

特に、素直な表現となっている《表》の場合には、この押しつけの解釈がツンデレ表現としての拠り所となるといえる。

## 3.3 「〜てあげる」「〜てもいい」

(32) ついでだからあんたも誘ってあげるわ　（釘宮 2007、読み札「つ」）

(33) 「今日おじさんとおばさん旅行に行ってるんでしょ？　あんた一人じゃ寂しいだろうから、今温めなおしてあげるわよ。夕飯一緒に食べてあげてもいいけど……」　　　　　　　（釘宮 2008a、春日野光）

(34) 翠星石「知らんですっ　この前なんか　翠星石が特別に　抱っこ

させてやるって言っても　見向きもしないですよ？」
（PEACH-PIT『Rozen Maiden』第7巻、幻冬舎、2006年9月、p.152）

図7：翠星石（PEACH-PIT『Rozen Maiden』第7巻）

　釘宮（2007, 2008a, 2008b）における「～てあげる」「～てもいい」の用例数は以下のようになった[10]。

表3：「てあげる」「てもいい」使用数

|  | てあげる | てもいい | てあげてもいい |
|---|---|---|---|
| 釘宮（2007） | 4 | 1 | (1) |
| 釘宮（2008a） | 47 | 27 | (17) |
| 釘宮（2008b） | 13 | 7 | (5) |

　授受表現「～てあげる」や、許容表現「～てもいい」もまた、ツンデレ表現と捉えられるだろう。また、二つを組み合わせた「～てあげてもいい」もかなり強くツンデレ属性を想起させ、実際の使用数も多い。
　「～てあげる」は恩恵を与える側が話し手となる。「～てもいい」も行動を許容する側が話し手になる。これらの表現には、ツンデレキャラクターの弱点の存在を隠蔽しようという意図が含意されていると考えられる。(35)のような過程といえるだろう。

（35）　特別な感情の存在　→　相手に指摘されたら困る弱点である　→　指摘させないために自分が心理的に上に立つ　→　「～てあげる」／「～てもいい」による表示

---

[10]「～てやる」および否定接続の「～なくてもいい」も含めている。

隠そうとする感情が垣間見えたことを相手に指摘されると、照れの感情ひいては相手に弱みを握られることにつながる(客観的には、弱みではなく、両想いというプラスの結末に向かうのであるが、本人はそう思っていない。先に素直になったほうが負けという意識が強いのである)。そこで、「～てあげる」「～てもいい」のような優位性を確保する表現を用いて、指摘を回避するように仕向けるのである。

「～てあげる」「～てもいい」によって、話し手の心理的優位性が確保され、それが特別な感情へのこれ以上の踏み込みを拒否する態度を表出させる。優位性の確保を示す類似のツンデレ表現には、「たまたま」「偶然」「特別に」「勘違いしないで」等の副詞類や、人称表現「あんた」等が挙げられるだろう。

なお、「～てあげる」「～てもいい」はツンデレ表現《表》に限られることも付け加えておく。素直でない表現ならば、わざわざ優位性を確保する必要がないからである。優位性は素直な表現にかぶせられるものなのである。

一方、前節でのつっかえや「のだから」は《表》《裏》いずれにも用いることができるツンデレ表現である。使用範囲から考えると、よりツンデレらしい表現と呼ぶべきなのは、つっかえおよび「のだから」といえるのではないか。

## 4　ツンデレ表現と役割語―今後の課題―

ツンデレという属性を捉えようとするとき、役割語との接点が重要になってくる。ツンデレ表現は果たして役割語と呼べるのだろうか。いくつかの特定の表現が特定の人物像を想起させるという点では、役割語として扱われるべきであると思われるが、次の二点が大きな問題となる。

(36) a. 常用性が無い
　　　b. 属性の把握が主観的である

「常用性」については、西田(2009b, 2010)等で詳細に分析されている。ここでは、「主観的」という側面に目を向けてみたい。

2.2 節でも触れたが、ツンデレキャラクターの性格は基本的に主観的にしか把握されない。つまり、性格感情という内面のものであることが、キャラクターの役割を決める上での障壁となっていると考えられる。お嬢様や博士といった

キャラクターは、おおむね外面的に(誰が見ても分かる形で)把握することができる。ツンデレは主観的にしか決定しえない点が、ツンデレ表現を典型的役割語として扱いにくくさせている理由の一つである。

しかしながら、つっかえや「のだから」は使用範囲も広く、比較的ツンデレ属性を想起させやすい表現である。性格属性の描写の内でも、典型的役割語に近いものとそうでないものがあるといえるのではないだろうか。西田(2010)では「属性表現」という概念を提示している。いわゆる周辺的役割語もこれから検討されていくべきだろう。

また、ツンデレ表現としての分析にも課題は山積している。特に、表現の種類をどこまで取り上げていけばよいのか、という点は大きな問題といえる。特定の表現と特定のキャラクターの結びつきが役割語の本質であるならば、表現を(ツンデレ表現として)取り上げれば上げるほど、結びつき自体は弱くなると思われる。今回の三つの表現はいずれもツンデレ属性と強く結びついているといえるが、それ以外の表現をツンデレ表現として分析することにどれだけの意義を見出すことができるか。可能性は未知数であり、今後の展開が期待される。

## 付記

本稿は、筆者のブログ(http://d.hatena.ne.jp/negen)において、「ツンデレ言語論」というタイトルで発表した一連の論考、および冨樫(2008, 2009)を土台にしたものである。

## 参考文献

上野智子・定延利之・佐藤和之・野田春美(編)(2005)『ケーススタディ日本語のバラエティ』東京：おうふう.

可愛零(編)(2005)『ツンデレ大全　完全保存版　僕たちの大好きなツンデレキャラが大集合!!』東京：インフォレスト株式会社.

金水敏(2000)「役割語探求の提案」佐藤喜代治(編)『国語論究第8集　国語史の新視点』, pp.311-351, 東京：明治書院.

金水敏(2003)『ヴァーチャル日本語　役割語の謎』東京：岩波書店.

金水敏(編)(2007)『役割語研究の地平』東京：くろしお出版.

金水敏(2008)「役割語と日本語史」金水敏・乾善彦・渋谷勝己(共編著)『シリーズ日本語史4　日本語史のインタフェース』pp.205-236, 東京：岩波書店.

釘宮理恵(2007)「ツンデレカルタ」東京：株式会社 DEARS.

釘宮理恵(2008a)「ツンデレ百人一首」東京：株式会社 DEARS.

釘宮理恵(2008b)「ツンデレカルタ2008　日本の夏！ツンデレの夏！」東京：株式会社DEARS.

定延利之(2005)『ささやく恋人、りきむリポーター―口の中の文化―』東京：岩波書店.

定延利之・中川明子(2006)「非流ちょう性への言語学的アプローチ―発音の延伸、とぎれを中心に―」串田秀也・定延利之・伝康晴(編)『シリーズ文と発話1　活動としての文と発話』pp.209-228, 東京：ひつじ書房.

定延利之(2007)「キャラ助詞が現れる環境」金水敏(編)『役割語研究の地平』pp.27-48, 東京：くろしお出版.

白川博之(1991)「「カラ」で言いさす文」『広島大学教育学部紀要第二部』39, pp.249-256.

白川博之(1995)「理由を表さない「カラ」」仁田義雄(編)『複文の研究(上)』pp.189-219, 東京：くろしお出版.

冨樫純一(2008)「ツンデレ属性と言語表現―役割語的アプローチとケーススタディ―」, 第6回現代日本語文法研究会(2008年10月25・26日, 於筑波大学)発表資料.

冨樫純一(2009)「ツンデレ属性と言語表現の関係―ツンデレ表現ケーススタディ―」シンポジウム『役割・キャラクター・言語』(2009/03/28, 29)発表資料.

西田隆政(2008)「役割語としてのツンデレ表現―「役割表現」研究の可能性―」, 土曜ことばの会(2008/10/11)発表資料.

西田隆政(2009a)「ツンデレ表現の待遇性―接続助詞カラによる「言いさし」の表現を中心に―」『甲南女子大学研究紀要　文学・文化編』45, pp.15-23.

西田隆政(2009b)「役割語としてのツンデレ表現―「常用性」の有無に着目して―」, シンポジウム『役割・キャラクター・言語』(2009/03/28,29)発表資料.

西田隆政(2010)「「属性表現」をめぐって―ツンデレ表現と役割語との相違点を中心に―」『甲南女子大学研究紀要　文学・文化編』46, pp1-11.

日本語記述文法研究会(編)(2008)『現代日本語文法6　第11部　複文』東京：くろしお出版.

野田春美(1995)「「のだから」の特異性」仁田義雄(編)『複文の研究(上)』pp.221-245, 東京：くろしお出版.

# Abstracts of the Chapters

## ▶ 1  Role language and speech character types in Modern Japanese

Satoshi Kinsui

**Abstract**

This chapter demonstrates that role languages and speech character types can be primarily categorized by generation / age range, gender, and regional origin of the characters. Additional elements and factors to consider in distinguishing role languages and speech character types are also introduced: "nobility", "outlaw", "pidgin" as expressions for foreigners, "historical characters", "non-human", "repurposing existing language resources", and "temporary characters", which should cover most Japanese role language varieties.


## ▶ 2  How much does Modern Standard Japanese grammar vary in accordance with the speaker's "character" ?

Toshiyuki Sadanobu

**Abstract**

This chapter briefly describes the degree to which the "grammar of Modern Standard Japanese" varies in accordance with the speaker's "character". As opposed to the traditional view that takes grammar as common and stable among speakers, it has been demonstrated that the speaker's "character" affects very fundamental parts of grammar. For example, in the case of the so-called mirative "*ta*" ("*hakken no 'ta*'" in Japanese), the "*ta*" in the phrase, "*a, neko-ga i-ta!*" (Lit., 'oh, there was a cat [here]!', *i.e.,* 'oh, the cat's here!'), might be uttered in front of a cat. For some young informants, deciding whether the speaker's previous expectation of the cat's being there is essential or not  depends on the speaker's "character" (Section 2). Another example is the co-occurrence of verb and copula. As exemplified by the unnaturalness of *"iku-desu"* (Lit. go-be), the co-occurrence of verb and copula has traditionally been considered unnatural, even though the copula of many characters, such as the "infant", "soldier", "young lady of a good family", *etc.*, naturally co-occur with verbs like *"iku-deshu"* (Lit. go-be (childish)) (Section 3). And finally, as we find in such phrases as *"uso-da-yo-pyōn"* (Lit., joke-copula- *yo-pyōn*, 'It's a joke!') on the internet, some particles (*"pyōn"*, in this case), deeply connected with the speaker's "character", do occur after so-called sentence-final particles (*"yo"*), in spite of the traditional view that only sentence-final particles occur in the sentence-final position (Section 4).

# 3 Ecology of role language, or how to be somebody else in non-narrative contexts

**Haruhiko Yamaguchi**

**Abstract**

The artificial nature of role language (*i.e.,* stylized speech expressive of the speaker's social role) can best be described in terms of the context in which it typically appears, namely, popular fictional narratives. Thus, Kinsui (2003) and Yamaguchi (2007) both characterize role language as a language of fictional narrative. On the other hand, it is also true that role language is not solely restricted to narrative contexts: it sometimes appears in such circumstances as blogs on the Internet and intimate conversation among friends. Then how can one claim that role language is inherently a language of narrative? The present chapter attempts to answer this question by exploring non-narrative uses of role language on the Internet and in friendly conversation. It reveals that the existence or absence of certain contextual factors, such as face-to-face accessibility, and the presence of narrative structure, may influence the ease with which role language is used.

# ▶ 4 The function of role language in Japanese textbooks published in Korea:
Virtual reality in teaching "Real Japanese"

Chiyo Onzuka

## Abstract

Focusing on role language as used in Japanese textbooks published in Korea, I discuss the function of role language in foreign language learning texts. With a heightened need for learning "real Japanese," a recent tendency in Japanese language education, even in introductory standard textbooks, is to show how younger speakers use Japanese in daily life as conversational models.

However, textbooks should present basic and generic sentence patterns and conversational models that can be recycled in later learning stages, rather than merely exact copies of real-life examples. Although younger native Japanese speakers would be able to naturally switch between multiple codes, such as "younger speaker language" and "formal language", depending on the situation and context, non-native speakers would normally be unable to do so. Therefore, this paper calls into question the introduction of such recently developed language usage, as representative of real Japanese, into introductory standard textbooks.

In addition, learners in tertiary education should learn the symbolic functions of a language as a receptive skill. Role language is an essential target for this purpose in Japanese.

I argue that textbooks should incorporate types of role language that are suitable for the target levels and purposes so that learners can adapt to real life. The true "real Japanese" should be one that is applicable to any interlocutor in any situation, as is the native Japanese speaker's usage of his or her own language.

## ▶ 5 Conducting a seminar on Japanese-Korean translation with role language as its theme:
Raising awareness and improving skills
through task-performance type translation activities

Hye-seon Jung

### Abstract

It would be no exaggeration to say that the language of Japanese popular culture, which is often used as material for foreign Japanese language learners, centers around the expressions of role language that are rigidly attached to character types, rather than a reflection of real language usage. However, role language has not been a focus of Japanese language education; Jung (2005) found that even advanced Korean learners of Japanese lacked an understanding of role language compared with native Japanese speakers. In this paper I report on a seminar I conducted to improve students' translation skills through the acquisition of Japanese role language knowledge.

This activity was conducted in four steps as part of a seminar on Japanese-Korean translation: introduction, analysis, practice and application. The analysis of the learners' translations, in-class discussions and the contents of learners' self-analyses resulted in: (i) improved awareness of and strategies for role language; (ii) heightened understanding of Japanese role language, even in translations from Korean to Japanese, where role language is not present in the Korean original; and (iii) improvement in skills for Japanese role language features, such as ending particles.

I believe this type of role language learning activity can contribute to Japanese-Korean translation education.

## ▶ 6 Why translation of Usain Bolt's speech uses the first person pronoun "ore" in Japanese:
Role language in sports broadcasting

**Makie Ota**

### Abstract

In sports broadcasting in Japan, translations into Japanese of foreign athletes' utterances often use role language in sentence final forms, such as *sa, (da) ze, (da) wa,* that are not common in daily conversation among Japanese today. Given such infrequent usage in real life, why would these expressions be used to translate foreign athletes' utterances for news programs and documentaries? I attempt to answer this question by analyzing the translations used during Japanese broadcasts of the Beijing Olympic Games from the perspective of role language pragmatics.

In addition, broadcast directors at NHK (Japan Broadcasting Corporation) were surveyed using a questionnaire and interviews. The results suggest that it is important for directors to pay attention to the context of the utterance when they decide on which role language to use in translations for foreign athletes because role language helps convey the athletes' feeling and the scene's excitement. Role language is frequently used in sports broadcasting interviews because it effectively conveys a sense of the vivid excitement of sporting events.

## ▶ 7 A contrastive study of role language focusing on universal characteristics:
Possibilities for defining character-associated endings cross-linguistically

**Jumpei Kaneda**

### Abstract

To develop a methodology for contrastive studies on role language, this chapter first investigates the characteristics that constitute role language by examining data collected from *manga, anime,* and video games, and comparing

301

the Japanese original and translations, mainly into English and French. The characteristics that are examined are phonological manipulation, use of specific lexical items (e.g., unmarked lexical forms, such as infinitive or omission of articles) and personal pronouns. Some universal features are observed in the use of role language across the languages examined.

Next, those elements comparable to Japanese sentence-final discourse markers, which characterize role language in Japanese, namely interjections, vocatives or discourse markers on the right periphery, are examined in English and French. Results show that English and French discourse markers denoting the speaker's attributes are different from those in Japanese in that they are optional and reflect the speaker-listener relationship.

Finally, it is noted that transliterations of Japanese character-associated endings in English translations may suggest the emergence of a new grammatical category, devoid of grammatical or semantic function, which exclusively signals speaker attributes.

# 8  Does German have role language?

Hirofumi Hosokawa

## Abstract

How does role language develop and become established? In this work, I attempt to clarify the process of formation and distribution of role language by a socio-pragmatic analysis of foreign comics translated into German. "Role language" is a variety of language strongly bound to linguistic knowledge about the relationship between a particular variety of language and its speakers. Therefore, it is important to understand that such linguistic knowledge has been and continues to be influenced by language varieties. For example, one should not consider a regional dialect as an archaic variety, but rather a colloquial language that had been normally spoken before a "standard" language became the national norm. Since the 1950s, German comics publishing has consisted exclusively of comics imported from the US, France, and other countries, with few exceptions, and is why the role language of "foreigner" types has had constant expansion in German. Since the Japanese *manga* boom, beginning in the second half of the 1990s, translators have been introducing varieties of Japanese role language types, like that of samurai figures, into the German language. This phenomenon is due to *manga* readers' development of linguistic knowledge that can be claimed to be somewhat Japanese. This recently developed linguistic knowledge evokes a new standard of translation with a stylistic "artificial dialect", where several dialectal elements are combined, creating a dialect that is then established by *manga* readers as a new German "role language".

## ▶ 9 "Nausicaä of the Valley of the Wind" and its Role Language:
Notes on a Theory of Image Translation

Rikiya Konei

### Abstract

In the film, "Nausicaä of the Valley of the Wind", directed by Hayao Miyasaki and released in 1984, two princesses appear, namely Nausicaä and Kushana; however, the language used by these two princesses differs considerably. While Kushana consistently uses male language and displays a manly personality, as if a male hero's personality inhabited a female body, Nausicaä mainly uses female language and only switches to male language in an emergency. We might say that Nausicaä's language combines the characters of both the gentle princess and the brave warrior by switching between the two role languages.

## ▶10 Representations of Okinawan and the function of role language:
A view of the words ending in "-*sa* (or -*saa*)"

Hidehiko Motohama

**Abstract**

This chapter explores the nexus between representations of "Okinawan" (the people in Okinawa or *uchinaanchu*) and the function of role language by analyzing the dialog of characters depicted as Okinawan in Japanese popular media, such as TV drama, film, and *manga*. Since the 1990s, Okinawa, Japan's southernmost prefecture, has been described as a "healing island" and its people have been represented as "happy islanders", despite the debate on the US military bases in Okinawa, a central issue in Japanese politics. Interestingly, "Okinawan characters" in recent fiction tend to use words ending in "-*sa*" (or "-*saa*") in their speeches. An analysis of the function of this type of role language is a key to understanding representations of Okinawa and its people. For this purpose, I focus on the NHK TV dramatic series, *Churasan,* whose main character is a girl from Okinawa, because it has had great influence on subsequent works. My purpose is twofold: first, to analyze how the characters in *Churasan* use words ending in "-*sa*" and then to compare the use of "-*sa*" in the original drama with its use in the novelized and graphic novel versions of this series. Throughout my discussion, I demonstrate how words ending in "-*sa*" function in Japanese discourse and why this expression is used in the Japanese media as a role language associated with the concept of Okinawan character.

## ▶11 Baby talk as role language and related issues

Tomoko Okazaki and Yuri Minami

**Abstract**

Popular culture works often deliberately use expressions thought to be characteristic of young children. In this study, we investigated childish expressions used in the role language *yōji-go* (baby talk) by analyzing examples mainly from *manga* and discovered the following characteristics:

(i) Phonological characteristics: While real baby talk is characterized by frequent sound substitutions, omissions, addition of sounds and inversion of the sequence of sounds, only substitutions and omissions are generally used in *yōji-go* (baby talk) role language.

(ii) Grammatical characteristics: Baby talk role language omits particles far more frequently than real child language.

(iii) Lexical characteristics: Onomatopoeia and such affixes as *o-*, *-san* are often used.

(iv) Transcriptive characteristics: The quoted lines are mostly written in *hiragana* or *katakana,* unlike typical text for utterances by other characters in older age ranges, which are transcribed by a mixture of *kanji* and *kana*. Other characteristics include frequent use of "…" to indicate unfinished utterances and "~" to denote final lengthening.

We conclude that *yōji-go* (baby talk) role language, while basically mimicking the characteristics of real child speech, manipulates it to exaggerate the childishness of the characters.

# ▶12 Broken Japanese as role language:
The Westerner as a character

Megumi Yoda

## Abstract

The effect of "broken Japanese" as a role language in *manga* and *anime* to depict Western characters and the formative process of this role language are discussed in this research. First, I confirmed that some characteristic expressions are current, such as the misuse of the final sentence particle *ne*, insertion or deletion of certain types of morae, use of the speaker's native language, transcription of lines in *katakana*, and the misuse of *-desu / -masu* endings, all of which are common in Western characters' role language. Next, the transformation of this role language from an earlier pidgin Japanese *arimasu / aruyo* language was clarified. I show that Westerner role language portrays the image of talkative and friendly Westerners, thereby concealing the character's true identity. Finally, I put forth a hypothesis on the formation of the role language dichotomy in prototypical images held by Japanese between Westerners and non-Japanese Orientals. My hypothesis is that the dichotomy between Westerners, usually characterized by the use of polite forms, and non-Japanese Orientals, which use plain Japanese forms, could have been formed based on the way native Japanese speakers speak to these two groups of foreigners, rather than the images toward "others". Foreign learners of Japanese would normally learn the variety of Japanese they hear from native Japanese speakers, who may either use only the polite forms or the plain forms to the foreign learners. This sociolinguistic dichotomy may reflect the Japanese natives' views about the foreigners and the types of social interactions occurring between the Japanese and the foreigners (*e.g.*, polite forms used with those from the corporate headquarters and plain forms with workers, *etc.*). However, native Japanese speakers would normally switch between the two forms, depending on the interlocutor, and therefore, they would find it strange to hear a foreign learner consistently speak only one of the two and stereotype the learner accordingly, associating the language variety with the learner's attributes and Japanese social norms (secondary stereotyping).

# ▶13 Review of bachelor's theses on role language submitted to the School of Letters at Osaka University from 2002 to 2010

Satoshi Kinsui, Satsuki Tanaka, Chika Kojima, Toshimi Tsuda, Yukari Nakagawa, Naoya Nakano, Toshiko Miyoshi, Masato Azuma & Rena Ito
(Authors)
Miho Iwata & Mariko Fujimoto (Editors)

## Abstract

Bachelor's theses that deal with role language submitted to the Faculty of Letters at Osaka University from 2002 to 2010 are summarized in this chapter. Tanaka (2002) primarily surveyed Juliet's lines in translations of "Romeo and

Juliet" by Shakespeare and examined how the speech of "a young lady of good family" is rendered in Japanese translations. Based on her survey results, she infers that this role language was formulated during the Meiji period and became an established role language during the Taisho and first half of the Showa periods. Analyzing the character types of subjects using the first person pronouns *boku* and *ore*, Kojima (2004) described changes in male character types depicted in popular songs. While the connotation of masculinity of *ore* is stronger than that of *boku*, Kojima reported that the difference between the two had become smaller since the 1970s. Tsuda (2007) focused on the words used to address a speaker's mother. Over time, terms of address changed: during the Meiji and Taisho periods, along with the now commonly used *okāsan,* various terms, such as *okkasan* and *okāsama,* were also used. Then during the Showa period, as *okāsan* predominated, other terms acquired specific functions as role language, revealing the speakers' family social status. Nakagawa (2008) demonstrated the origin and development of the association between African-American characters and Japanese "rural accent" in the translation of novels. The results of her investigation suggest that while the "rural accent" incorporated a mixture of various Japanese regional dialects throughout its development to stereotype African-American characters, it has also maintained a fixed set of particle or ending forms, such as *bē, (suru) da,* and *degasu,* demonstrating the stereotypical nature of these translations. Nakano (2009) examined changes over time in the Japanese translation of "Little Lord Fauntleroy" and discovered that while Cedric's speech style had not changed very much, that of the Earl had changed, for instance a shift in the first person pronoun from *ore* to *washi*. Miyoshi (2009) investigated expressions used by elderly women in fiction from the 1940s through the first decade of the 2000s, and identified two types of characterization of elderly woman language: (a) *washi... ja* elderly women; and (b) *atasha ... dayo* elderly women. Azuma (2009) identified a *matatabi-yakuza* role language in *matatabi* fiction (stories of wandering gamblers and "nights of the town"). He posited that the Hiroshima dialect became stereotyped as *yakuza* language because that dialect was adopted in the film "Jingi Naki Tatakai" (Battles without Honor and Humanity). Ito's 2010 thesis showed how differences in the image of the "young lady of good family", given to audiences over the years through role language, can be explained with reference to the social background, economic circumstances, and educational systems of the times in which the works were written.

# 14 Tsundere expressions as role language, focusing on circumstances of usage

Takamasa Nishida

## Abstract

The *tsundere* female character type, who has appeared recently in *manga* and *anime*, is combative towards others and cannot express herself freely because of her ineptness. The terms used by this character type are called *tsundere* expressions.

This paper examines *tsundere* expressions used by high school girl characters and divides them into the following two types: (i) those that the character uses over time in relation to another character she interacts with; and (ii) those used only in particular situations. High school girl characters tend to use *tsundere* expressions when they cannot express themselves openly to those they are interested in because of shyness.

*Tsundere* expressions are comparable to role language in that they are associated with a particular character type. However, the expressions are used only in limited situations, distinguishing them from typical role languages *(e.g.,* the scholar's role language or that of a young lady of good family), which are consistently used irrespective of the circumstances. To date, role language research has dealt with language varieties extracted from groups of speakers differing in extralinguistic variables or attributes, such as social status and occupation (*e.g.*, the scholar, a young lady of good family, the foreigner, the soldier). In future studies, the object of role language research should also encompass speech used by character types manifesting a distinct personality or trait, such as *tsundere* expressions.

# ▶15 Properties of the tsundere character and their relationship to linguistic expression:
A case study of tsundere expressions

Junichi Togashi

## Abstract

An awareness of *tsundere* has reached the general public in the past few years and, especially in subculture media, *tsundere* characters have become indispensable.

*Tsundere* characters frequently use characteristic expressions. This paper first defines the concept of *tsundere* and then categorizes and analyzes *tsundere* characters' expressions collected from subculture media, such as *manga, etc*. The origin of the relationship between this character type and certain linguistic expressions is investigated from semantic and pragmatic perspectives. I mainly focus on the following three expressive forms: (i) stuttering; (ii) *–no dakara* form; (iii) *–te ageru* and *–temo ii* forms. These expressions are often associated with *tsundere* characters. Considering the semantics of these linguistic forms, I discuss how *tsundere* characters manifest themselves in particular types of media.

# 索引

## あ
愛のフィリピーナ 239
アウトロー 8, 12
悪玉お嬢様 261
アスベル 175
あたし(ゃ)〜だよ系おばあさん 257
あっし 258, 259
あなた(たち) 175
甘え語 195, 207
アメリカインディアン 13
アメリカ原住民 13
アリマス／アル型ピジン 213, 221, 225, 245
アルヨことば 266
アンクル・トムの小屋 255
アンパンマン 258

## い
言いさし 266, 270, 280
いい人キャラ 9
言いよどみ 18
異化 132, 147
生きた日本語 51
１人称代名詞 99
逸脱 131
田舎ことば 12, 254
癒しキャラ 185
「癒し」の物語 181, 191
違和感 242
隠語 40
インターネット 267
イントネーション 33
インプット 242

## う
沖縄語(ウチナーグチ) 182, 191

ウチナーヤマトグチ 184
沖縄人(ウチナーンチュ) 181, 184, 187, 191
宇宙人 13, 14

## え
江戸・東京落語 11
江戸語 11
江戸っ子 13, 37
遠隔化 43

## お
花魁(遊女) 13
応答 18
大ババ 175
お母さま 253
おかあさん 253
おかま 9
沖縄 11
沖縄人キャラ 190
沖縄人表象 184
沖縄表象 181, 184
沖縄らしさ 182
おじゃる 13
お嬢様ことば 250, 260, 266, 273
おっかさん 253
男ことば 10, 179
音転倒 9
大人キャラ 9
音訛 9, 12
オノマトペ 196
おばあさん語 11
おばあさん 257
おふくろ 254
おまえ 175, 252
おむすびまん 258
おれ(オレ・俺) 10, 99, 251, 256
音韻交替 135
音韻脱落 255

音韻変種　132
音素交替　127, 128, 131, 148
女ことば　9, 179
女のヒーロー　175, 178
女博徒　12

## か

外国人　8
外国人キャラクタ　82, 84, 216, 218
外国人の表現　12
外国人労働者　237
「外的」語史　154, 168
書きことば　34
風の谷のナウシカ　173
仮想空間　40
カタカナ表記　217, 218
片言日本語　213, 218, 233, 235, 245
片言要素　215, 216, 217, 226
片言を話さない　219
語り　27, 32, 33, 34
上方系方言　11
上方語的表現　257
神様　13
歌謡曲　251
「から」　280
借り物スタイル　14, 71
観光と役割語　192
韓国人日本語学習者　71
間接性　10
カンチガイしないでよね　270
感動詞　216

## き

きさま　175
擬似関西弁　11
擬似的なピジン　13
北風小僧の寒太郎　258
機能シラバス　65

君　252
ギャップ　281
キャラクタ　18, 30, 32, 35, 231, 269, 271, 273
キャラ語尾　52, 128, 147, 259
キャラコピュラ　39
キャラ助詞　24, 32, 39, 146, 273
巨視的コミュニケーション　28
近接的　43
緊迫感　231

## く

クシャナ　173
クロトワ　175
軍隊用語　10

## け

敬体　220, 221, 226, 236
敬体西洋人　236
言語意識　155, 157, 159, 161
言語意識史　154, 155, 157, 168
言語使用史　154, 155, 156, 168
言語接触史　154, 156, 168
言語態　45
言語変種　139, 147

## こ

語彙　18
口蓋化　135
硬口蓋化　134
構造シラバス　64
口頭　32
黄金虫　255
コギャル　35
国際性　235
黒人奴隷　12
黒人　254
国定教科書　253
古語　13

311

# 索引

ござんす 258
コードスイッチング 66
語尾表現「さ」 182, 187
コピュラ文 56
個別的要素 128
ごまめキャラ 9
語や文法の誤り 255
誤用 215
語用論 14, 45
語呂合わせ 40
声色 33
コンテクストの特殊化 44

## さ

差異化 214, 218
「さ」「さぁ」 181, 186, 188
侍ことば 32
3K 237

## し

時間的なツンデレ 270
自己同一化 230
自己分析シート 75
自主翻訳 74, 82
辞書形 237
下町言葉 11
下町ことば 258
児童文学作品 253
自分 10
シミュレーション 62
社会語用論的語史研究 154
社会的グループ 7
社会的属性 274
終助詞「さ」 182, 183
終助詞「ね」 214, 266
終助詞「よ」 266, 270, 272
主観的 293
準ヒーロー 220

消去 215
使用語彙 71, 82
小公子 256
上司語 10
上司のことば 275
少女雑誌 260
少女文化 260
常体 220, 236
常体東洋人 236
常体話者 245
冗談 37
常用性 145, 274
女学雑誌 251
女学生ことば 260
書記言語 43
職場言葉 178
助詞の省略 237
女性語 80, 176
書生言葉 10
女性性 175
女装家 9
序列 244
序列の意識 238, 242
ジル 175
城オジ 173
人格 31
仁義なき戦い 260
人工方言 159, 165
身体 31
心的操作 288
人物像 7, 127
心理の優位性 293

## す

スケバン 12
スコポス 159, 163, 168
スタイル 31
スタイルシフト 275

312

ステレオタイプ 28, 129, 136, 235, 242
ストラテジー 81
素直な表現／素直でない表現 285
ずらし 14
ズレ 242

## せ

性格的属性 274
性差 7, 9, 79, 85
成人語 196
西洋人キャラクタ 213, 216, 220, 235, 244
生理的語彙 12
世界観 40
世代 7, 9
世代差 79, 86
接客業 237
接続助詞「から」 266, 270
ゼロ初級者 64
全体的特徴 127
善玉お嬢様 261

## そ

創作方言 145
挿入 215
促音 215

## た

体験談 32, 34
対訳版 73
対話 34
対話的 38
他者性 44
多重文法仮説 17
だ体 98
脱コンテクスト化 136
他人キャラ 31, 32, 34, 38
タメ口 59
男性語 80, 175

男性ヒーロー 175
談話標識 140, 147
談話分析 45

## ち

地域差 82
地域性 7
地方 7
着脱可能 136, 139
中央 7
ちゅらさん 181
ちゅらさん系の物語 185
長音 215, 231
長音の挿入 222
超上級 65
直接引用 33
著作権法 133
著作権 148

## つ

つっかえ 18, 272, 280
ツンツン 267, 270, 273
ツンデレ 267, 279
ツンデレ属性 280
ツンデレ表現 280

## て

〜てあげてもいい 292
〜てあげる 286
丁寧体 56
丁寧表現 176
です・ます体 98
〜てもいい 286
テヨダワ言葉 251
デレデレ 267, 269, 271
典型的なツンデレ表現 266, 270

索 引

## と

東国語的表現　257
統語法　21
動詞＋です　21
等時的　230
動物　13
東洋人キャラクタ　213, 237, 246
とぎれ延伸型つっかえ　18
特定語彙　127, 133, 136, 147
特別な感情　281
トランスセクシュアル　9
トリックスター　261

## な

ナウシカ　173

## に

肉体労働　237
二項対立　246
二次的ステレオタイプ　243, 246
ニーズ　64
日本語　216
日本語字幕　232
日本語吹き替え　235
日本語らしさ　230
ニューハーフ　9
任侠等　12
人称代名詞　128, 131, 133, 138, 139, 148
人称表現　129

## ね

年齢　7

## の

のだから　289

## は

破格　133, 137

## 博士語　11, 28, 30, 32, 266, 273
博徒　12
発見の「た」　19
ハッピー・オキナワン　190, 192
発話頭のつっかえ　266
発話キャラクタ　7, 27, 140
発話順番　38
発話末での促音　272
発話末への促音要素　266
ははさま　253
場面シラバス　65

## ひ

卑罵語　12
東関東・東北方言　11
微視的なコミュニケーション　28
ピジン　12, 217
ピジン言語　137
ピジン日本語　221
非対面性　43
人（人間）ならざるもの　8, 13
非標準的綴り　254
標準語　7, 224
標準方言　11
ヒーロー　230
広島弁　260
品位　8, 12

## ふ

ファンサブ　133, 148, 149
フィクション　28, 32
フィクション化　44
ぶう　30, 39
吹き替え　232
武士　13
普通体　56
フリートーキング　63
不良少年　12

文体論　45
文法の低次元化　217, 235
文末　39
文末形式　128, 133, 147
文末詞　139, 146
文末表現　99

**へ**
平安貴族　13
ペルソナ　42

**ほ**
方言　7, 11, 82
暴走族　12
暴力団　12
ぼく（ボク・僕）　10, 99, 251
ボクっ娘　275
母語　216, 226, 232
母語＋日本語字幕　235
母語由来の感動詞　227
翻訳　217, 250, 256
翻訳映画　254

**ま**
股旅もの　258
まろ　13

**み**
宮崎駿　173

**め**
命令・依頼表現　175
命令形　176

**も**
萌え　262
モーラ　215, 226
モーラの挿入　215, 218

**や**
やくざ　258
役割語　51, 213, 266, 273
役割語習得　71, 74, 76
役割語知識　71
役割語翻訳　73, 81
役割語訳　99
役割語要素　130, 139, 141, 147
山の手ことば　258

**ゆ**
有標　44
幽霊等　13
ユパ　175

**よ**
陽気　228
陽気な　233
幼児語　8, 9, 195
妖精　13
余剰モーラ　216, 227, 230
呼びかけ詞　144
呼びかけ　144

**り**
リアリティー　235
理解言語　63
理解語彙　82
臨時的キャラクタ　14

**れ**
歴史的キャラクタ　8, 13

**ろ**
老人語　8, 11, 86
ローカリゼーション　127
ロビンソンクルーソー　256
ロボット　14

ロミオとジュリエット 250
ロールプレイ 63

## わ

若者言葉 10
わし 256
わし〜じゃ系おばあさん 257
話者 245
私（わたし） 99
笑い声 12
笑いの対象 225, 227
ワンピース 14

# 著者略歴

**(掲載順,第13章は省略)**

### 金水　敏 ●Kinsui, Satoshi
1956年生まれ。東京大学大学院人文科学研究科博士課程退学。神戸大学教養部講師、大阪女子大学学芸学部講師、神戸大学文学部助教授、大阪大学大学院文学研究科教授等を経て、現在、放送大学大阪学習センター所長。専門は日本語史。著書に『時・否定と取り立て』（共著，岩波書店，2000）、『ヴァーチャル日本語 役割語の謎』（岩波書店、2003）、『日本語存在表現の歴史』（ひつじ書房, 2006）、『〈役割語〉小辞典』（研究社、2014）、『コレモ日本語アルカ？——異人のことばが生まれるとき』（岩波書店, 2014）、 *Virtual Japanese: Enigmas of Role Language*（大阪大学出版会, 2017）などがある。
pdf01015@nifty.com

### 定延利之 ●Sadanobu, Toshiyuki
1962年生まれ。京都大学大学院文学研究科修了（博士（文学））。神戸大学教養部講師、神戸大学国際文化学部講師、同助教授、同教授、同大学院国際文化学研究科教授を経て、現在、京都大学大学院文学研究科教授。現在の専門は言語とインタラクション。著書に『よくわかる言語学』（アルク，1999）、『認知言語論』（大修館書店, 2000）、『ささやく恋人、りきむレポーター』（岩波書店，2005）、『日本語不思議図鑑』（大修館書店, 2006）、『煩悩の文法』（筑摩書房, 2008）、『日本語社会 のぞきキャラくり』（三省堂, 2011）、『コミュニケーションへの言語的接近』（ひつじ書房, 2016）などがある。
sadanobu.toshiyuki.3x@kyoto-u.ac.jp

### 山口治彦 ●Yamaguchi, Haruhiko
1961年生まれ。大阪市立大学大学院文学研究科博士課程退学。金沢大学教育学部講師、同助教授、神戸市外国語大学助教授を経て、現在、神戸市外国語大学教授。専門は英語学（談話分析・語用論）。著書に、『語りのレトリック』（海鳴社, 1998）、『味ことばの世界』（共著, 海鳴社, 2005）、『明晰な引用、しなやかな引用』（くろしお出版, 2009）などがある。　hikoyama@inst.kobe-cufs.ac.jp

### 恩塚千代 ●Onzuka, Chiyo
1959年生まれ。大阪府立大学大学院博士課程退学、韓国外国語大学日語日文学科博士課程修了。博士（言語学）。（韓国国立）江原大学日本学科招聘教授などを経て、現在、大手前大学国際日本学部教授。専門は日本語教育学・音韻論。著書に『日本語の音韻認識と表記のメカニズム』（人文社, 2011）、主要論文に「韓国語母語話者における特殊音素の認識―音韻認識と表記：理論と実験からのアプローチ―」（『日語日文研究』77-1、2011）「日韓両言語学習者間の役割語相互学習―オンライン協働翻訳活動の分析と評価―」（共著,『日語日文研究』82-1, 2013）などがある。

chanco89@hotmail.co.jp

**鄭　惠先 ●Jung, Hyeseon**
1967年生まれ。大阪府立大学大学院で学位取得（博士（学術））。現在、北海道大学高等教育推進機構教授。専門は社会言語学、日韓対照言語学。著書に『日本語人称詞の社会言語学的研究』（日中言語文化出版社，2020）、論文に「映像メディアの翻訳過程で見られるキャラクタの再創出―日韓・韓日翻訳における言語的変形をもとに―」（『国際広報メディア・観光学ジャーナル』27，2018）、「日本語役割語に対する韓国人日本語学習者の意識」（『長崎外大論叢』12，2008）、「日韓対照役割語研究―その可能性を探る―」（『役割語研究の地平』くろしお出版，2007）などがある。　jung@oia.hokudai.ac.jp

**太田眞希恵 ●Ota, Makie**
1968年生まれ。NHK入局後、ディレクターとして沖縄放送局・報道局などでドキュメンタリー番組や情報番組を制作。2007年よりNHK放送文化研究所で放送用語を研究。論文に「若者に多い「ワカシラガ」、高年層に残る「ワカジラガ」―語形のゆれに関する調査（平成22年2月）から①―」（『放送研究と調査』2010.11）、「再考 オリンピック放送の「役割語」―"日本人選手を主人公とした「物語」"という視点から―」（『放送研究と調査』2017.3）などがある。

**金田純平 ●Kaneda, Jumpei**
1977年生まれ。神戸大学大学院総合人間科学研究科博士後期課程修了。神戸大学大学院国際文化学研究科特命助教，国立民族学民族学博物館研究員などをへて、現在、国際電気通信基礎技術研究所（株）に在籍。専門は言語学・音声コミュニケーション。著書に『私たちの日本語』（共著，朝倉書店，2012）、論文に「無助詞題目の認知的特徴」（『言語に現れる「世間」と「世界」』，くろしお出版，2006）、「文化研究への文化情報リテラシーの駆使の試み―淡路人形浄瑠璃における「伝承」を対象に―」（『可能性としての文化情報リテラシー』ひつじ書房，2010）などがある。

**細川裕史 ●Hosokawa, Hirofumi**
1979年生まれ。Ph.D.（キール大学）。現在、阪南大学経済学部准教授。専門は社会言語学、ドイツ語史。著書に『ドイツで暮らそう』（共編者，晃洋書房，2017）、『想起する帝国―ナチス・ドイツ「記憶」の文化史』（共編著，勉誠出版，2017）、*Zeitungssprache und Mündlichkeit. Soziopragmatische Untersuchungen zur Sprache in Zeitungen um 1850*（Peter Lang, 2014）などがある。

**米井力也 ●Komei, Rikiya**
1955年生まれ。博士（文学）。金蘭短期大学助教授、大阪外国語大学教授、大阪大学教授を歴任。専門は中世日本文学（キリシタン文学）。大阪大学在任中の2008年10月、逝去。著書に『キリシタンの文学―殉教をうながす声―』（平凡社選書，2008）、『キリシタンと翻訳―異文化接触の十字路―』（平凡社，2009）などがある。

**本浜秀彦** ● Motohama, Hidehiko
1962 年生まれ。早稲田大学政治経済学部卒業。鉄鋼メーカー勤務、新聞記者を経て、ペンシルバニア大学大学院博士課程修了（Ph.D.）。現在、文教大学国際学部教授。専門は比較文学、視覚文化論。著書に、『手塚治虫のオキナワ』（春秋社、2010）、『マンガは越境する！』（共編著、世界思想社、2010）、『島嶼沖縄の内発的発展―経済・社会・文化―』（共編著、藤原書店、2010）、『新装版 沖縄文学選―日本文学のエッジからの問い―』（共編著、勉誠出版、2015）などがある。motohama@bunkyo.ac.jp

**岡﨑友子** ● Okazaki, Tomoko
1967 年生まれ。大阪大学大学院文学研究科博士後期課程修了。博士（文学）。大阪大学大学院文学研究科助手、就実大学人文科学部准教授、東洋大学文学部教授を経て、現在、立命館大学文学部教授。専門は日本語史。著書に『日本語指示詞の歴史的研究』（ひつじ書房、2010）、『ワークブック 日本語の歴史』（共著、くろしお出版、2016）、『ココが面白い！日本語学』（共著、ココ出版、2017）などがある。

**南　侑里** ● Minami, Yuri
就実大学人文科学部平成 20 年度卒業生

**依田恵美** ● Yoda, Megumi
1976 年生まれ。大阪大学大学院文学研究科博士後期課程退学。博士（文学）。現在、帝塚山大学文学部准教授。専門は日本語史。論文・著書に「役割語としての片言日本語―西洋人キャラクタを中心に―」（『役割語研究の展開』くろしお出版、2011）、「明治期のピジンは何を伝えたか―「横浜毎日新聞」を手がかりに―」（『文学』16-6, 岩波書店、2015）、『〈役割語〉小辞典』（分担執筆、研究社、2014）などがある。
yoda_m@tezukayama-u.ac.jp

**西田隆政** ● Nishida, Takamasa
1958 年生まれ。大阪市立大学大学院文学研究科後期博士課程単位取得退学。西山短期大学講師、大分大学教育学部助教授等を経て、現在、甲南女子大学文学部教授。専門は日本語史。論文に「「属性表現」をめぐって―ツンデレ表現と役割語との相違点を中心に―」（『甲南女子大学研究紀要 文学・文化編』46, 2010）、「『落第忍者乱太郎』における尼崎の地名による命名―尼崎の「聖地」化の要因について―」（『甲南女子大学研究紀要 文学・文化編』49, 2013）、「役割語史研究の可能性―平安和文作品での検討―」（『国語と国文学』93-5, 2016）などがある。　tnishida@konan-wu.ac.jp

**冨樫純一** ● Togashi, Junichi
1971 年生まれ。筑波大学大学院博士課程文芸・言語研究科修了。筑波大学大学院助手を経て、現在、大東文化大学文学部准教授。専門は現代日本語文法。論文に「談話標識「ふーん」の機能」（『日本語文法』2-2, 2002）、「驚きを伝えるということ」（『活動としての文と発話』ひつじ書房、2005）、「否定応答表現「いえ」「いいえ」「いや」」（『現象と理論のインタラクション』ひつじ書房、2006）などがある。　jtogashi@ic.daito.ac.jp

## 役割語研究の展開

2011年6月8日　第1刷発行
2023年1月31日　第4刷発行

編者　　金水　敏

発行人　岡野秀夫

発行　　株式会社　くろしお出版
　　　　〒102-0084　東京都千代田区二番町 4-3
　　　　TEL 03-6261-2867　FAX 03-6261-2879
　　　　URL http://www.9640.jp
　　　　E-mail kurosio@9640.jp

印刷所　シナノ書籍印刷

©Kinsui Satoshi 2011, Printed in Japan
ISBN 978-4-87424-522-4 C3080

● 乱丁・落丁はおとりかえいたします。本書の無断転載・複製を禁じます。

[装丁]　　庄子結香(カレラ)
[イラスト]　阿部伸二(カレラ)